Lady Mary Montagu

L'islam au péril des femmes

Une Anglaise en Turquie au XVIIIe siècle

nouvelle édition

Introduction, traduction et notes d'Anne Marie Moulin et Pierre Chuvin

ÉDITIONS LA DÉCOUVERTE
1, place Paul-Painlevé
Paris V^e
1987

D'après l'Atlas de A. Journaux - Paris, Hatier, 1979.

1. Büyük Tchekmedje

2. Silivri

3. Gallipoli

4. Sestos

5. Tombe d'Hécube

6. Sigée

1683 L'Empire au moment de sa plus grande extension.

1699 Frontières après le traité de Carlovitz.

1718 Frontières après le traité de Passarovitz.

L'EMPIRE OTTOMAN

-1718 ET LES VOYAGES DE LADY MONTAGU

Avant-propos

Nous avions au départ un projet très modeste : fournir au public français la traduction des lettres écrites par Lady Mary Montagu pendant son voyage en Turquie, en utilisant l'excellente édition de R. Halsband. L'auteur donnait une vision originale de l'Islam en 1717; elle a introduit dans la société anglaise la variolisation pratiquée à Istanbul; elle a décrit les femmes et la vie au harem qui ne résume pas d'ailleurs toute leur vie.

Il fallait, de toute évidence, apporter quelques éclaircissements au texte et de plus essayer d'évaluer l'authenticité du récit. Les sources livresques de Lady Montagu sont connues; quelle a été son expérience personnelle de la vie ottomane? Nous nous sommes donc mis en quête de la société décrite par les Lettres. *Les livres n'y suffisaient pas, il fallait les personnes. Celles que nous remercions ici n'ont pas seulement facilité des recherches universitaires, elles ont témoigné pour nous d'une continuité historique, au long de nos différents voyages sur l'itinéraire de Lady Montagu :*

— Lord Harrowby, au château de Sandon Hall, qui nous a permis de consulter dans les archives familiales les cahiers de turc de Lady Montagu;

— le professeur Niyazi Berkes, à Folkestone, historien de la Turquie moderne qui nous a accordé une hospitalité érudite;

— Mrs. Gwendolyn Beachcroft, qui connaissait si bien l'Angleterre du XVIIIe *siècle;*

– M. Alexandre Popovic, spécialiste de l'Islam balkanique, qui a bien voulu relire notre chapitre sur les Bektachi;

– le professeur Semavî Eyice, MM. Taha Toros et Çelik Gülersoy pour leur accueil chaleureux à Istanbul et pour leur précieuse connaissance de leur ville et de son passé;

– Mme Filiz Çağman pour notre après-midi passé à regarder les miniatures de Levnî dans la bibliothèque du palais de Topkapi;

– M. Livio Amedeo Missir de Lusignan, à Bruxelles, pour nous avoir ouvert ses archives familiales si riches sur les minoritaires et sur son parent, le médecin et interprète Emmanuel Timoni;

– le professeur Maxime Rodinson à Paris et M. Klaus Kreiser de l'Institut allemand d'Istanbul pour leurs conseils bibliographiques, et Altan Gökalp, du C.N.R.S., pour ses critiques amicales;

– le professeur Süheyl Ünver, pionnier de l'histoire de la médecine ottomane, qui nous a reçus à la bibliothèque de la Süleymaniye et à la faculté de Cerrah Paşa; les professeurs Salman Kataya, de la faculté de médecine d'Alep; Pournaropoulos père et fils, d'Athènes; Wong, historien de la médecine chinoise à Paris; Mme le professeur Lucia Rossetti pour son accueil à l'université de Padoue; notre collègue D. Panzac, d'Aix-en-Provence;

– le professeur Pertev Nail Boratav qui nous a aidés avec bienveillance à retrouver les modèles populaires des vers turcs cités par Lady Montagu;

– Mmes Nermin Menemencioğlu et Azra Erhat qui nous ont parlé des femmes turques d'hier et d'aujourd'hui et des ottomanes de naguère;

– Abidin et Güzin Dino qui ont été des conseillers et des lecteurs et dont le nom devrait figurer en tête de cet ouvrage.

Introduction

Le voyage et l'ambassade

Celui qui aime voyager ne prend jamais la route sans une certaine allégresse. Quels que soient les périls qui la jalonnent, la route a le mérite de vous emporter ailleurs. Elle dessine une perspective, qui permet un autre regard.

Les relations de voyage, depuis la découverte du Nouveau Monde, n'ont cessé d'alimenter la curiosité des Européens et, passée la simple curiosité, de provoquer l'autocritique. La destination des voyageurs a pu changer; le récit de voyage, en transcrivant une expérience nouvelle, est un appel au changement. Ces récits sont autant de modèles proposés à l'Europe : leur prolifération est, au début du XVIIIe siècle, un indice assuré de la mutation du monde occidental et chrétien; elle atteste ses inquiétudes et contribue à l'essor de l'idéologie des Lumières.

Avant la Chine, la Turquie, plus proche et plus tôt familière aux Européens, offre un exemple insolite dans les années 1680 à 1700. Il s'agit, bien sûr, de l'Empire ottoman, figure synthétique de l'Islam avec ses éléments turc, arabe et persan. A cette date, l'Europe savante ou mondaine a reçu un certain nombre d'informations, admis un certain nombre de données. Les relations du Français Thévenot et de l'Anglais Paul Rycaut sont éditées à plusieurs reprises; elles fournissent une initiation à la Turquie et un guide de voyage; elles contiennent des anecdotes sur les mœurs et sur la vie politique, parfois bienveillantes, sans que les auteurs se démarquent totalement du fantasme médiéval : la Turquie incarne la figure satanique de l'Islam destructeur, surplombant la chrétienté d'une ombre redoutable. La religion de Mahomet est pour eux une imposture religieuse d'une étonnante vitalité, grâce aux despotismes successifs des califes arabes et ottomans qu'elle a puissamment étayés.

Tous ces tableaux restent incomplets. La plupart des auteurs se bornent à évoquer la vie féminine à travers la seule question de la polygamie : elle permet d'insister sur le caractère voluptueux du Prophète et sur la permissivité islamique, bientôt prétextes à l'érotisme littéraire sous couverture orientale.

Une ambassadrice anglaise à Istanbul

En 1716, une femme, Lady Mary Wortley Montagu, se prépare à quitter Vienne pour un long voyage qui l'emmènera jusqu'à Constantinople. Elle est très différente des « gens d'Orient » qui, jusqu'à présent, ont alimenté la mode de la Turquie : marchands de la puissante Compagnie du Levant, missionnaires, diplomates, chargés de mission, aventuriers, tous entraînés par un mirage professionnel ou financier, rivés à une mission qui informe d'avance leur voyage.

Lady Mary Wortley Montagu, elle, accomplit ce périple aux seules fins d'accompagner son époux, nommé ambassadeur à la cour de Turquie et chargé d'assurer la médiation anglaise entre l'Empire ottoman et l'Autriche. Cette nomination est le résultat de nombreux efforts pour obtenir une charge gouvernementale, à la fois honorifique et lucrative. Edward Wortley, âgé de trente-huit ans, poursuit une carrière politique depuis 1705, après des années d'études et de voyages sur le continent, selon la meilleure tradition. Il a obtenu un siège parlementaire en Angleterre, dans le comté tenu par sa famille, par l'habituelle stratégie de la manipulation des votes et de la corruption locale.

Pendant longtemps, le poste d'ambassadeur à Istanbul n'a guère été qu'une place d'agent commercial, relais des volontés de la Compagnie du Levant qui monopolise le commerce entre l'Angleterre et l'Empire ottoman, grâce aux capitulations. Jusqu'à une date récente, la Compagnie nommait l'ambassadeur avec l'agrément royal et l'appointait personnellement, d'ailleurs avec libéralité. Elle déléguait de même des agents à Chio, Candie, Smyrne, Salonique...

A la fin du XVIIe siècle, l'agent commercial se transforme en un véritable fonctionnaire de la Couronne, nommé par le roi avec l'agrément de la Compagnie; sa mission devient d'abord diplomatique. De 1683 à 1699, la Turquie et l'Autriche sont en guerre; l'Angleterre, qui souhaite une aide de l'Autriche contre Louis XIV, désire réconcilier les deux adversaires. En 1661, Sir Edward Nicholas avait pu écrire : « L'endroit est si loin de tout que l'intelligence est ici de peu d'utilité. » Les choses ont bien changé trente ans plus tard, lorsque la première médiation entre l'Autriche et la Porte inaugure véritablement la diplomatie anglaise dans la région. L'intelligence n'est plus tout à fait aussi inutile, ne serait-ce que pour compenser la moindre rentabilité de l'ambassade. La Compagnie ne finance plus avec le même enthousiasme un protecteur devenu trop indépendant à son gré; elle a réduit son salaire d'un tiers en changeant la monnaie dans laquelle il est versé, elle a supprimé l'allocation d'« équipage » pour ses dépenses, la rente versée par le sultan n'arrive jamais à son destinataire... L'ambassadeur doit déployer beaucoup de zèle pour tourner l'interdiction de commercer et se dédommager du déplacement : il trafique des pierres précieuses, il revend aux Grecs et aux Turcs le vin qu'il reçoit hors taxe. Surtout, il spécule sur les différentes monnaies étrangères qui envahissent l'Empire en pleine inflation, et il vend des *berat,* c'est-à-dire des patentes fictives d'interprète auprès de l'ambassade; sa complaisance permet à des sujets ottomans d'échapper à la fiscalité du sultan.

Edward Wortley est agréé par la Compagnie le 10 mai 1716. Lady Mary fait ici figure très prosaïque : Mme l'ambassadrice est dans la situation banale du double, associée aux mondanités et aux festivités, mais sans prise sur les événements. De plus, en pays musulman, elle est rejetée du côté exclusif des femmes. Elle n'aura point de part aux cérémonies d'accréditation et aux réceptions du vizir; elle rendra seulement à de grandes dames des visites protocolaires. La société qui l'attend est une société d'hommes. Les ambassadeurs européens se mettent en route avec femme, enfants et nombreux serviteurs, au seul titre de commodités domestiques.

Il reste à Lady Montagu à rêver son voyage, à inventer sa Turquie. Aux étapes, elle adresse à quelques correspondants des « Lettres turques ». Pas d'espionnage diplomatique dans ses lettres. Pas de compte rendu de tractations commerciales. Pas de prosélytisme religieux ou économique. Ses lettres sont d'abord des lettres, même si elles sont écrites à voix plus haute que l'intimité ne le commande, pour être entendues d'un public plus vaste. L'ambassade turque, c'était un passe-temps et un divertissement bien faits pour exciter l'imagination d'une grande dame désœuvrée et donner matière à correspondance. Mais la destination est Constantinople, l'Orient dès longtemps arraché aux chrétiens... Lady Montagu attend quelque chose de ce voyage, qu'elle se figure comme une transplantation. Elle attend... Une ambassade est à cette époque plus qu'un voyage : un départ.

L'itinéraire de la découverte : l'empire inconnu

La longueur du trajet exacerbe l'attente, au plus noir de l'hiver. Partis de Vienne au milieu du mois de janvier 1717, les ambassadeurs n'atteindront Constantinople qu'à la fin d'avril, après quatre mois. Aucune des routes qui mènent à Istanbul n'est absolument sûre ni aisée; pour des raisons politiques, Wortley emprunte la plus difficile : la route de terre par Buda, Belgrade, Nis, Sofia, Philippopolis, Andrinople. C'était la moins fréquentée : la guerre l'a rendue déserte.

Les Montagu vont d'un ennemi à l'autre; à Vienne, l'empereur et son général, le prince Eugène; à Andrinople, le sultan Ahmet III et son favori, bientôt grand vizir, Ibrahim Pacha; et ils profitent pour leur voyage du répit que l'hiver impose aux opérations. Peu de temps avant leur passage, le 12 octobre 1716, les Turcs ont perdu leur dernière possession hongroise au nord du Danube, la citadelle de Temesvar, et le pays du Banat. Les Montagu atteignent Buda le 22 janvier. Ils sont à Belgrade au début de février – Belgrade, objectif de la prochaine campagne autrichienne. Elle sera prise le 18 août. On comprend l'impatience de son gouverneur à accueillir l'ambassadeur anglais.

Mais, si urgente que soit la mission, l'immensité de l'empire impose ses délais à la fièvre des hommes. A partir de Belgrade, de la côte dalmate à la mer Noire, et jusqu'à la pointe du Péloponnèse, seuls maîtres de la péninsule balkanique, les Ottomans font encore figure de grande puissance sur le sol de l'Europe. Et après être enfin arrivé à Istanbul, il resterait à s'enfoncer derrière la capitale, jusqu'en Iran, jusqu'en Afrique, où les Turcs disputent la Méditerranée aux chevaliers de Malte et aux corsaires français. Le voyage des Montagu emprunte précisément l'itinéraire du déclin des Turcs, celui des armées qui battent en retraite.

Une génération plus tôt, le grand vizir Kara Mustafa Pacha a jeté toutes les forces de l'empire dans le siège de Vienne (1683). C'est la date du dernier assaut au cœur de la chrétienté. On a vu renaître des thèmes de croisade dans la propagande du pape et des gens d'Église, même si les souverains ont été peu sensibles à ces réminiscences : depuis François Ier, le Turc est un partenaire diplomatique et commercial qui passe d'un camp à l'autre. Il n'y a pas eu de mobilisation d'ensemble en Europe. Malgré cette tiédeur, les Turcs ont échoué dans l'entreprise du siège. La défaite leur a coûté, au traité de Carlovitz en 1699, une belle province, la Hongrie, qu'ils ne reprendront jamais : son destin est lié à celui de l'Autriche pour deux siècles, jusqu'en 1918. Mais ils y gardent quelque temps des partisans : les réformés groupés autour de Imre Thököly. Un des objectifs du médiateur Wortley est de limiter l'accroissement de puissance que les Autrichiens vont tirer de leurs nouvelles victoires, et les sympathies turques des Montagu pourraient bien avoir été au début de pure commande.

Quelque part entre Vienne et Budapest, Lady Montagu passe une certaine frontière. Les repères familiers s'effacent. Mais la frontière véritable est mouvante avec les hasards de la guerre. Sous les pas des ambassadeurs, l'empire se dérobe. C'est presque sous les murs de Belgrade qu'après un laborieux échange de civilités les contacts protocolaires s'organisent. L'escorte est désormais composée de janissaires, encore escorte et déjà surveillance. Les plaines traversées ont la désolation des cimetières : la route est jalonnée de champs de bataille où pourrissent hommes et bêtes. Les Montagu passent par Peterwaradin, la dernière défaite, où six mois plus tôt a été tué le grand vizir. C'était la répétition de Zenta où le prince Eugène, déjà, pouvait se vanter d'avoir infligé à l'ennemi « un effrayant bain de sang ». Les Turcs sont braves, mais l'infériorité de leur puissance de feu rend ces campagnes très meurtrières pour eux. L'avance technologique de l'Europe, en s'accentuant au fil des années, a imperceptiblement inversé le rapport des forces.

Le sultan ne croit encore rien céder de sa supériorité en accordant aux chrétiens des avantages économiques qui finiront pourtant par ruiner le pays. L'empire était installé dès l'origine sur une « marche » des pays musulmans; il était voué à une expansion continuelle qui reportait sa frontière toujours plus à l'ouest. La conquête, *feth,* c'est aussi, étymologiquement, l'« ouverture » à l'action civilisatrice et moralisante de l'Islam de nouveaux territoires qui permettront en retour, grâce au butin, d'entretenir l'armée d'invasion. Cette dynamique est brisée par les succès autrichiens. Dans la petite ville yougoslave qui sert de cadre à la chronique d'Ivo Andric, il existait un pont et un caravansérail. Le pont traverse les siècles. Lorsque les Turcs perdent la Hongrie, le caravansérail tombe en ruine : il était entretenu avec le produit de domaines hongrois. La Bosnie commence à se désorganiser. Toute amputation est grave pour un empire acculé à la défensive, alors qu'il n'est fait que pour la conquête.

La Roumélie, réservoir permanent d'hommes et de richesses, était le lieu électif de cette conquête ottomane, où étaient levés les janissaires. *Rum eli,* le « pays chrétien » en turc, désigne la péninsule des Balkans; et, au-delà, les

Turcs ont longtemps rêvé d'atteindre Rome, désignée dans leurs légendes comme le joyau suprême, la Pomme-Rouge, *Kizil Elma.* Mais en 1716, c'est l'Europe qui s'insinue dans la trame balkanique, par le biais des médiations anglaise et hollandaise.

Chaque étape des Montagu évoque ainsi des bouleversements qui remontent tout au plus à une génération et dont l'issue est fort incertaine. L'immense plaine du Danube est devenue un pays dévasté, dépeuplé, sans frontières. Avant-hier les Ottomans étaient devant Vienne; demain les Autrichiens pourraient menacer Edirne, la seconde capitale des sultans. Entre les deux, une mosaïque de populations, qui furent ottomanes hier, et ne savent pas ce qu'elles seront demain; un monde sauvage, étranger aux belligérants eux-mêmes, offre trois visages : campagnes incultes, giboyeuses, en fin de compte faciles à vivre pour leurs rares habitants, de la Hongrie; misère tragique et mornes cahutes des Rasciens, les Serbes, bergers utilisés comme irréguliers contre les Turcs; opulence spontanée de la région de Nis et de la Bulgarie. Lady Montagu découvre la multiplicité des ethnies : Serbes, Hongrois, Albanais... morceaux d'un empire, aperçus par intervalles de la fenêtre de sa berline, aussitôt engloutis par l'hiver.

L'itinéraire de la découverte, c'est d'abord l'itinéraire de la peur; le voyage déroule la monotone et banale litanie des périls : tourmente – neige – noyade – guet-apens – faim – froid – bêtes sauvages... La peur. Elle règne même sur les janissaires de l'escorte, anxieux avec les Allemands, brutaux et inhumains avec les charretiers réquisitionnés; elle règne même dans la ville de Belgrade, sur le pacha : un ordre trop sévère, et ses propres troupes risquent de le mettre en pièces; la fin de l'hiver, et les Allemands vont apparaître. Ainsi l'Empire ottoman, dans son domaine balkanique, se révèle au fil d'une lente dérive vers la mort. Avant d'affronter les Turcs, il faut affronter la présence de la peste, qui ne désempare jamais en ces contrées, et achève de donner à l'Islam sa dimension première vis-à-vis de l'Europe : celle de l'effroi. C'est la route qui dans les contes mène au château de l'Ogre.

Mais Lady Montagu ne tarde pas à faire table rase des

images reçues, et avec le malin plaisir de prendre en défaut ses informateurs. La peste n'est pas grand-chose. On triomphe aisément de l'hiver. Ces Turcs que l'on feint en Europe de trouver redoutables pour se glorifier de les avoir massacrés révèlent leur faiblesse. A l'intérieur des villes en ruine, places fortes à assiéger ou à défendre, cette société féroce s'avère soudain séduisante – déroutante aussi. Dans la quiétude d'une résidence bien chauffée et bien close à Belgrade, les perspectives s'inversent aux yeux ravis de la voyageuse – mais les clés reçues pour le château de l'Ogre ne valent plus pour le palais des Mille et Une Nuits.

Une diplomatie laborieuse

Sur mer, ou par ses possessions continentales, l'Empire ottoman, au début du XVIIIe siècle, est en contact avec la majorité des États européens : la Russie, la Pologne, l'Autriche, tous les pays méditerranéens sont ses voisins immédiats. Il se trouve donc inclus dans le jeu de la diplomatie occidentale, dont il est une pièce importante. Mais il échappe en partie aux règles de ce jeu. Les Turcs constituent un monde étranger aux parentés des cours chrétiennes, à leurs connivences, à leur langage.

La fierté ottomane ne simplifie pas la tâche des Occidentaux. Ombre de Dieu sur la terre, commandeur des croyants, chef de la guerre sainte, officiellement le sultan n'admet pas d'égal. Il ne négocie pas, il dicte sa volonté. Et pourtant il devra faire l'apprentissage amer de la diplomatie à l'européenne.

Comment s'avouer vaincu? Lorsque le grand Mehmet II a été forcé de lever le siège de Belgrade, en 1456, le chroniqueur pouvait écrire avec élégance : « La figure de la fiancée de la victoire devint visible dans le miroir de l'ajournement. » Une défaite ne saurait être qu'une victoire différée. Comment maintenir cette fiction après la perte de la Hongrie? Les artifices de style ne dissimulent pas longtemps la réalité. Mais, en 1717 encore, la Porte s'obstine à proclamer une mission devenue impossible à remplir.

Un ministre incarne cette thèse anachronique : l'Albanais Halil Pacha. Il prépare la guerre qui doit rétablir la grandeur ottomane et cultive de bonnes relations avec les Français dont il espère obtenir des « techniciens » : armuriers, canonniers. Il voudrait aussi recruter une garde suisse.

Les ambassadeurs ont une tâche difficile. Il faut comprendre les hommes, deviner les intentions secrètes du souverain et de ses ministres, sentir les rapports de forces. Ce personnel politique surgit de l'anonymat d'où le tire la faveur du sultan.

Avec les autres nations, les ambassadeurs disposent d'une langue diplomatique commune, le français en général, parfois le latin. Les vizirs ottomans ne s'expriment qu'en osmanlï, que ne comprend aucun Occidental. Lorsqu'un ambassadeur se présente devant le grand vizir et lui fait traduire le message du roi son maître, le vizir ne répond jamais que *pek eyü,* « très bien ». La vraie réponse est à chercher ailleurs, dans le délai pour être reçu, les honneurs rendus, les cadeaux échangés. Tout débat sur l'étiquette — et la suite des ambassades est parsemée de malentendus sur ce terrain —, loin d'être futile, est au contraire essentiel. Il crée un rapport de forces déterminant, avant même toute négociation sur le fond. Les manœuvres se font par interposition d'écrans successifs : qui doit adresser ses interprètes au partenaire? Qui doit accepter de recevoir ceux de l'autre? La situation diplomatique est, comme au jeu d'échecs, réglée par la position respective des adversaires. A la limite, ils n'ont pas besoin de *se dire* quelque chose. Le marquis de Nointel est disgracié par le roi parce qu'il a accepté un tabouret en contrebas du sofa; loin d'être une preuve de souplesse, ce geste est considéré comme une reconnaissance de suzeraineté, et le marquis est disgracié à juste titre en 1673. Lorsqu'ils étaient présentés au sultan, les ambassadeurs étaient désarmés, et on leur passait de somptueuses robes d'honneur qui leur étaient offertes. Geste symbolique : on ne se présente devant Sa Hautesse qu'« ottomanisé ». Ferriol se battra avec les chambellans du palais pour conserver son épée, l'audience n'aura pas lieu et il ne sera jamais présenté au sultan. Cette ténacité digne d'une plus grande cause fait scandale et les étrangers plus raisonnables en sourient, mais pas les Français, tout fiers que leur ambassadeur se soit colleté avec des officiers, et presque avec le grand vizir.

Certes, l'Occidental peut essayer, avec plus ou moins de bonheur, de singer son hôte. Lorsque l'envoyé du grand vizir vient annoncer à Nointel que son audience est retardée, celui-ci fait immédiatement retirer le tabouret qui était destiné au messager, et assortit ce geste de paroles que le drogman n'ose même pas traduire. En revanche, le cardinal Dubois se procure des encensoirs pour parfumer Mehmet Efendi, ambassadeur extraordinaire du sultan, en 1720. Turqueries!

Pour éviter cette turquerie, pour être sérieux, il faut écouter le drogman — mot devenu en français « truchement ». Ces interprètes sont les intermédiaires de toute ambassade, les interlocuteurs obligatoires de la Porte. Celle-ci s'en accommode fort bien. Ils ne lui apparaissent pas comme un obstacle, mais comme la meilleure des sauvegardes. Les Turcs répugnent en effet à l'entente directe. En évitant tout dialogue, ils ne risquent pas de laisser échapper une parole qui les contraindrait ou qui les trahirait, ni d'oublier leur dignité. Les Occidentaux ont des sentiments plus mêlés à l'égard du drogman. Bien évidemment, il est seul au fait des hommes, des usages, des choses; mais, s'il rassure, car il fraye leur chemin aux diplomates et aux négociants, il est aussi équivoque, car il ne fait qu'entrouvrir la porte sur un monde étranger dont il exploite le mystère, et suspect aux uns comme aux autres. De ses deux visages comment reconnaître le bon? Ce Janus n'est que le maître d'une fausse porte. Du reste, ce n'est jamais un Turc.

Premiers contacts

A la fin de mars 1717, Lady Montagu et son époux atteignent Edirne. Ils ont à découvrir la cour ottomane, le sultan, le favori, le grand vizir et leur entourage. Mais aussi les autres ambassadeurs : le Hollandais Colyer, le Français Bonnac, arrivé juste avant les Montagu. Les diplomates incarnent des politiques différentes, et même antagonistes. Le marquis de Bonnac pousse les Turcs à la guerre, froidement, systématiquement, à seule fin de fixer l'Autriche sur sa frontière orientale. Les Hollandais et les Anglais préfèrent rétablir la paix pour des raisons d'équilibre entre les puissances. Mais ces ambassadeurs appartiennent tous au même monde qui fait la moue devant le petit équipage et l'installation discrète des Montagu. La vivacité des époux efface vite ces préventions. Bonnac mettrait volontiers sa jeune femme à l'école de Lady Montagu : qu'elle lui apprenne les « bonnes maximes » qu'elle applique dans ses propres affaires, mais pas le latin, tout au plus bon pour les femmes des autres.

La grande affaire des Montagu, ce n'est pas la découverte de ces coteries d'étrangers qui s'espionnent suivant les règles éprouvées à Vienne ou à Paris. La grande affaire, c'est de se faire entendre des Turcs. D'abord, les voir. Le sultan : « Il peut avoir quarante-six ans. Il a la barbe brune, le sourcil élevé [...] l'air fier et majestueux, le visage assez marqué de la petite vérole. » Son caractère est moins connu. Est-il si avare et si cruel qu'on le dit? L'inconstance qu'on lui reproche n'est qu'un aveu d'ignorance sur ses intentions cachées, dans l'absence de toute relation personnelle avec lui.

Après le sultan, le grand vizir Halil Pacha. Il veut entrer en campagne très vite, pour surprendre les Autrichiens. Mais il n'a, semble-t-il, ni le dynamisme ni l'ambition nécessaires pour soutenir un pareil programme. « Il a reçu le titre bien contre son gré. » Son *kâhya* ou intendant est un véritable ministre de l'Intérieur. Il est, selon Bonnac, intelligent, informé, et sociable. Il appartient au parti de la guerre, qui forme — déjà — une sorte de « parti français ».

Ibrahim Pacha est le favori. Il fait nommer les principaux ministres et a sur eux un ascendant absolu. « Ces ministres n'osent jamais rien dire en privé au Grand Seigneur, à moins que le favori ne les ait engagés à le faire. » Mais à quelle politique fait-il servir ses créatures? Bonnac n'est pas plus sûr de ses intentions martiales que de celles du sultan. Il n'a pas de compétences militaires. Mais comment ne pas tenter de regagner un peu du terrain perdu? Le favori laisse le grand vizir et son intendant chercher la revanche et se tient, lui, un peu en réserve. Il veut certainement la paix, mais peut-être pas tout de suite.

Wortley a ses premières audiences avec le grand vizir, puis avec le favori. Il espère ardemment « rendre à cet empire de plus grands services » que son prédécesseur au traité de Carlowitz. Du côté ottoman, on est moins empressé. L'Anglais transmet des propositions autrichiennes qui sont décevantes : la paix sur la base des positions tenues par les deux parties, selon le principe dit *uti possidetis,* qui déguise en fait, pour le légitimer, le droit de conquête. Perspective médiocre pour les Turcs qui diffèrent la médiation.

Dans la société des ambassadeurs, les Montagu apparaissent comme un jeune couple; et c'est sans surprise qu'on peut suivre les courriers de l'ambassadeur et les lettres de l'ambassadrice en parallèle. Malgré la différence des tons, stratégie et information sont les mêmes. Lady Montagu connaît l'histoire de l'assassinat du dernier pacha de Belgrade; elle a entendu parler du caractère dur d'Ahmet III et de la popularité de son neveu. Son mari évoque la hâte, politique, du favori à consommer son mariage avec la fille du sultan. Elle cite une ode sur ce thème, composée par Ibrahim Pacha en personne. La conversation conjugale s'alimente aux bavardages des ambassades. Analogie sans similitude cependant, qui ne reflète pas les rapports inégaux d'un homme et d'une femme. Wortley a sa première audience auprès du grand vizir; le lendemain, il voit le favori.

Semblablement, Lady Montagu va saluer d'abord la femme du grand vizir, puis celle de son intendant. Ce n'est pas pur divertissement. C'est une manière de faire sa cour, de créer avec ces gens des liens de confiance qui faciliteront la négociation de son mari. Si l'on n'est pas attentif à la stricte hiérarchie de ces visites, il semble qu'il s'agisse de simples rencontres amicales, d'une découverte quasi instinctive. L'amitié est une science autant qu'une disposition. Pourquoi ne pas être amis avec les Turcs? Qui, du mari ou de la femme, a eu cette idée à peine innocente?

Ici, une énigme. C'est chez le kâhya Ibrahim que Lady Montagu rencontre la belle Fatima. « Son époux était, nous dit-elle, le deuxième officier de l'empire, mais devait en fait être considéré comme le premier, car le grand vizir n'avait que le nom, et lui la réalité du pouvoir. » Or le kâhya n'était qu'une créature du grand vizir. Ces lignes ne peuvent viser que le favori, Ibrahim Pacha, d'autant que le kâhya vivait ses derniers jours politiques, en prélude à la disgrâce de son maître. Et Lady Montagu reverra Fatima, avant son départ d'Istanbul, dans le même décor luxueux qu'à Edirne.

Pourrait-il s'agir de Fatima Sultan, la fille d'Ahmet III et l'épouse d'Ibrahim Pacha? Il est impensable que Lady Montagu, et plus encore son interprète grecque, aient confondu les deux Ibrahim. L'auteur aurait souligné la parenté de son « amie » avec le sultan.

La réponse est peut-être à chercher chez Lady Montagu elle-même. Fatima Sultan était « une gamine de treize ans ». Comment faire d'une enfant le modèle de la dame ottomane? Fatima Sultan était peut-être trop jeune... ou d'un rang social trop élevé pour le rôle de double dévolu à la Fatima des *Lettres,* jeune et vivante. Les deux filles qui se trouvent à ses côtés peuvent être les deux filles qu'Ibrahim Pacha avait eues d'un précédent mariage. Mais la mention de sa mère, une Polonaise prise au siège de Kaminiec en 1672, introduit une nouvelle difficulté. Fatima Sultan est née trente-deux ans plus tard : sa mère aurait donc au moins le même âge qu'Ahmet III. Fatima est donc un personnage vraisemblablement composé, dont Lady Montagu a vécu ou imaginé la rencontre. Pour aimer la Turquie, il fallait d'abord lui donner un beau visage.

La chance de Lady Montagu : la Turquie d'Ahmet III

Malgré ces difficultés, les Montagu disposent d'un certain nombre d'atouts. En 1717, il existe un équilibre des forces entre la Turquie et l'Occident qui permet un regard d'une certaine qualité, un rapport de puissance à puissance peut-être indispensable à toute possibilité de rencontre.

Lady Mary est marginale dans l'entreprise diplomatique. Elle donne le premier témoignage ethnographique sur une civilisation qu'elle perçoit, à laquelle elle est sensible, en dépit ou peut-être à cause de la violence qui l'accompagne.

Avant la lente décadence de l'Islam ottoman, c'est une des dernières fois que le voyageur se met à l'écoute de l'étranger. Bientôt, il n'empruntera à l'Orient qu'une image inversée des travers de sa patrie. Bientôt, il n'en attendra que le choc des couleurs et des bruits pour renouveler une sensibilité d'esthète blasé. Bientôt, il en évaluera froidement l'appropriation par les sociétés commerciales et leurs filières indigènes. L'histoire coloniale, un temps occultée par le grand débat prérévolutionnaire sur l'esclavage, va commencer.

Il est vrai aussi qu'en 1717 ce n'est plus tout à fait la société ottomane traditionnelle, méfiante et fermée, que Lady Montagu va découvrir à Edirne. La Turquie, au moment même où se dessine la première faille, s'ouvre aux produits et aux savoir-faire des Occidentaux : après les horlogers et les médecins viennent les imprimeurs, les instructeurs militaires, les architectes... De cette ouverture témoigne le voyage à Paris de Mehmet Efendi, qui en 1720 joue en France le rôle d'un véritable ambassadeur, alors que la Turquie continue à dédaigner d'avoir à l'extérieur des représentants permanents.

C'est le règne d'Ahmet III. Le sultan Ahmet règne depuis la déposition de son frère, en 1703. Jusqu'à cette date, il est resté prisonnier dans le *kafes,* littéralement la « cage », où on tient sous bonne surveillance les éventuels prétendants. Il n'est connu à cette époque – et n'est-ce pas prudence? – que comme un amateur de femmes, de calligraphie et de poésie. Il a pour favori son partenaire aux échecs, Ibrahim, que l'on appellera plus tard Ibrahim Pacha, de Nevchehir. A son avènement, Ahmet III ne lui confie pas immédiatement la direction des affaires; il choisit comme grand vizir et comme gendre *(damat)* l'énergique et belliqueux Silahdar Ali, qui est tué à la bataille de Petervaradin. Silahdar Ali incarnait les espoirs de revanche des Ottomans. Sous l'incompétente direction de son successeur le grand vizir Halil Pacha l'Albanais, Ibrahim prépare sa venue au pouvoir, place ses gens aux postes clés et épouse à son tour la fille aînée du sultan en février 1717.

Rompant avec la tradition de ses prédécesseurs, il renonce à établir son prestige sur des succès militaires. Sitôt la paix rétablie en juillet 1718, et pendant douze ans, il organise une vie de fêtes pour la haute société d'Istanbul. Le séjour de Lady Montagu se situe donc juste avant le lever de rideau sur cette période brillante que l'on appellera l'Ère des Tulipes, *Lâle Devri.* La prédilection du souverain pour cette fleur a donné son nom à l'époque; les jardiniers rivalisent alors pour créer des espèces nouvelles, tulipes bleues qui valent des fortunes, tulipes jaunes et rouges qui sont célébrées par leurs noms propres dans la poésie de Nedim. Un ministre des Jardins a pour unique fonction de répandre couleurs et beauté à profusion dans les parterres des palais impériaux. On fait venir des variétés nouvelles de tous les coins du monde, et les collectionneurs se les disputent aux enchères. La fleur valeur économique à cette bourse d'un nouveau genre, objet de taxations gouvernementales, voilà qui caractérise l'Ère des Tulipes comme une période de fêtes et d'insouciance, au défi de l'orthodoxie morose.

En témoigne le miniaturiste Levnî, dans une série de portraits qui font revivre la splendeur des costumes de cour, d'intérieur et de ville : beautés endormies, adolescents alanguis par l'ivresse, musiciennes et danseuses ressuscitent une société de plaisir. Et, surtout, des fleurs, partout des fleurs : fleurs au pied des belles, fleurs précieuses et bijoux en forme de fleurs, fleur à la main du sultan, œillet respiré les yeux fermés...

Et cette société s'entrouvre. Levnî fait place à des types étrangers, les Iraniens bien sûr – images traditionnelles du raffinement – aisément reconnaissables à leurs épais sourcils joints qui dessinent un arc; mais aussi deux Européens, des « Francs », un petit marquis et une dame en robe à paniers. La différence des Iraniens est marquée sur le fond d'une parenté générale. Celle des Francs reste irréductible. Mais c'est peut-être la première fois qu'ils sont présentés pour eux-mêmes dans l'art turc, témoins d'une civilisation à laquelle on porte un intérêt amusé :

ce ne sont plus les visages à gros nez caricaturaux des ambassadeurs présents aux défilés, mais le reflet un peu bizarre d'un autre mode de vie, peut-être plus proche qu'on ne croit.

1717 est donc une année éminemment favorable pour qu'un séjour en Turquie déploie les contradictions internes du voyage. Dialectique étonnante de l'être ici et ailleurs, de l'ancien et du nouveau, de la comparaison et de la surprise. C'est un moment d'intérêt mutuel : l'étrangeté frappe d'abord, puis elle se dissout à un examen plus minutieux. Lady Montagu va de Vienne à Istanbul pour revenir par Paris; elle passe d'un absolutisme à l'autre, du pays que gouverne le damat à celui du régent. A Istanbul comme à Versailles, il y a un prince et une cour, une religion d'État et un pouvoir religieux. Deux cours somptueuses s'étendent sur un arrière-plan de campagnes faméliques : les paysans français qui mendient aux portes des carrosses ne font pas meilleure figure que les voituriers renvoyés sans salaire du relais de Nis. Une fois dépassé l'exotisme des vêtements et de certaines formes sociales, les similitudes se font sensibles.

Primitifs et raffinés, proches et lointains, ces Turcs sont à la fois libres et esclaves, comme nous. Le voyage est la chose philosophique par excellence, la machine de guerre contre les préjugés. Celui de Lady Montagu est proprement ethnologique, puisqu'il inaugure le voyage compris comme expérience des infinies variantes de la liberté. C'est une femme, portée par sa condition à ressentir l'étendue du paradoxe, qui va rechercher cette liberté au cœur même du despotisme et créditer l'Orient d'une découverte : celle du pouvoir féminin.

Mais, avant d'y parvenir, Lady Montagu doit subir l'initiation géographique et historique nécessaire, le choc des lieux et des sites, les réminiscences classiques des bons auteurs. Dépouillée de ses illusions en Angleterre (son mariage n'est pas heureux), et la petite vérole lui ayant enlevé une partie de sa beauté, il lui reste encore à franchir le seuil du tourisme et de la mondanité.

Le décor

Les lettres de Lady Montagu font une place importante au décor. La toile de fond – la description des villes traversées – est là pour affecter sa correspondance d'un indice de réalité. Effet souvent factice : Lady Montagu se souvient avec ses livres. La citadelle de Belgrade lui est donnée en une vision panoramique, dessinée pour un stratège, marquée par nulle saison. Factice, le pont de bois sur la Drave; factice, l'arc romain sur la route de Sofia – à peine plus réels que ces vestiges antiques qui n'existent plus quand elle les voit. Sur l'ancien hippodrome byzantin, l'At Meydani des Turcs, se dresse aujourd'hui encore la colonne, faite de trois serpents de bronze aux corps entrelacés, qui rappelle la victoire grecque de Platées en 479 avant Jésus-Christ. Tous les témoignages attestent que les têtes des serpents ont été définitivement brisées vers 1700. En 1718, Lady Montagu signale leurs « trois gueules béantes », comme Gemelli, un de ses guides préférés, et pas plus que lui elle ne connaît l'origine de ce monument. Au même endroit, elle a recopié elle-même, nous dit-elle, l'inscription latine de l'obélisque de Théodose : dans la version tronquée qui figure chez Gemelli.

Peu importe : dans la vision monumentale de Lady Montagu, la dégradation n'est soulignée que si elle a une signification morale et théologique; l'effritement des mosaïques chrétiennes de Sainte-Sophie par exemple, transformées en cabochons pour pacotille de bijoutiers. Les ruines antiques sont au contraire contemplées dans leur intégralité, puisqu'elles ont pour fonction de rappeler les fastes des Grecs et des Romains, exaltés à la mesure de la décadence de leurs descendants.

Les villes ne sont pas saisies dans leur réalité, mais caractérisées au passage par leurs « curiosités », pour un faux-semblant. Cet effet, irritant et déconcertant, était nécessaire dans le genre de la lettre de voyage : il fait partie de la tentative de séduction sur l'imagination des correspondants, avec les moyens stylistiques de l'époque.

La description des principales cités du voyage est donc sommaire. Les Montagu ont traversé bien des villes et surtout des villages, mais Lady Mary n'a guère dépeint que les capitales de l'empire où elle a séjourné : Edirne, la préférée des sultans, et Istanbul, la traditionnelle. Des métropoles proches et célèbres, comme Bursa et Izmit (Brousse et Nicomédie) ne sont pas mentionnées. Alep, Le Caire font figure de lieux extrêmement lointains.

La Turquie se réduit ainsi à deux grandes villes et d'abord à leur site naturel : celui d'Edirne, dominé par une mosquée, la Selimiye, animé par la rivière Maritza et les beaux ponts qui la franchissent – celui de Constantinople, « peut-être le plus magnifique du monde ». La ville évoque à la voyageuse « une vitrine décorée par les mains les plus habiles », curieuse réduction d'un paysage célèbre par sa majesté. Constantinople vue de Péra devient une ville-jouet garnie de bibelots, à la fois futile et précieuse. Les gracieux minarets, les coupoles des mosquées qui s'élèvent dans l'espace sont « des coffrets et des chandeliers » juxtaposés dans le désordre, avec une surabondance d'ornements. Aucune ligne directrice ne livre le secret de ce tableau, rendu manifeste et non pas discipliné par son étagement en hauteur. La ville est un labyrinthe privé de ses limites et de ses points de repère traditionnels, la grosse tour ronde de Galata, l'arsenal de Tophane, les Sept Tours et la muraille qui permettent à Tournefort d'affirmer qu'en définitive Istanbul est moins grande que Paris.

Cependant, Lady Montagu s'est crue obligée de consacrer une notice aux mosquées les plus célèbres. Elle rend à leur architecture plus de justice que la plupart des Européens, occupés à les dénigrer pour des raisons religieuses; au contraire, sa sympathie pour l'Islam l'aide à goûter l'espace intérieur dépouillé des salles de prière, l'éclat net des murs revêtus de faïence; elle préfère les mosquées bâties par Sinan, l'architecte de Soliman le Magnifique, à Sainte-Sophie, église travestie en mosquée, dont l'atmosphère se ressent du mélange des rites et des fonctions. Si le détail est parfois exact dans son inutile minutie – vingt-huit coupoles sur la colonnade qui enveloppe la cour de la Süleymaniye –, la visiteuse cite sommairement les curiosités traditionnelles comme la tombe de Constantin, et se moque de celles qu'on a oublié de lui montrer, comme la colonne miraculeuse qui « transpire » un baume guérisseur.

Peu de monuments urbains retiennent son attention : quelques mots sur les *han* bien bâtis, ces fondations pieuses qui servent de caravansérail pour les membres d'une corporation et pour les marchands de passage; quelques mots sur la propreté et sur l'ordonnance des bazars. La rue n'est pas véritablement décrite, avec ses bruits, les multiples appels des marchands ambulants, ses odeurs d'herbes, d'épices et de crottin, et sa foule incessante, débordant de mille ruelles, foule d'hommes avant tout. Lady Montagu retient ce qui distingue Istanbul de Londres, et son dépaysement, au XVIIe siècle, n'est pas le nôtre. La prédominance des hommes dans la rue ne la frappe pas. Elle ne décrit pas non plus la variété de leurs types physiques, ni la bizarrerie de leurs costumes. Pauvres et riches, Turcs et étrangers se différencient pourtant aisément, et des décrets renouvelés fixent la couleur du turban ou des babouches que portent les sujets du sultan, selon leur religion.

Dans les *Lettres,* la rue d'Istanbul est une rue vide, déserte et silencieuse : les janissaires de l'escorte se chargeraient de bastonner l'audacieux qui manifesterait bruyamment même son approbation au passage d'un grand. Dans la première cour du palais, celle qui est ouverte au public, des gardes veillent à ce que l'on ne manque pas au respect dû au sultan : pas d'éclats de voix ni de caracolades bruyantes. La rue d'Istanbul, c'est cette immense artère, aujourd'hui déchue, la Divan Yolu, qui s'étend de la mosquée de Sainte-Sophie à la mosquée de Beyazit et que les cortèges empruntent sous les yeux du sultan, les jours de fête. La rue est le prolongement du pouvoir du prince. Lady Montagu, femme d'ambassadeur, reste dans sa mouvance; elle n'a pas d'accès véritable au monde populaire, refoulé et toléré dans ses limites par la police omniprésente.

Elle est donc renvoyée à un autre monde, le seul auquel, par un privilège dû à son sexe, elle ait un libre accès :

celui des femmes. Ce sont en effet les pôles de la vie féminine, cachée et libre, qui ordonnent son image d'Istanbul.

L'architecture des façades de la ville est trop irrégulière pour satisfaire les exigences esthétiques d'une admiratrice anglaise du style classique de Palladio. C'est la nature, à peine retouchée, qui est le chef-d'œuvre de l'architecture turque, la nature enclose dans des maisons d'allure modeste, en bois et en torchis plus souvent qu'en pierre. Les arbres qui donnent de l'ombrage cachent les galeries des cours intérieures, le chèvrefeuille et le jasmin tendent devant les kiosques des rideaux de verdure. Dans la Turquie moderne, les contraintes de l'urbanisme ont resserré les maisons, mais dans les villes de moindre importance, chaque famille aisée a son jardin, parfois à quelque distance, où l'on peut cueillir des fruits et se délasser à l'abri des indiscrétions.

La nature donne à profusion fleurs et fruits, et comme sans efforts. Les jardiniers présents sont décrits comme des virtuoses plus que comme des tâcherons. Vision aristocratique d'un espace de pur loisir. Au passage de la voiture, les cultures varient le paysage, sans que Lady Mary en tire de conséquences économiques. La campagne anglaise est encore à cette époque ouverte à la libre pâture pour le paysan et à la chasse pour le seigneur; mais les poètes commencent à célébrer le jardin bordé de haies, derrière lesquelles le petit propriétaire extrait les richesses du sol, à la sueur de son front. Les enclosures vont morceler la lande. Fin de l'ère préindustrielle.

A la Turquie de poursuivre son image paradisiaque d'eau et de verdure, et de fruits produits sans peine, mirage promis au vrai croyant. Le son des instruments champêtres, les danses rustiques animent seuls les rives du Bosphore. C'est là que se déroule la vie non officielle, dans les prairies des Eaux-Douces d'Europe, aux sources de la rivière qui coule vers la Corne d'Or, sur quarante kilomètres. Les chemins de la forêt de Belgrade, toute proche, s'effacent aujourd'hui; mais par endroits les clairières abritent encore des familles venues chercher le calme : un hamac, suspendu entre deux arbres, berce un petit enfant. Lady Montagu traverse avec délices cette vie simple, proche de l'idylle, cette prospérité qui contraste avec la désolation des campagnes balkaniques, où l'insécurité a fait disparaître les récoltes.

Aux portes d'Istanbul, parcs et cimetières sont de grands morceaux de campagne; ils s'étendent autour du tombeau d'un saint homme et on y vient festoyer sur le gazon, parfois aussi, comme à la mosquée d'Eyüp, y jouir d'une belle vue. Les cyprès, bien loin de symboliser la tristesse, réjouissent le cœur, et on suspend des rubans à leurs branches, pour demander des faveurs aux morts bienfaisants.

Ainsi se définit, dans le silence de la ville, une douceur de vivre, une jouissance du présent fondée sur le raffinement des actes élémentaires. Comparés aux haltes de cette ville secrète, les premiers parcours de Lady Montagu apparaissent bien simples et même banals. C'est le circuit que les visiteurs de l'époque effectuent avec un drogman de l'ambassade, et le touriste moderne en groupe avec son guide : la première cour du palais de Topkapi, Sainte-Sophie (il faut à l'ambassadrice une autorisation), l'hippodrome, quelques mosquées, celle de la Valide, aujourd'hui noircie par l'incessante pollution des bateaux à l'embarcadère d'Eminönü, la Süleymaniye, l'aqueduc de Valens, et bien sûr le Bazar, qui s'étend toujours de la mosquée de Beyazit vers la Corne d'Or. Le coin des libraires, *Sahaflar,* est aujourd'hui à gauche de l'entrée principale, sous une treille délicieusement fraîche en été, près de l'Université, où se trouvait alors le Vieux Palais; c'est à l'intérieur même du bazar que Galland venait dénicher les manuscrits, pour le compte de son maître Colbert et du roi de France. Quant au marché aux esclaves, à la lisière du bazar, en contrebas de la Colonne brûlée, il constituait pour les Occidentaux une véritable attraction.

De ce décor, Lady Montagu ne décrit rien de plus que les autres voyageurs.

Le premier obstacle : les minoritaires ou le côté de Péra

Le voyage pourrait s'arrêter là, une fois Lady Mary reconduite à Péra, le quartier des ambassades, des

« Francs », et des minoritaires. C'est auprès de ces derniers, et surtout des Grecs, qu'elle a dû faire une partie de ses expériences ottomanes.

Anciens sujets byzantins ou colons appelés par les sultans, les Grecs peuplent les petits villages, le long du Bosphore, près de sources, comme Therapia (Tarabya). Dans ce cadre, ils rappelaient à la voyageuse les héros d'Homère et les bergers de Théocrite. En ville, ils forment une communauté en porte à faux entre les Ottomans dont ils dépendent et les étrangers qui sont contraints, à contrecœur, d'en passer par eux. Dissipées les réminiscences classiques, ils participent à l'exotisme du monde ottoman.

A s'y méprendre. Lorsque Galland aperçoit à Edirne — à la cour — le drogman Panayoti, celui-ci est à cheval, coiffé d'un turban de bey; dans sa suite, un officier porte le *seccade,* le tapis de prière, non certes pour qu'il puisse prier cinq fois dans la journée, mais « par dignité, et pour qu'il se repose » en cours de route. Est-il aussi suivi d'un porte-aiguière, pour se désaltérer? Galland ne le dit pas. Le même Galland, devant tenir le rôle d'Elvire dans *Le Cid,* à une petite soirée théâtrale de l'ambassade, se divertit fort en empruntant les habits d'une dame grecque; ils sont point par point semblables au costume turc de Lady Montagu. Il faut dire que les Arméniennes sortent strictement voilées; et du reste, devant les *Femmes d'Alger dans leur appartement,* nous oublions que Delacroix peint souvent des juives et non des musulmanes. De même, en lisant Lady Montagu, on hésite parfois entre le côté de Péra et celui de Stamboul.

Si semblables à l'Autre, ces chrétiens ottomans se rapprochent pourtant des Européens par la religion et par les intérêts. Sans pour autant se confondre avec eux. L'écart religieux subsiste; les catholiques cherchent à ravir aux orthodoxes l'administration des Lieux Saints; ils veulent « acheter le Saint-Sépulcre »! Et, pourquoi pas, convertir les Grecs. Les réformés réfugiés se sentent éloignés des orthodoxes autant que des papistes; le déisme des musulmans attire les sympathies de Lady Montagu... Du temps de Mehmet IV, Covel rapporte une controverse presque amicale entre un célèbre prédicateur,

Vani Efendi, et le chapelain anglican : ils tombent d'accord pour mépriser l'idolâtrie orthodoxe et le ridicule de la croyance à la transsubstantiation de leur interprète... Comment espérer de Lady Mary la moindre compréhension pour les icônes à fond d'or? Elles choquent à la fois son sens esthétique et son sens religieux. Les icônes sont à reléguer du côté des reliques et des idoles.

Écart religieux, écart social : que dire de ces gens désarmés que sont les minoritaires? Il leur est théoriquement interdit de porter l'épée, cette épée dont l'ambassadeur Ferriol refusait de se séparer pour l'audience du sultan. Les Grecs, les Arméniens, les Juifs ont appris depuis longtemps à s'incliner sans faire de façons. De vieilles familles grecques portent des noms illustres : Comnène, Paléologue. Mais le père de Dreux, hôte d'un Paléologue, ne le reconnaît pas comme un noble. Les familles grecques les plus anciennes de la ville, celles d'avant 1453, sont en même temps celles des plus anciens « collaborateurs », et comme telles tenues à l'écart par les autres. Les dignités sont conférées aux Grecs par les Ottomans : ainsi d'Alexandre Mavrocordato, grand médecin, humaniste et diplomate au service de la Porte.

Bientôt l'influence russe se fera sentir, mais les Grecs mettront un certain temps à répondre aux ouvertures de leurs frères orthodoxes et à se détacher de leurs maîtres. Le patriarcat, qui conserve l'espoir de rassembler toutes les minorités chrétiennes sous son autorité — certaines presque analphabètes : les Valaques, les Serbes... —, est fidèle au sultan qui garantit son pouvoir sur la communauté.

Aux yeux des Anglais, les Grecs ont perdu toutes les vertus de leurs ancêtres pour n'en conserver que les vices; courant d'une protection à l'autre, ignorants et bigots, ce sont de vulgaires commerçants qui confondent Socrate et saint Augustin. Lady Montagu ne s'intéresse pas au grec et n'en apprend même pas l'alphabet : sur le chemin du retour, il faut à cette « antiquaire » qui maîtrise si bien le latin les lumières de son mari pour déchiffrer les simples mots « la ville de Sigée ». La dame grecque qui sert d'interprète à Lady Montagu est à peine mentionnée : ingratitude, certes! mais aussi parti pris méthodologique —

l'essentiel, en Turquie, ce sont les Turcs, et non les Grecs.

Les Arméniens sont simplement notés comme des originaux; leurs jeûnes et leurs coutumes nuptiales ne font de tort qu'à eux-mêmes. Ces commerçants paisibles, répandus de Venise à l'Iran, sont par leurs mœurs les plus orientaux des chrétiens de Péra; et on les convoque, bien sûr, au procès de la transsubstantiation.

Une communauté a une place à part : les Juifs. D'origine essentiellement européenne, elle n'est guère moins fermée que la société turque. Les Juifs attendent leur protection du sultan, et non des nations chrétiennes qui les ont chassés, et qui persécutent leurs frères. Attitude durable, car après la Première Guerre mondiale ils seront la seule minorité à rester fidèle à l'Empire ottoman, au moment de l'occupation d'Istanbul par les Alliés. Comme médecins, diplomates, interprètes, ils concurrencent les Grecs. Plus qualifiés qu'eux à l'origine, car ils venaient d'Europe, ils sont maintenant un peu en retrait, car ce sont les Grecs qui ont des contacts privilégiés avec les Européens. Ils ont le privilège de fournir toute l'administration des douanes; c'est une carrière attrayante pour les bons écoliers : *Escrive derecho, techo con techo, te haras yazidji del commercho*[1], dit le proverbe. Ils sont aussi courtiers, et c'est le seul aspect sous lequel Lady Montagu les connaît. Mais avec les Juifs, qui habitent en général la ville turque, on est passé insensiblement du côté de Péra à celui de Stamboul, à la haute société musulmane, secrète et distante, à qui est réservé, aux yeux de l'ambassadrice, tout le privilège de l'exotisme.

Le côté de Stamboul

Il faut se tourner du côté de Stamboul pour découvrir les véritables Turcs. Mais, en 1717, peut-on vraiment être Turc? Les Ottomans ne se désignent jamais sous ce nom, qui est même injurieux, et ne paraissent tirer aucune

1. « Écris droit, ligne après ligne, tu deviendras secrétaire à la douane. »

fierté de leur ascendance. Ils conservent pourtant avec soin le souvenir de certaines parentés — avec le *khan* des Tatars de Crimée par exemple; nomades et guerriers, ils ont gardé de leurs origines tribales le goût des camps, des multitudes de tentes qu'ils montent en experts, pour former de véritables villes qui soulèvent l'admiration des visiteurs occidentaux; surtout, ils manifestent l'unité de leur État au cours d'une sorte de parade à la fois militaire et civile, l'*alay*. C'est en assistant à ce défilé, d'une fenêtre d'Edirne, que Lady Montagu reçoit de plein fouet la révélation de la formidable machine militaire et administrative que fut l'Empire ottoman.

Ce défilé, cet alay, est une cérémonie propre aux Turcs. Ils ont trouvé le mot chez les Byzantins, pour qui *allayi* désignait la relève de la garde, mais ils ont turquifié la phonétique et confisqué le sens. Au-delà d'une simple relève, l'alay symbolise la mobilisation de tout l'empire dans la guerre contre les infidèles, la *gaza*.

Cinquante ans après la visite de Lady Montagu, en 1769, le dernier défilé de l'alay donna lieu à de tels désordres qu'on renonça désormais à l'organiser : des troupes fanatiques s'en prirent à l'ambassadeur d'Autriche, qui, avec sa suite, regardait passer l'armée, et les désordres prirent la proportion d'une émeute. Il était devenu impossible de masquer, le temps d'un défilé, la dislocation des structures sociales. A une époque de guerres, et de guerres catastrophiques, la cérémonie ne montrait plus que l'indiscipline des soldats, elle témoignait au fond à la foule angoissée de l'impuissance de l'empire. Mais, lorsque Lady Mary vit se dérouler l'alay, il incarnait encore la puissance d'un empire orgueilleux et, dans cette atmosphère étonnante, à nul autre pareil.

« Vertes comme les terrasses des jardins, violettes comme les sphères célestes, blanches, jaunes et rouges comme les pétales des roses et le disque de l'aube, les bannières, par leur variété, donnaient à l'air la couleur du dos du caméléon. »

C'est l'armée prête à entrer en campagne que Kemal Pachazade décrit ainsi à Sofia, en 1526, aux couleurs mêmes du printemps qui amène la fonte des neiges. Lorsque Galland, après un hiver frileux à Istanbul, accompagne à Edirne l'ambassadeur de Nointel, en 1672, c'est aussi le printemps. Il retrouve la nature, sur les berges de la rivière, dans les prés remplis d'une multitude d'oiseaux auxquels les Turcs évitent de faire du mal. Partout, on rit, on s'amuse, les hommes s'exercent au tir à l'arc, les demoiselles grecques s'élancent sur les escarpolettes, partout, chansons, ivresse et bruit de rixes. Le printemps, c'est aussi l'espérance de la victoire.

Galland contemple donc le fastueux cortège, le 7 mai. Il n'avait rien vu, il n'aurait rien imaginé de si somptueux : nuages d'aigrettes et de panaches, couleurs et luxe des étoffes, vêtements constellés de pierreries; la réalité dépasse les images célestes et florales du vieux chroniqueur Pachazade. La pompe ottomane éclate de vie dans la sensualité d'une fin de printemps. Les jeunes pages formés dans le sérail, les *içoğlan,* figurent pour lui « Vénus sous les habits de Mars, ou Minerve nouvellement sortie de la tête de Jupiter ». Leur grâce fait passer un souffle frais après un hiver occupé, pour le traducteur, à déchiffrer dans les manuscrits « des choses vilaines et lascives ».

D'autres membres du cortège se sont entaillé le ventre pour y appuyer leur bannière, certains ont un canon de mousquet passé au travers du bras, des cavaliers portent en croupe « une espèce de tigre dressé pour la chasse, avec une housse en brocart ». Promesses de volupté accordées à la cruauté ostentatoire des blessures et à la menace des guépards. Galland est subjugué.

L'ambassadeur de Nointel est plus réservé à l'égard de la même « cavalcade ». « Il s'en faut de beaucoup qu'elle soit aussi considérable qu'on le croit dans le monde », rapporte-t-il à Colbert. Et il rogne autant qu'il peut sur la splendeur du défilé : l'étoffe des vestes est fort usée; les pierres précieuses retourneront ensuite au trésor dont elles font partie; du reste, les diamants sont mal taillés... Galland lui-même, dégrisé, qualifiera de « mascarade assez chétive » la cérémonie de l'année suivante. Les élans d'enthousiasme cèdent vite au réalisme orienté du rapport officiel.

Quarante-cinq ans plus tard, c'est au tour de Lady Montagu d'être sous le charme du printemps d'Edirne;

cyprès et tourterelles, herbes odorantes que sa berline écrase en parfumant l'atmosphère. Elle aussi contemple l'alay, et elle le décrit à l'abbé Conti. Celui-ci est l'interlocuteur de son intelligence plus que de sa sensibilité; à lui sont destinées les missives à contenu religieux, politique et historique. De fait, Lady Montagu trouve un peu longues ces huit heures de défilé qui avaient été pour Galland autant d'heures de plénitude. De cette démonstration de force, elle ne retient que deux ou trois scènes, et rien d'officiel, ni aucun uniforme. Voici les corporations : celles qui nourrissent le peuple, cultivateurs et boulangers, puis les fourreurs et les métiers de luxe. Voici les bouffons, *hokkabaz* et *canbaz* qui sont naturalisés *jack puddings.* Leur vulgarité est gommée, rien de comparable aux confituriers qui avaient tant amusé Galland : un homme enduit de confitures se racle le corps à pleines mains pour en lancer au peuple. Voici enfin des irréguliers, les « volontaires » qui se tailladent les bras, par gloriole ou sous les fenêtres de leur maîtresse, en parade amoureuse. Si on compare cette description aux miniatures de Levnî dans le *Surname-i Vehbi,* qui montrent la même cérémonie trois ans plus tard, la fidélité de Lady Montagu est frappante, et aussi son éclectisme : elle a imposé sa propre hiérarchie aux personnages, une hiérarchie à trois degrés — la vie simple du peuple; le luxe des classes supérieures; et la passion amoureuse, introduite dans le défilé par le sens caché du comportement des « volontaires », cependant que, derrière treillis ou voiles qui les rendent invisibles, le sultan d'un côté, les femmes de l'autre, regardent passer l'empire.

L'heure des Montagu

Mais l'effort de guerre tourne court. L'armée se forme plus lentement que prévu. Les troupes d'Asie et la milice d'Égypte n'arrivent en Europe que vers la fin de mai, et Lady Montagu croise encore des spahis avec leurs équipages lorsqu'elle va à Istanbul. Cette lenteur annonce la défaite, et elle entraîne la déposition du kâhya Ibrahim à la fin du mois.

Les Ottomans revoient leur stratégie; plus de combats en rase campagne après la dure leçon de Peterwaradin. Ils prévoient de se retrancher sur le Danube. Leur objectif est désormais de temporiser, pourvu qu'ils sauvent Belgrade, même au prix de ses fortifications, qu'ils accepteraient de démolir. Dès lors, ils se font plus attentifs à Montagu. C'est l'heure de sa chance, il la saisit. Il a persuadé Ibrahim Pacha qu'il « pourrait faire en sorte que les Allemands ne passeraient point le Danube », note ironiquement Bonnac.

Le roi d'Angleterre ne lui en demandait pas tant. On l'a chargé d'une médiation; il doit s'assurer que les prétentions des deux adversaires ne sont pas inconciliables et régler le lieu et le moment du congrès de paix. C'est tout. Ce n'est pas assez. Montagu veut être l'artisan de la paix, et même au mépris du rapport des forces. Le temps qui passe donne l'avantage aux Autrichiens. Fin mai, le favori répond à leurs propositions. Il réclame la restitution de Temesvar. Montagu transmet cette exigence à Vienne, et c'est sa première erreur. Il n'apparaît plus comme un médiateur mais comme un partisan, et un partisan des Ottomans, alors que les Autrichiens ont toutes les raisons de se montrer intransigeants. De plus, ses lettres à Vienne sont transmises par l'ambassadeur d'Angleterre, Stanyan, ennemi personnel de Montagu et jaloux de sa place. Stanyan retient les lettres jusqu'à ce que la brutale évolution de la situation militaire rende leur contenu risible.

Le 13 juin, Montagu a compris son erreur. Il revient sur ses propositions et s'explique laborieusement sur cet essai manqué de marchandage... La lettre du 13 juin ne sera connue à Vienne qu'à la fin de septembre... Elle n'avait plus d'objet.

Entre-temps, le prince Eugène a traversé le Danube. Il met le siège devant Belgrade le 28 juillet. Le camp du grand vizir est à Nis, sur la Morava, deux cent quarante kilomètres au sud-est de Belgrade. Ibrahim Pacha est resté en arrière, à Sofia où il est tombé malade. Maladie probablement réelle et sûrement providentielle. Grâce à elle, le favori reste à l'écart de la défaite qui s'annonce; le médecin qui le soigne est l'excellent docteur Emmanuel Timoni, médecin des ambassades de Hollande et d'Angleterre, drogman de Montagu. Une lettre de Timoni informe celui-ci, à titre officieux, que les Turcs acceptent désormais le principe *uti possidetis*.

Conversation du 12 août, lettre du 17. Ce sont les jours où tombe Belgrade. Mais, grâce aux bons soins de Stanyan, cette offre ne parviendra à Vienne qu'en décembre.

Montagu ne soupçonne ni ces retards ni ces intrigues. Sûr d'être en train de conclure une paix qui lui rapportera honneur et profit, il travaille à en écarter tous les autres pour ne pas partager les bénéfices : Timoni, qu'il trouve « trop zélé » et qu'il ne tient pas au courant de ses discussions avec Ibrahim Pacha, et Colyer le Hollandais. Il est isolé dans l'arène diplomatique, mais se sent assuré de la confiance d'Ibrahim Pacha. Comment ne pas deviner la séduction du personnage, sensible même à travers la sécheresse des comptes rendus d'audience? Montagu se flatte de cette confiance. Il comprend les Turcs et les Turcs l'écoutent. Il est allé trop loin. Montagu est un homme seul. Les Turcs ne peuvent rien pour lui.

Ils ont à vrai dire fort à faire pour eux-mêmes. Les mois qui suivent la chute de Belgrade sont critiques. Le grand vizir déchu a été remplacé par Tevkii Mehmet Pacha, un peu plus indépendant du favori. Les opérations militaires s'arrêtent fin septembre, dans la confusion des escarmouches. L'armée autrichienne a pris ses quartiers d'hiver en Bosnie, dans des montagnes difficiles; ses caisses sont vides, elle est éprouvée par la malaria; les Turcs font des incursions en Hongrie.

Le désarroi est grand à la cour; on ignore que les deux ennemis sont à bout de souffle. Il paraît impossible de continuer la guerre et bien difficile de conclure la paix : Belgrade perdue, la plaine, comme un coin qui isole la Bosnie, est ouverte aux armées autrichiennes. Belgrade perdue, c'est aussi la menace de troubles à Constantinople. Les janissaires sont mécontents, des bruits de déposition courent jusqu'à la fin de l'année. Fin septembre, Ibrahim Pacha, toujours souffrant, convoque Montagu par l'intermédiaire de Timoni. Montagu se hâte vers Pazarcik, à deux cent quarante kilomètres d'Edirne, où le sultan et le favori viennent d'arriver.

Ibrahim Pacha veut seulement savoir si les impériaux ont répondu à ses offres. Ils n'avaient pas répondu. Depuis le 22 septembre, ils ont même décidé de ne pas répondre aux lettres que Stanyan leur distille avec un retard calculé. Colyer ne bouge pas, évite ostensiblement toute démarche. Bonnac, dans ses lettres, aiguise son jugement sur les Montagu. Les pairs prennent leurs distances. Que leur importent à eux le trouble et la « terreur panique » qui s'installent chez les Ottomans! Ils enfièvrent au contraire le novice Montagu. Il a avec Ibrahim Pacha des entrevues où celui-ci lui parle « des larmes dans les yeux ». Un vizir des larmes dans les yeux! Les entretiens de l'ambassadeur et du favori ne sont plus régis par le seul protocole. Mais il faut du temps à Ibrahim Pacha pour préparer l'aveu de la défaite et affermir son contrôle sur les corps de l'État, et le temps joue contre Montagu. La complexité d'une prise de pouvoir, dans des conditions difficiles, au sein de l'Empire ottoman, constitue pour lui une difficulté aussi imparable que les intrigues d'un Stanyan. Dans des crises comme celle-là, l'empire que Lady Montagu avait vu unanime et soudé le temps d'un défilé, d'un alay, révèle sa fragilité et ses disparates.

Le kaléidoscope de la société ottomane

En fait, la société ottomane est écartelée entre les artisans qui souffrent de la guerre et les hommes du palais qui l'organisent. Pas de classe intermédiaire, pas de bourgeoisie grandissant au fil des années, pas de féodalité liée à de grands domaines, base d'un pouvoir politique, pas de noblesse héréditaire. Notre vocabulaire est radicalement inadéquat à la société ottomane.

Il n'existe pas en Turquie, ce brave châtelain anglais, ce *squire* dont Lady Montagu retrouve avec plaisir, à son retour en Angleterre, la philosophie un peu courte, au bon goût de terroir; à l'extrême, on peut le rapprocher des

« seigneurs de la vallée » *(dere beyleri)* qui jouissent en Anatolie d'une autonomie et d'une stabilité relatives. Mais ils se trouvent dans la Turquie profonde, au-delà de l'horizon de Lady Montagu, bien loin des intrigues de cour. La haute société se caractérise par deux traits : instabilité et disparate. La valse des nominations a de quoi surprendre, au moment de l'arrivée au pouvoir d'Ibrahim Pacha, dans les années 1717-1718, par exemple. Les postes sont attribués au mérite et suivant la faveur du moment. « Chez les chrétiens, un homme de naissance sans mérite ne manquerait guère de faire fortune; chez les Turcs, un homme de mérite sans naissance ne manque guère son établissement. » Voilà de quoi étonner le voyageur européen. Les Ottomans n'ont aucun souci de la *limpieza de sangre :* que l'on veuille être soldat, fonctionnaire civil, ou religieux, il faut se laisser déraciner. A preuve les janissaires.

Les janissaires sont « en partie enfants du tribut, partie reniés volontaires (renégats), en grand nombre, et peu de Turcs naturels » (Thévenot). Leurs recrues par excellence, ce sont les enfants du tribut, dont la levée, le *devsirme,* est le symbole de ce déracinement. On enlève des enfants chrétiens à leur famille, et, après conversion et « turquification », on les forme pour le service du sultan, dans le corps des pages, les *içoğlan.* Souvent présentée comme une razzia odieuse, cette levée a ouvert aussi de belles carrières aux enfants. Un simple page peut devenir grand vizir comme le Serbe Mehmet Sokollou. L'abandon de la levée, définitif au début du XVIIIe siècle, suscite des protestations de maints villages serbes, privés de perspectives d'avenir. On renonce en fait au système parce que les Turcs commencent à se réserver les premiers emplois. Quelques grandes familles se constituent, dont la plus célèbre est celle des Köprülü, qui fournit une véritable dynastie de grands vizirs.

Les convertis gardaient souvent, comme le grand Sokollou, une certaine fidélité à leur communauté d'origine, tout en honorant leur nouvelle foi par des fondations, collèges et mosquées, et cela jusqu'à la fin du XIXe siècle, où un Mustafa Haznedar, devenu ministre et favori du bey de Tunis, fidèle à un passé où il s'appelait Georges, comble de biens sa famille grecque qui est restée à Chio.

Ces convertis sont encore nombreux à l'époque de Lady Montagu; mais il s'agit désormais de Francs dont on recherche les compétences techniques et pour qui la conversion a été un acte individuel et volontaire. Sous le gouvernement d'Ibrahim Pacha, un Provençal est grand amiral; plus tard, le comte de Bonneval, Bonneval Pacha, réorganise l'artillerie; un Hongrois, Ibrahim Müteferrika, ouvre la première imprimerie en caractères arabes.

Après une capture en Méditerranée, certains renégats font aussi une brillante carrière. Ils servent comme chefs de course à Alger ou à Tunis, ou comme artificiers. Perdus pour leur patrie, car on ne peut plus les racheter, ils se consacrent à la guerre, dont les hasards les ont amenés là...

Abandon du tribut, recours à des instructeurs étrangers sont des indices sûrs de la distorsion du système. L'Empire ottoman reposait sur une séparation rigoureuse entre les gens de guerre d'un côté, les gens de métier de l'autre. Or les janissaires d'Istanbul aspirent à la confusion des pouvoirs : tournant les interdits, ils sont entrés de plus en plus nombreux dans les guildes, tiennent boutique, ou commercent par intermédiaires et se marient. Soldats-artisans tirant parti de leur double appartenance, ils s'opposent à toute réforme qui les débouterait de leur statut privilégié. Ils constituent un élément réactionnaire permanent, même si à travers eux le Bazar s'exprime pour la première fois au Sérail. Créatures du sultan, les janissaires seront exterminés par lui en 1826 : ils apparaissaient depuis longtemps comme un véritable obstacle à la bonne marche du gouvernement.

Malgré leur turbulence, ils étaient restés fidèles à la famille qui donne son nom à l'empire : les compagnons, la descendance d'Osman. Cette dynastie s'est écroulée plus de cinq siècles après son apparition, sans que jamais une usurpation ait paru concevable. Une seule famille était qualifiée pour occuper le trône, et on ne laissait aucune branche collatérale s'y développer. A chaque génération, un fils, un frère, un neveu, plus rarement un cousin germain, recueillait le pouvoir, dont la dévolution se faisait ainsi dans un cercle très restreint. A son avènement en

1808, Mahmut II se trouvait même le seul prince du sang ottoman à rester en vie. Cette continuité dynastique a évité à l'empire les sanglantes guerres de succession qu'a connues l'Europe.

Toute autorité est déléguée par le sultan dont la volonté, l'*irade,* fait la loi. Si brillants soient-ils, les personnages qui constituent sa cour n'existent que parce que le sultan les a appelés à leurs fonctions; ils ne forment pas une classe, mais un groupe à peu près sans passé et même sans avenir; ils peuvent mourir à la guerre, ou être exécutés, ou succomber aux intrigues. Leur fortune est alors confisquée par le sultan, qui reprend ce qu'il a donné. Même quand il s'agit d'un héros tombé au champ d'honneur, comme Silahdar Ali Pacha en 1716, le sultan peut annuler les donations témoins de sa faveur. Tout au plus gratifie-t-il d'une pension la veuve et les enfants.

Cette pratique de confiscation des biens est tellement répandue que les observateurs l'ont prise, à tort, pour une loi successorale. Elle singularise les Ottomans par rapport aux princes européens. Certes, la faveur du souverain est partout éphémère. Mais la concession de fiefs *(timars)* non transmissibles aux descendants, habitude qui ne doit rien à la législation coranique, en sapant les assises de la propriété, déjoue la formation d'une noblesse héréditaire et accroît la dépendance des sujets. Le grand seigneur est bien, de ce point de vue, la figure accomplie du despotisme.

En retour, l'insécurité frappe la personne même du sultan. La mobilité de l'argent et du pouvoir peut lui être fatale, car il est à la merci des mouvements populaires. L'émeute le contraint, pour satisfaire le mécontentement collectif, à se débarrasser de ses collaborateurs les plus proches et de ses amis les plus chers, avant qu'il ne réussisse à son tour à liquider les meneurs. Il est lui-même souvent déposé, et dans ce cas c'est son successeur qui devra se retourner contre ceux qui l'ont porté au pouvoir. En 1703, l'émeute chasse Mustafa II, qui est remplacé par son frère Ahmet III; en 1730, elle chasse à son tour Ahmet III au profit du fils de Mustafa, Mahmut Ier, présenté par Lady Montagu comme l'espérance des mécontents. Mais, en 1717, lorsqu'on murmure contre l'avarice et la dureté du sultan Ahmet, que peut-on savoir du caractère de Mahmut? Il n'importe; le seul recours contre le sultan régnant est dans l'échange contre un parent proche, le fils du frère le plus souvent, au petit bonheur de la succession. Formidable coup de dés : on renverse le sultan; vive le sultan! Avant son avènement, après sa déposition, le sultan n'est, littéralement, rien. Il n'a plus de place dans la société. Son élimination physique n'est alors qu'une conséquence logique...

La cruauté provocante des usages – le massacre fréquent des frères du sultan, la séquestration des princes à l'intérieur du Palais – ont fasciné les Européens et contribué à dessiner une image simpliste de l'empire : protégeant les femmes et l'or du maître, un rideau de sang. Le despote, lâche et autoritaire, anéantit sa famille et, tremblant devant la foule, livre ses favoris à la mort. Cette image jouit d'une grande fortune. Le roman a popularisé Aimée du Buc, jeune créole capturée en Méditerranée; elle n'échappe à la cupidité sexuelle de ses ravisseurs que parce qu'elle a été réservée pour le sultan. A son arrivée au sérail, beauté tremblante dans ses longs voiles, elle s'évanouit de terreur à la vue d'un monceau de têtes fraîchement coupées. Pauvre Aimée du Buc, contemporaine et peut-être parente de Joséphine de Beauharnais! Les romanciers complaisants oublient qu'en France, à pareille époque, la place de Grève n'est pas loin du Louvre. Les Turcs étranglent et coupent les têtes. Soit! Ils s'en tiennent là le plus souvent. La justice ottomane est prompte dans l'exécution comme dans le prononcé des peines. Si la foule réclame les vizirs, on les étrangle proprement avant de les lui livrer. Les Ottomans torturent peu, et leur justice trop expéditive a le mérite de ne pas toujours faire souffrir.

Le XVIIIe siècle se complaît à une autre image de l'Empire ottoman, radicalement opposée et historiquement plus tardive : l'*aurea mediocritas* du bon musulman auquel Candide et Pangloss rendent visite. Il cultive son jardin pour en vendre les fruits à la ville et offre à ses visiteurs, avec d'autres douceurs, du fromage blanc, du « *kaïmak* piqué d'écorces de cédrat confit ». Ce brave homme est exactement un de ces « jardiniers » dont Lady Montagu a vu le bonheur paisible près d'Edirne. Leur raisonnable abstention des affaires publiques est une leçon de sagesse.

L'éloignement du cercle infernal du palais est synonyme d'indépendance, quand on a rang social d'*efendi* lettré ou de *bostanci.* Mais la frontière entre l'esclavage et la liberté ne se résume pas aux murs-forteresse du Sérail. Il est un autre clivage plus subtil, présent dans l'existence de chaque Turc. C'est la séparation du *selamlik,* domaine des hommes, et du *haremlik,* ou gynécée, où se déroule la vie privée des hommes et des femmes.

Le visage intérieur de l'Empire ottoman

Les Turcs qui cherchent aujourd'hui à déchiffrer la vie de leurs ancêtres ont pour cela une expression, *iç yüz,* le visage intérieur. Ce visage intérieur, Lady Montagu l'a appelé par son nom : liberté. La vie publique est compassée; aux réunions officielles, même la gaieté est déplacée, le respect ferme la bouche aux uns comme aux autres et toute spontanéité se perd. Dans le harem, les passions peuvent se donner libre cours. Ce n'est pas, méprise occidentale, une prison de femmes vouées au plaisir du maître; il existait fort peu de cas de ce genre. C'est d'abord un espace intérieur assuré de l'inviolabilité. Au seuil de l'appartement de sa femme, des babouches féminines inconnues arrêtent le mari. Le cri *harem var!* (« le harem! ») cloue sur place les officiers de police à l'entrée des maisons. La femme, dont on évite de prononcer le nom devant les amis, c'est, littéralement, l'interdite, *al hourma* en arabe, mais aussi, dans le cœur et la maison de chaque Turc, c'est la part précieuse d'intimité, la revanche sur l'arbitraire et le despotisme qui rôdent à l'extérieur. La clôture du harem marque les bornes de cette liberté, et la limite du refoulement social. Au-delà s'étend le royaume des sens et de toutes les audaces, même intellectuelles; c'est la magnifique réalisation des désirs de l'Occident, dont la censure est plus efficace parce qu'elle est omniprésente.

Même la religion, qui commence à être perçue en Europe comme instrument d'oppression, respecte cette division. Le for intérieur est inviolable comme le harem.

L'islam est une religion au fond très formaliste. Être musulman, c'est d'abord en donner les apparences. Apparences qui peuvent d'ailleurs être un piège. A un jeune Grec, tout fier de déchiffrer l'osmanli, on fait lire par surprise la *şahadet,* la profession de foi musulmane, et on le déclare converti. Il refuse cette curieuse conversion. Mal lui en prend : il finit par être exécuté. L'islam est peut-être tolérant, mais on ne sort pas de l'islam. Le seul énoncé de la *şahadet* est lourd de conséquences. Ce formalisme absurde et méchant existe aussi chez les chrétiens : dans le Comtat Venaissin, il suffit de quelques gouttes d'eau jetées par plaisanterie à un petit juif par des galopins de son âge pour que l'enfant soit déclaré baptisé et enlevé à sa famille.

Mais à Istanbul conviction et pratique sont libres, à l'intérieur des maisons. L'Inquisition est impensable, les dragonnades aussi. La fiction du diable boiteux qui soulève les toits des maisons est bien une fiction espagnole, toute littéraire soit-elle. Les Turcs ne forcent pas l'intimité; ils ne font d'ailleurs pas de prosélytisme. Ils sont tournés vers la frontière pour combattre l'Infidèle, mais laissent subsister les différences internes. Peu leur importe qu'on dise la messe à Péra, pourvu que l'appel du muezzin s'étende sur la ville, et pas le son des cloches. Volontaire ou non, la conversion est irréversible, mais elle n'entraîne qu'un minimum d'obligations extérieures. Un pacha d'origine grecque meurt en invoquant la Vierge; un grand vizir lit en secret saint Thomas dans une traduction arabe, et se procure une Bible par l'intermédiaire de son médecin. Quand le juif Sabbataï Zevi se présente comme le Messie et suscite des troubles politiques, on l'arrête, et on le force à se déclarer musulman. Ses disciples perpétueront pendant trois siècles la secte des *dönme* (convertis), sans jamais encourir les terribles persécutions infligées aux *conversos* espagnols. Il existe évidemment des nouveaux musulmans convaincus, mais c'est affaire personnelle. On admet que l'ensemble des croyants réalise la communauté, l'*ümmet,* sans distinction de race ou d'origine. Istanbul, centre de l'orthodoxie islamique, peut ainsi, et sans paradoxe, être une métropole de l'irréligion.

Une casuistique élaborée préserve la liberté du comportement jusque dans le clergé. Lorsqu'on demande à un célèbre prédicateur, Vani Efendi : « D'après vous, personne ne peut rivaliser avec vous en dévotion. Cependant, vous avez des concubines, des perles, des joyaux, des zibelines. Quel est donc ce mystère? » il répond allégrement : « Pauvre sot! les biens que l'on possède ne sont pas un péché en eux-mêmes. Ce qui est mal, c'est la manière de les acquérir et d'en jouir. » C'est bon pour l'ignorant, de payer comptant ses beaux habits; le clerc les achète à crédit et plus tard acquitte ses dettes. Cette bonne action efface l'impureté d'un argent mal acquis. A pareille époque, le sultan Mehmet IV, le Chasseur, a une solide réputation d'ivrogne; le grand vizir Köprülü Fazil Ahmet Pacha va boire dans la maison de son ancien cuisinier, un Provençal retiré discrètement et confortablement à Skender Köy. Lorsque les janissaires sont chargés d'éventrer les tonneaux de vin pour empêcher les bagarres, ils se laissent volontiers persuader de faire le trou par en haut. Ces fredaines ne remettent pas en cause la fidélité à l'islam. Lors de son ambassade en France, Mehmet Efendi fait ses prières en public et s'abstient de viande de porc. Mais pas de commander privément le vin qu'il interdit à sa suite, et de manifester une préférence pour le champagne.

Mehmet Efendi ne s'est pas fait suivre de son harem, mais il a gardé un sens jaloux de l'intimité. Une de ses grandes gênes durant le voyage a été la curiosité des Français. Passe qu'on s'attroupe pour le regarder sur le canal du Midi! Ces attitudes si contraires à la dignité ottomane le surprennent seulement. Mais il souffre de devoir manger debout devant des spectateurs, et la publicité du lever du roi, et de sa vie privée en général, lui est incompréhensible. Encore n'a-t-il pas su que la reine accouchait en public!

La vie quotidienne des Turcs est, par définition, malaisément accessible aux voyageurs. On peut ainsi mesurer la chance et le mérite de Lady Montagu : introduite par la fonction de son mari auprès des plus grandes dames de l'empire, elle a pénétré dans leurs harems, et son témoignage est unique : elle a raconté ses visites, tandis que de la réception de Mme de Bonnac, la jeune femme de l'ambassadeur de France, au harem de Mehmet Efendi il ne reste qu'une mention dans les archives. C'est que Lady Montagu s'est mise à l'étude du turc; même si elle ne le manie pas couramment et doit recourir à une interprète grecque, elle peut utiliser quelques phrases qui provoquent la sympathie. L'aisance de la grande dame anglaise fait le reste. Son impatience de quitter Vienne ne la trompait pas. Elle est allée plus loin que les autres voyageurs, car elle a reconnu la nécessité de posséder un rituel pour entrer avec la société ottomane dans la seule relation possible, celle de l'initiation.

La société ottomane : une société muette

Cette idée lui a été suggérée par son hôte de Belgrade, Ahmet Efendi, un fin lettré, détaché des vicissitudes politiques, avec qui elle a pu s'entretenir en italien. Il a mis en garde cette jeune dame, curieuse mais inexpérimentée, contre une interprétation simpliste des phénomènes de rencontre, et lui a proposé une grille pour déchiffrer une société inconnue, celle de la double lecture. A l'insu de Lady Montagu, l'exégèse coranique fournit un paradigme à sa compréhension de la société. La réalité offre deux sens, l'un superficiel, accessible à l'observateur hâtif, le *zâhir,* l'autre caché, littéralement « englouti », *bâtin.* Ce paradigme opère aussi au niveau de la société féminine, où la liberté se révèle comme la face cachée de l'extrême dépendance, et surgit là où on ne l'attendait pas, en Orient, à distance de l'effervescence des cours européennes. En Angleterre, à cette époque, la liberté commence à être agitée, revendiquée, décriée, refusée, dans un véritable charivari de mots. Mais derrière cette clameur on retrouve les obscurantismes du clergé et les mille et un despotismes qui paralysent les êtres humains, dont la forme conjugale n'est pas la moindre.

Même si nous accréditons la thèse audacieuse de Lady Montagu, en raison de sa vision précise et intelligente de l'Empire ottoman, il faut encore l'éprouver en la confrontant avec les témoignages des intéressés eux-mêmes — les récits de voyages ne sauraient être notre référence exclusive.

Or, dédaigneux de leur propagande, les Turcs ne se sont pas souciés de s'expliquer. La société ottomane est une société muette. Les Européens n'appellent pas les eunuques « muets » par simple euphémisme. Même s'ils sont moins nombreux qu'on ne le croit, ces infirmes jouent les utilités, bourreaux, peut-être aussi confidents, à la ville comme au théâtre. « Dans les mains des muets viens la voir expirer! » dit Roxane à Bajazet. Racine s'est efforcé de faire vrai. Mais, pour des Turcs, ses personnages sont beaucoup trop expansifs. Le sultan bavarde avec sa femme et lui demande conseil! Le pacha de Travnik s'en étrangle... de rire, quand le consul français Bruère lui traduit la pièce.

Si l'orientalisme, ou discours sur l'Orient, existe déjà, les Turcs n'y ont aucune part. Non qu'ils ne réfléchissent sur leur propre société – sur son administration plutôt –, mais, prenant pour référence l'État islamique, ils ne s'adressent qu'à des musulmans, et les traités qu'ils rédigent restent à l'état de manuscrits : périssables, et de diffusion confidentielle. Le pouvoir n'a rien à redouter du harcèlement des livres. Que l'on pense aux milliers d'éditions clandestines que les colporteurs déversent par les frontières dans le royaume de France. Rien de tel n'est possible ici. Comment l'opinion publique se forme-t-elle? Par les prêches dans les mosquées, grâce aux réunions des ordres religieux. Elle n'en est pas moins redoutable. Mais cet empire paperassier préserve le caractère sacré du livre.

Les Ottomans, en effet, ne possèdent pas de presses. Pourtant, on imprime à Istanbul, et depuis le XVe siècle – en caractères hébreux, arméniens, grecs. Les prestiges esthétiques, et surtout le caractère sacré de la calligraphie, éclipsent encore l'efficacité technique de l'imprimerie aux yeux des musulmans. La première démarche vers l'Occident, le voyage en France de Mehmet Efendi, suivra de peu le départ des Montagu, et elle aura pour résultat la création d'une imprimerie ottomane, en 1727; les livres de géographie, d'histoire et de science militaire qu'elle publiera sont symptomatiques d'une ouverture. Il n'est pas question encore de se raconter. Les Ottomans disposaient pourtant d'une langue littéraire riche et souple, l'osmanli, puisant son vocabulaire aux deux sources arabe et persane, très différente du « turc » parlé dans la vie domestique et par les paysans – la « langue qui châtie ». L'arabe éloquent est manié par juristes et théologiens. Le persan est la langue poétique, celle du plaisir et de l'instant. Il n'existe pas de langue scientifique qui puisse se faire entendre dans le concert des nations, formuler une expérience à visée universelle. Au XIXe siècle, on empruntera le français, puis l'allemand, lorsque des écoles supérieures s'ouvriront; on forgera, à l'intérieur de l'osmanli, des mots pour désigner les réalités nouvelles. Mais dans le domaine de la description intime, de l'analyse psychologique, le vocabulaire existait depuis des siècles.

Le silence apparaît non comme un signe d'impuissance, mais comme la manifestation d'une supériorité. Quand le sultan Abd-ül-Mecit effectua le premier voyage hors des frontières ottomanes – premier contact avec l'étranger sur son sol en dehors de toute conquête – à son retour, il fut accueilli à travers la ville pavoisée par des arcs de triomphe, et même, pour la première fois, on fit entendre des applaudissements. On acclamait le sultan. Jusqu'à présent, la suprême marque de respect avait toujours été le silence. « En général, le public s'abstient de manifester, par respect », dit Leyla Saz. Seules les troupes, lorsque le sultan les passe en revue, sont autorisées à crier : « Vive l'empereur! » Mais il s'agit d'une démonstration de discipline militaire à l'occidentale. Les vivats ont été importés au même titre que les canons. A la grande époque, c'était précisément le silence de l'armée ottomane qui terrifiait ses adversaires.

Tout bavardage était offense, pire même, sédition. Quand les janissaires étaient mécontents, ils renversaient les chaudrons de bronze autour desquels ils mangeaient et se ralliaient. Il ne s'agit pas d'un chahut, mais d'une révolte. Le sultan traversait une ville non seulement muette, mais le plus souvent déserte. Il se montrait rarement en public. Le despotisme s'accommode du silence et n'a pas besoin de l'appoint bruyant de la popularité.

Sur cette société, de quels renseignements disposons-nous aujourd'hui?

La chronique officielle est continue, abondante, détaillée.

A l'œuvre du grand Naima fait suite celle de Rachid Mehmet Efendi, qui est reprise par Küçük Celebi Zade Ismail Asim, qui lui-même... Ils écrivent par le Palais et pour lui; ils sont tenus de présenter au sultan le récit détaillé de ses propres actions. Les fêtes sont racontées et peintes dans de magnifiques *surname*.

Dans les vers de Nedim s'animent de souples adolescents, revivent les instants de plaisir des maîtres de Saadabad, « Demeure de Félicité ». Plaisirs codifiés de longue date, même s'ils sont chantés avec un accent nouveau. Lorsqu'un historien turc moderne, Ahmet Refik, veut illustrer les relations personnelles entre Ahmet III et son favori Ibrahim Pacha, il a recours à une anecdote racontée par Bonnac. Sur la vie familiale de Nedim, il ne possède que des indications d'état civil : noms de sa femme, de sa fille, et de ses trois sœurs. Même les lieux ont péri; Saadabad a été emporté par l'émeute en 1730; le palais bâti peu avant 1716 par Silahdar Ali à l'intention de Fatima Sultan est connu grâce à Lady Montagu et à elle seule. Nul ne sait où il se trouvait. Ahmet Refik essaie de faire revivre cette société impériale par l'imagination. Il est aidé par ses souvenirs personnels et par sa familiarité avec la culture ottomane. Mais est-ce bien une garantie de véracité? Que dire de ceux qui refont l'histoire en puisant à une tradition familiale complètement incontrôlable?

Un autre historien, Münir Aktepe, travaille de façon plus critique. Très précis dans son exploitation des documents, il se limite, ou à peu près, aux superstructures politiques. Et pour cause : sur le reste, justement, les sources accessibles font défaut. Pas d'œuvres personnelles, encore moins intimes; pas de véritables mémoires, pas de correspondance privée. Les minoritaires ne se livrent pas davantage. Les visiteurs du Levant écrivent, se racontent; les visités restent sans voix.

Ils restent aussi sans visage, à quelques exceptions près. La représentation est interdite dans l'islam orthodoxe des sunnites. Pas de tableau réaliste des misères quotidiennes, pas de portraits, ou si peu. Les miniaturistes continuent à « couvrir » les grands événements pour des reportages officiels — circoncision des princes du sang à défaut de campagnes militaires. Leur précision reste digne de celle du grand Matrakçi à qui on doit de saisissantes vues d'Alep, de Diyarbakir, d'Istanbul, au XVIe siècle. Mais Levnî introduit dans leur art un accent nouveau. Il a laissé une galerie de grands seigneurs et de grandes dames anonymes – études de costumes plutôt que portraits individuels, mis en scène dans une vie familière et raffinée. L'ère des influences occidentales sur l'art ottoman va commencer. Les panoramas des villes se voudront pittoresques et non plus documentaires. L'assouplissement des interdits est sensible, même si les œuvres de Levnî n'étaient pas destinées à franchir les portes du Palais. L'insurrection de 1730 mit à mort le poète et épargna le peintre. Mais que d'œuvres ont dû être détruites par les fanatiques!

Pire que la malédiction des ulémas, le feu purificateur des incendies. Que de créations musicales et poétiques ont disparu dans les magnifiques et périssables demeures en bois! Que l'on songe aux mémoires de Leyla Saz, premiers mémoires en date d'une Ottomane, à la fin du siècle dernier. Elle ne se décide à les récrire pour les publier tardivement que parce que tous ses documents, et une première version, ont brûlé.

Un autre handicap vient s'ajouter : les années 1919-1930 ont entraîné une véritable fracture dans l'histoire turque. Les archives ottomanes d'Istanbul ont été ensevelies dans l'incurie. Interdiction était faite d'écrire le turc en utilisant l'ancienne calligraphie arabe. Atatürk, contre l'avis de ses ministres, ne donne qu'un délai de trois mois aux journaux pour changer leurs presses. En trois mois, c'est chose faite. L'écriture ottomane n'est plus déchiffrée que par un petit nombre de spécialistes – de virtuoses : le style s'en était fait de plus en plus sophistiqué, la langue de moins en moins turque, au fur et à mesure qu'on approchait du XIXe siècle. D'un mouvement irréversible, Atatürk a voulu précipiter l'occidentalisation de son peuple. En le dotant d'un avenir, il l'a exclu définitivement de son passé; ses réformes ont fait brutalement de l'osmanli une langue morte. Symbole d'un empire musulman et multinational, il s'est effondré avec lui, et le « vrai turc », le turc returquifié, a été choisi comme langue nationale, et, enfin, comme langue de communication.

Du même coup, les archives de la Porte constituent un

pan du passé à portée de la main, et à l'abri des curiosités. Celles des pays autrefois sous domination ottomane sont loin d'avoir été toutes exploitées. A Tunis, à Sofia, on publie parfois des documents permettant des inférences. Certains événements, certains aspects de l'administration, s'éclairent peu à peu. Mais les documents, exposés à l'humidité, à l'incendie (suivant la meilleure tradition, une partie de la bibliothèque du Palais aurait brûlé il y a trois ans), laissent à l'historien toute latitude d'avancer des hypothèses sans trouver de contradicteurs. Avant la dernière guerre, on a débarrassé les bâtiments de leur fatras de papiers, comme un vieux grenier. Des archives, entassées par pleins wagons, ont été vendues aux Bulgares. Il est vrai qu'un conservateur affolé a pu arrêter le dernier train en partance pour Sofia...

C'est ici qu'intervient le deuxième aspect, fantastique, de la recherche. Pour reconstituer la réalité du temps de Lady Montagu, nous sommes nécessairement reconduits, et souvent par les Turcs eux-mêmes, au récit des voyageurs européens. Lady Montagu a été traduite trois fois au cours de ce siècle en langue turque, soit isolément, soit conjointement avec d'autres témoignages. Comment échapper à ce cycle? Il est hasardeux d'attendre le classement des archives d'Istanbul. Il faut utiliser les matériaux disponibles. Même s'ils laissent subsister des zones d'ombre.

Les initiateurs : l'efendi de Belgrade et la religion

C'est l'efendi de Belgrade, Ahmet bey, qui a été le premier initiateur, le premier témoin oculaire à parler de l'islam à l'ambassadrice. Or, de cette religion méconnue plus qu'inconnue, il donne une version séduisante, adoucie, simplifiée : une religion idéale pour une élite aristocratique, avec une pointe d'ironie voltairienne et de dédain pour la canaille. C'est un islam pour l'« honnête homme », un Dieu pour tous, au-dessus des querelles théologiques, un Dieu bien nécessaire au maintien de l'ordre, et tout loisir au sage de se déterminer selon sa conscience. Lady Montagu ne s'y trompe pas. C'est du pur déisme, affirme-t-elle avec délices. Libre arbitre et conservatisme social : on peut boire du vin derrière les rideaux bien tirés, pourvu que les domestiques n'en sachent rien. Cette croyance purifiée des superstitions et des coutumes ascétiques est un protestantisme avant la lettre. Ce n'est pas la dernière fois que les réformés s'entendent avec les musulmans pour dénigrer les outrances et la bigoterie des papistes. Voici prête la version expurgée de l'islam que choisiront les admirateurs philosophes du Coran, dans les générations à venir.

Mais Ahmet bey est-il encore un musulman? Lady Montagu donne à entendre qu'il appartient à une secte, les *musirrin,* nom qu'elle traduit « Le secret avec nous »; il peut en effet venir du mot arabe *sirr,* « secret ». Mais les *musirrin* ne figurent sur aucune liste de sectes islamiques.

Vocable énigmatique, comme la personnalité d'Ahmet bey, que nous voyons vivre cependant : il habite à Belgrade, en retrait de l'orthodoxie morose; il fait partie de la haute société, puisqu'il accueille les ambassadeurs sous son toit, et qu'il est qualifié d'*efendi*, c'est-à-dire de lettré. Il reste difficile de l'identifier. La banalité du prénom, l'absence de fonction officielle sont décourageantes. Son refus de faire carrière suggère qu'il avait dû continuer à vivre dans sa patrie. Les populations des Balkans, par leurs incessants déplacements, ont brouillé la trace. Les descendants d'Ahmet bey sont-ils descendus en Bosnie après la chute de Belgrade? Ou remontés à Budapest, après l'occupation de la Bosnie par les Autrichiens, cent cinquante ans plus tard? Après pareil chassé-croisé, comment espérer d'un généalogiste la découverte du personnage?

Les deux maillons de l'énigme manquent également. On ne peut pas plus identifier les *musirrin* grâce à Ahmet bey qu'Ahmet bey grâce aux *musirrin*. Dans l'islam divisé ne sont que trop nombreuses les sectes qui ont dû avoir recours au secret. Bien minces, les éléments de réponse. Nulle part Ahmet bey ne développe une vision théologique d'ensemble. Il suggère plutôt une façon de vivre, et de bien vivre, en pays d'islam. A qui en use sagement, le vin ne saurait être interdit. Tout est affaire d'interprétation, et par conséquent d'intelligence. A propos d'intelligence, le respect dû à Mahomet est celui qu'on doit à un grand homme; il n'est pas vraiment essentiel à l'islam. Ce qui est prendre quelques libertés avec la profession de foi, tout au moins avec sa deuxième partie... « et Mahomet est son prophète ».

Nous voici loin du sunnisme de l'école hanéfite, qui est la religion de l'immense majorité des Turcs. Majorité invisible : ceux qui s'expriment avec vigueur, ceux qui entrent en contact avec les voyageurs européens, ce sont les représentants des divers courants mystiques, plus ou moins hétérodoxes. Offrant aussi à ceux qui se convertissent un cadre plus souple, ils facilitent le passage d'une religion à l'autre.

Ces hétérodoxies viennent souvent du chiisme, singularisé par le culte d'Ali et de sa Passion, qui confirme à la divinisation. Ali, gendre du Prophète, entre avec le Prophète lui-même et avec Dieu dans une véritable Trinité, monstrueuse pour un sunnite. Les chiites vénèrent en Ali le premier imam, ils vénèrent ses successeurs et au premier plan ses fils Hassan et Hussein, mais aussi les Quatorze Innocents, les enfants tués à la tragique bataille de Kerbela. Un véritable culte des saints s'instaure.

Ce culte des saints qui s'épanouit dans l'islam iranien recèle une signification profonde. Les Douze Imams sont plus que des saints. Dieu parle à travers eux dans l'histoire, se manifeste familièrement à l'homme. Le douzième imam n'est pas encore venu sur terre. Il sera le Mahdi, le prophète de la fin des temps qui ramènera l'âge d'or. Avec l'attente, le deuil est caractéristique de l'islam iranien. On prend le deuil pour Kerbela, on prend le deuil dix jours après la mort de Hussein. Lugubre cérémonie de l'Achoura, où les croyants se lacèrent le visage – les Iraniens sont un peu les Espagnols de l'islam. « Hussein, Hussein, où est ta main droite? » Le deuil a une signification politique et religieuse.

La plupart des sectes chiites regroupent leurs adeptes autour d'un secret, pôle d'attraction pour les fervents, ligne de démarcation entre profanes et initiés, secret à contenu variable, théologique, mais aussi social et politique. En terre sunnite, refoulées dans la clandestinité, par définition marginales, les sectes chiites ont été un instrument de subversion. Pour survivre, elles ont développé une tactique de la *takiye* ou dissimulation : observer en apparence les rites de la majorité, mais rester fidèles à Ali. En Anatolie, le chiisme se fait le refuge des opprimés. On appelle ses disciples *âlevi* ou encore *Kizil Bas,* « Bonnets Rouges ». La proximité de l'Iran où le chiisme est religion officielle oriente les soulèvements illuministes qui éclatent par intervalles. « Allons trouver le roi! » Ce Roi de justice est aussi un personnage réel, le souverain persan, mais, lorsque les âlevi parviennent jusqu'à lui, le roi, prudent, fait en général exécuter leurs chefs et disperse ces fauteurs de troubles. Il y a loin de cette forme de religion à celle qu'admirait Lady Montagu à Belgrade. Mais le chiisme turc peut prendre un autre visage, celui du bektachisme, très populaire dans les provinces européennes. Sur le fond d'un dogme commun, les fidèles *âlevi* et *bektachi* adoptent un comportement très dissemblable. Les Turcs, qui ont le goût de la caricature, les ont campés dans de brèves histoires.

Un imam prêche : qui donne aux pauvres recevra le centuple. Ces paroles ravissent le bektachi qui court distribuer toutes ses économies aux pauvres. Sa femme, lorsqu'elle apprend la nouvelle, le bat et le chasse. Il erre dans la campagne, fait halte sous un arbre. Un cavalier paraît au loin, notre homme grimpe dans l'arbre pour se cacher. Le cavalier, à son tour, s'arrête sous l'arbre; c'est un âlevi. Il tire de ses fontes un pain rond, et en fait cinq parts. Aux trois premières, il dit d'une voix forte : « Abou Bekr, Omar, Osman, vous avez été très injustes envers Ali! » et il les mange avec colère. A la quatrième : « Et toi, tu pouvais secourir ton gendre! Pourquoi ne l'as-tu pas tiré d'affaire? » et il la mange. Vient le tour de la cinquième : « Ah Dieu! Tu l'avais prévu, et tu ne les as pas secourus, pourquoi? Si je ne te mange pas, qui vais-je manger? » Mais à ces mots tombe du ciel la voix du bektachi : « Avec Lui, c'est moi qui réglerai mon compte! Ne t'en mêle pas! » L'âlevi défaille en entendant ces mots; il croit qu'Ali lui a parlé. Le bektachi, de son côté, croit que l'homme est mort. Il se penche, et trouve dans ses affaires une bourse pleine d'or. Il la prend, et en rentrant chez lui déclare (à Dieu) : « En quarante ans, c'est la première fois que tu tiens parole! Et n'oublie pas : tu me dois la vie! »

Le bektachi est ici tout l'opposé de l'âlevi et en même temps il pousse à l'extrême les tendances de ce dernier. Le blasphème de l'âlevi atteignait Dieu mais respectait Ali. Le bektachi démystifie même Ali. Naïf, mari battu, peureux, il ne fait pourtant pas figure de héros... A la manière des cyniques grecs, il a dépouillé son amour-propre et acquis un certain détachement. Face à l'âlevi qui est un homme de ressentiment, la désinvolture du bektachi se teinte seulement d'une nuance de reproche pour ce Dieu qui oublie trop souvent les hommes.

Moins malicieuse, mais tout aussi instructive, est la confrontation des « devises » du bektachi et du *mevlevi*. Les mevlevi sont un ordre mystique plus connu sous le nom de « derviches tourneurs ». Disciples du grand poète de Konya, venu du Khorassan en Asie centrale, Mevlânâ Djellal ed-Din Roumî, ils recherchent l'extase et l'union avec Dieu par la danse et accueillent volontiers l'étranger : « Que tu sois zoroastrien, idolâtre ou chrétien, qui que tu sois, viens; mille fois tu t'es repenti, mille fois tu es retombé : viens à nouveau, ici est la porte de l'espérance. » Aussi à Istanbul pouvait-on assister aisément à leurs cérémonies, qui sont souvent décrites par les voyageurs, et se sont maintenues immuables : dans le Kurdistan iranien, en 1978, les jours où l'on pouvait voir tourner les derviches étaient ceux indiqués par l'ambassadrice anglaise à Istanbul en 1718 : le mardi et le vendredi. « Parmi eux tournaient de petits derviches de six à sept ans, qui ne semblaient pas plus affectés par l'exercice que les autres. » C'est ce qu'on a pu voir à Paris en 1977, parmi les derviches venus d'Alep.

« Que fais-tu? demande-t-on au mevlevi. – Je tourne. » Et le bektachi : « J'insiste. » J'insiste, je pèse sur la terre, avec ses joies et ses peines, j'insiste et j'attends la grâce. Longue patience et petits bonheurs du bektachi. Le jardinage n'était-il pas à l'honneur dans les couvents bektachi? Le moine offre des fruits au visiteur de passage : préfère-t-il la production de Dieu ou celle de son serviteur? Le visiteur choisit la première; il a droit à une poire sauvage, dure et insipide. S'il avait choisi la production de l'homme, il aurait dégusté une poire fondante et parfumée. Nous voilà loin de l'image du Turc fataliste et paresseux, trop souvent ressassée chez nous. Non seulement les bektachi glorifient le travail, mais le travail est le chemin de Dieu. C'est à l'homme qu'il revient de terminer la création et ainsi de s'accomplir. Tel couvent albanais produisait des pommes tellement exquises qu'elles étaient réservées à la table du sultan. Dans leur chair « diaphane comme de la cire », les moines avaient capté cette lumière céleste vers laquelle s'élancent les mevlevi. Ils l'avaient captée à force d'insistance. Ce mot fournit une étymologie plausible à musirrin, que l'on peut faire venir très régulièrement de la racine arabe *asrara,* « insister ». Mais rien ne nous garantit encore que ces anecdotes donnent une image vraie du bektachisme en 1717. Elles remontent tout au plus, pour nous, à deux ou trois générations. Depuis 1717, l'ordre avait connu des crises violentes, et ses adeptes n'étaient plus tout à fait les mêmes.

La secte des bektachi

Il y a un étonnant contraste entre le contenu doctrinal du bektachisme et sa longue fortune historique. A l'origine, un saint homme, Haci Bektaş Veli, dont on sait fort peu de choses, ce qui convient à un fondateur. Il vient du Khorassan, au XIIIe siècle. Il voyage dans toute l'Anatolie, enflammant les gens sur son passage. Ses fidèles se réunissent pour des repas pris en commun au cours desquels ils chantent et dansent. Après sa mort, ses héritiers spirituels organisent la confrérie des bektachi (XIVe siècle).

Dès cette époque, Grecs chrétiens et Turcs islamisés se côtoient; les villages chrétiens de la mer Noire et de la Cappadoce ne sont pas encore dépeuplés. Les contacts ne se limitent pas à des controverses théologiques pour savoir qui, du pope ou du mufti, est le plus fort; il existe parfois un véritable syncrétisme. On ne baptise plus, mais les aspersions d'eau rituelles jouent encore un grand rôle; les deux communautés s'empruntent réciproquement leurs saints et leurs thaumaturges. C'est dans cette atmosphère que se développe d'abord le bektachisme. L'ordre prend une très grande importance deux siècles plus tard, lorsqu'il se recrute dans le monde cosmopolite des janissaires, à qui les bektachi ont fourni des aumôniers. Les « nouveaux musulmans » sont naturellement à l'aise dans une secte volontiers hétérodoxe dans ses croyances. Les bektachi constituent vite une fraternité militaire, ou mieux une véritable franc-maçonnerie.

Bien que leur secte se rattache au chiisme, les janissaires sont la garde personnelle du sultan, et sont, comme tels, strictement inféodés à l'État sunnite. Au cours d'une cérémonie annuelle, le sultan est enrôlé symboliquement dans une chambrée, ce qui fait du calife le protecteur de l'une des sectes les plus hétérodoxes de l'islam... Cette intégration à l'appareil d'État a une autre conséquence : hiérarchie militaire et hiérarchie religieuse tendent à se confondre; quand les janissaires, soutiens du pouvoir, se mettent à le confisquer à leur profit, l'organisation définie par les degrés d'initiation peut fournir des cadres à la sédition.

En 1826, le bektachisme passe à la clandestinité une première fois, quand les janissaires sont massacrés par le sultan Mahmut II. Il reprend vie avec le sultan Abd ül Aziz dont la mère était peut-être une adepte. Il se fragmente alors en petites communautés regroupées autour d'un *baba*. Il offre au désarroi des hommes l'intimité de petits cercles, d'une vie quasi paroissiale, chaleureuse et sans préoccupations doctrinales. Le bektachisme est aussi volontiers itinérant, avec ces derviches en marge de l'ordre établi, mi-mendiants mi-prophètes, qui parcourent les routes et, dans les campagnes isolées, façonnent par leurs prêches l'opinion publique.

Après 1908, l'empire est en pleine décomposition. L'idéologie islamique et l'occidentalisme à outrance sont également impuissants à revivifier l'« homme malade ». Alors apparaît sur l'échiquier politique un inconnu, le parti « turc ». Non point turc au sens occidental d'ottoman. Vrai Turc. C'était l'annonce d'un nationalisme original. Jusqu'alors, Turc s'était dit d'un rustre ou d'un hérétique. Aux yeux de sociologues anxieux, comme Ziya Gökalp, d'enter le patriotisme nouveau sur une culture spécifique, le bektachisme apportait quelque chose d'intéressant. On lui sait gré d'être turc dans l'Islam arabe. On veut y retrouver les traditions chamaniques des Ouïgours, les grands ancêtres d'Asie centrale : les derviches, comme les chamans, auraient le pouvoir de se transporter rapidement sur de longues distances, de léviter, de se métamorphoser en oiseaux... Le tabou de la porte, avec l'interdiction de fouler le seuil, serait également à rattacher aux origines.

Quand le sultanat est discrédité par sa collusion avec les ennemis après la Première Guerre mondiale, des dignitaires de la secte se rallient sans réticences aux rebelles de l'assemblée de Sivas, autour de Mustafa Kemal. Scolarisation, émancipation de la femme, déchéance du sultan : des bektachi retrouvent volontiers dans ce programme l'enseignement de leur secte. On sait gré aux babas d'avoir permis, à travers des siècles d'obscurantisme, la rencontre des hommes et des femmes, dans les cérémonies des couvents, les *tekke*. On envisage même de proclamer le bektachisme comme religion d'État. Turcs et Turques viendraient célébrer dans les *tekke* le culte du Vieux Touran. Façon comme une autre de maintenir l'Islam dans un État par ailleurs largement laïcisé et de faire du monastère la maison du peuple. Par crainte des religieux et de leur retour d'influence, Kemal choisit finalement l'interdiction. En 1923, tous les ordres mystiques sont déclarés illégaux. Les tekke sont fermés; on les vide de leurs objets de culte; envoyés au musée, ils serviront de matériau aux futurs folkloristes. Quelques derviches sont jetés en prison.

La dernière trace des bektachi se perd en Albanie. C'est dans ce pays que l'historien Birge a puisé ses renseignements, et c'est l'enseignement d'un baba local qui est à la base de son interprétation mystique du bektachisme. C'était avant la Seconde Guerre mondiale. Vingt pour cent des Albanais étaient d'obédience bektachi. Des monastères occupaient comme toujours des sites magnifiques, dans ce pays montagneux. Pendant la guerre, le pape des bektachi, le *dede*, participe à la résistance contre les Allemands; il est photographié aux côtés d'Enver Hodja, au lendemain de la libération. Puis les communistes englobent les bektachi dans leur lutte antireligieuse. Belgrade, Istanbul, Tirana... La trace des « gens du secret » s'arrête là.

En Turquie, les bektachi restent aujourd'hui dans la clandestinité, partagée avec les autres ordres. Mais, depuis 1950, l'atténuation de l'esprit laïc se fait sentir, et ils recommencent à se montrer au grand jour. Poèmes édifiants ou fabliaux irrespectueux, deux faces en apparence opposées du bektachisme se côtoient aux étals des libraires. L'esprit bektachi a-t-il fini de jouer son rôle, s'est-il dilué dans le kémalisme? Une résurgence du mouvement ne serait-elle pas en fait un retour à ses sources chiites? Il est très difficile de cerner son impact dans la Turquie contemporaine. Chercher à comprendre le bektachisme sans avoir été initié, c'est, dit un auteur, faire comme l'ignorant qui aurait trouvé une botte unique et se demanderait ce que c'est; il conclut : « Cela sert à ranger une pioche. » Nous risquerons-nous, chaussés d'un seul pied, en ce domaine si bien clos?

Le déroulement de cette initiation, nous pouvons peut-être le reconstituer à travers les confidences d'un dede, un grand maître de l'ordre, à l'historien moderne Birge.

Le postulant doit franchir quatre portes. La première est celle de l'islam orthodoxe, l'apprentissage de la loi coranique. La deuxième est l'entrée dans la secte proprement dite, avec l'enseignement de la méthode. La troisième est la découverte mystique. La quatrième est celle de la réalité véritable. Le non-initié ne peut franchir ces portes que s'il en a le désir. Le non-initié est un amoureux, au sens le plus passionné du terme. Une fois admis dans la secte, il devient un amant, un *mühip.* Avec l'aide d'un guide spirituel, le *mürsit,* et au contact de son expérience vivante, s'opère une deuxième naissance, naissance dans l'esprit. La vérité n'est jamais atteinte sans l'aide d'un maître. En discordance avec les répugnances sunnites à l'égard d'un clergé, c'est bien là une des convictions profondes du chiisme. En Iran de nos jours, l'ayatollah ne se croit-il pas investi d'une mission divine?

A l'époque de Lady Montagu, le bektachisme des janissaires est une religion passionnée et charnelle, turbulente comme les chambrées. C'est aussi une religion heureuse. Mais peut-il y avoir une affinité religieuse entre les soldats de l'escorte, têtes brûlées, bastonneurs de valetaille, courageux et violents, et ce lettré ironique et désabusé, Ahmet bey de Belgrade?

Une caractéristique extérieure du bektachisme est sa désinvolture à l'égard des règles fondamentales de l'islam, les « cinq piliers » : l'aumône, le pèlerinage, le jeûne, la prière, la profession de foi. De ces cinq piliers, dit le bektachi, l'aumône et le pèlerinage sont pour les riches, le jeûne et la prière pour les bigots; il reste la profession de foi. Cette liberté, c'est celle du soufisme, la tendance mystique de l'islam. Pour les soufis, la divinité, perceptible dans ses messagers au creux de l'histoire, se manifeste familièrement à l'homme, si intimement que le vrai croyant, attiré dans son rayonnement, participe aussi de la divinité. Tout homme est en marche vers la perfection, l'Homme Parfait, l'Éternel Imam. Pour l'amoureux en quête de son Dieu, l'observance minutieuse des interdits est dès lors dérisoire. Dieu est présent en toutes choses. Toutes les obligations rituelles sont mesquines. Voici que l'expérience mystique transcende les sacrifices quotidiens. On se doute que les membres de la secte qui n'accédaient pas à la quatrième porte se contentaient de l'écorce du bektachisme, liberté frondeuse, gaieté, fraternité, qui ont fait jusqu'à nos jours ses traits dominants. De là cette floraison d'anecdotes où le bektachi, pris en flagrant délit, ne se démonte pas et ridiculise son adversaire. Certaines sont sûrement apocryphes. Mais toutes sont des facéties dont le public apprécie la sève et le bon sens, opposition populaire au pharisaïsme sunnite.

Un pieux musulman rencontre un bektachi, un jour de Ramadan. Ce dernier a la joue gonflée. « Tu romps le jeûne! s'écrie le premier, scandalisé. – Par Dieu, non! répond l'autre. – Mais qu'as-tu donc dans la bouche? – Une prune, dit exquisement le bektachi. Je l'attendris pour le repas de ce soir. »

Il ne s'agit là que de refuser un conformisme, une pression communautaire. Les bektachi boivent aussi du vin. Certains en font même grand usage. Or l'abstention de vin, si futile en apparence, comme tout interdit alimentaire, crée une coupure dans la vie sociale, où elle distingue le musulman de l'infidèle. L'échange des coupes est un vieux rite d'amitié. Voici que les bektachi reprennent le symbolisme du vin. Qui ne sait que le vin enflamme l'amour et réconforte le cœur? Mais nul ne sait que le raisin pressé est le symbole de la création divine. Cela, c'est le secret des bektachi. Ils lisent le verset du Coran : « Je vous ai versé de l'eau pure » en déchiffrant : « Je vous ai versé du vin pur. »

Cette violence faite au texte sacré comporte plus que de la désinvolture. Sous des dehors plaisants, ou débonnaires, la bravade va très loin, comme dans ces vers de Kaygusuz Sultan – au XIVe siècle :

> Les héros sont connus.
> Ce sont les fils d'un tel et d'un tel.
> Toi, tu n'as ni père ni mère.
> Tu ressembles, mon Dieu, à un bâtard.

Cette façon d'interpeller la divinité ne serait-elle pas aussi une façon de se dissuader de son existence? L'athéisme... Qui oserait témoigner en ce sens? Secret mortel à celui qui le porte! Il est resté enfoui jusqu'à notre époque, où, à côté d'un athéisme d'origine marxiste, celui de Nazim Hikmet, un autre, mystique et blasphématoire, s'est exprimé, celui de Neyzen Tevfik, le joueur de flûte de Bodrum :

La putain qui accouche du monde, je connais son visage;
Ténèbres devant, ténèbres derrière, je lui baise sa lumière!

Toutes les audaces vont de pair, et toute initiation peut se penser en termes sexuels. Leurs ennemis ne reprochent pas seulement aux bektachi d'être incrédules, mais aussi d'être débauchés. On les accuse de pratiquer l'inceste dans l'intimité. On les appelle « souffleurs de bougie » : à un moment de leurs réunions, toutes les lumières sont éteintes; hommes et femmes s'étreignent alors indistinctement dans l'obscurité [1]. Enfin, dit l'érudit G. Jacob en empruntant pudiquement le latin, le derviche embrasse la femme qui entre dans la secte et lui délie les braies devant toute l'assistance. Les théologiens du XVIIe siècle chrétien ne décrivaient pas autrement le sabbat. De 1719 à 1967, les accusations se répètent identiques. Mais comment savoir ce qui se passait vraiment dans la forteresse spirituelle du bektachisme? Autant de directeurs spirituels, autant de voies possibles. Le polymorphisme plus qu'hétérodoxe de la secte défie la systématisation. Est-ce dans ce goût des extrêmes, dans cette marginalité farouche, que se rejoignaient l'efendi et les janissaires? Les dérives de la recherche, à l'abri du secret, ont peut-être permis à Ahmet bey d'élaborer une religion toute personnelle, subtil mélange de déisme et de préoccupations morales.

Musirrin et bektachi : les sectes et la foi

On ne saurait identifier sans plus les *musirrin* à des bektachi libres penseurs. En dehors de Lady Montagu, deux auteurs parlent des musirrin : Paul Rycaut, en 1668, et

1. La même accusation, dans les mêmes termes, est portée contre les anabaptistes de Munster vers 1530.

un anonyme dont le livre, publié en 1719, raconte les tout derniers événements – ceux auxquels les Montagu ont été mêlés – et fait suivre son récit d'un tableau de la Turquie contemporaine, avec un lexique des noms propres. Pour Paul Rycaut, pour l'anonyme, les musirrin sont des athées; l'Anonyme ajoute : « Nombreux sont les cadis et les personnes instruites dans les légendes arabes qui ont épousé ces sentiments, et certains ont souffert la mort, et professé leur athéisme au dernier moment. » Claire allusion aux soufis, et d'abord au plus célèbre d'entre eux, à al Hallâj s'écriant au moment de sa mort : « Je suis la Réalité » – ce qui peut se comprendre aussi en arabe : « Je suis Dieu. » Ce renseignement explique pourquoi on a pris les musirrin tantôt pour des athées et tantôt pour des déistes (Lady Montagu note avec malignité : « Paul Rycaut se trompe comme à son ordinaire. ») Aux yeux des Occidentaux, le déisme est le fait d'un esprit éclairé; il est digne d'éloges alors que le matérialisme athée se rapproche de la superstition aveugle; le choix d'un terme ou de l'autre révèle les partis pris du voyageur.

Al Hallâj et son gibet tiennent une place importante chez les bektachi. Ni Rycaut ni l'anonyme ne confondent pourtant ceux-ci avec les musirrin. Rycaut est surtout frappé par leur nombre et par leur influence. L'Anonyme, par leur conformisme extérieur, et par le fait que pour eux Dieu est inconnaissable. Ils récusent la théologie des « beaux noms » de Dieu, Grand, Clément... d'où est venue aux Turcs l'habitude d'égrener sans cesse un chapelet d'ambre, le *tespih.* Ce refus de prédiquer Dieu en fait des agnostiques, indifférents à toute idée de justice divine et de rétribution après la mort. Nous voilà de nouveau tout proches de l'« athéisme » vu par les auteurs des Lumières.

Mais musirrin et bektachi sont-ils sur le même plan? Nos auteurs parlent aussi des *zendikh.* Pas plus que les musirrin il ne faut les chercher sur les tableaux des sectes dressés par Louis Massignon. Cela n'empêche pas le mot d'exister : il désigne une attitude mentale, fréquente surtout chez les Persans à l'époque où il a été forgé, celle des *nouveaux convertis,* quelle que soit par ailleurs leur appartenance. *Zindik* est utilisé aujourd'hui par les sunnites comme une injure à l'égard des bektachi. Ce type de pratique peut être associé à des dogmes différents, et nous devons prendre garde que le mot de secte, sous la plume des voyageurs anciens, n'est pas toujours la traduction rigoureuse de *tarikat*. Au fond, les musirrin sont ceux qui pratiquent une religion raisonnable.

Avec cette religion rationnelle et raisonnable, nous voici bien loin de l'islam fanatique dont on cultive volontiers l'image de nos jours. Au XVIIIe siècle, ces deux images coexistent le plus souvent. Quand Voltaire attaque l'obscurantisme et l'ambition de Mahomet, Mahomet n'est pas seulement un prête-nom et Voltaire ne vise pas seulement l'Église catholique. Mais, en même temps, les observateurs bien informés, consuls ou ambassadeurs ayant séjourné dans le pays, interprètes grecs, présentent les disciples de l'islam sous un tout autre jour. Les ordres de derviches ne sont pas comparés à des ordres monastiques; on les assimile à des sectes philosophiques de l'Antiquité. Et ce n'est pas une déformation bienveillante, c'est une analyse qui se veut réaliste.

Elias Abesci est un interprète grec; il a écrit ses *Mémoires* d'abord en « arabe », nous dit-il – comprenons en osmanli –, puis les a traduits à l'usage des Anglais. En 1792, il évoque l'irréligion des Turcs éclairés, qui sont en pleine agitation philosophique. Ils sont pythagoriciens, ou pyrrhoniens comme le grand mufti, ou encore « du parti du système de Platon » comme plusieurs docteurs et imams des mosquées royales. L'athéisme, enfin, fait chez eux des progrès constants. Derrière ces appellations, il faut voir des tendances locales. Les pythagoriciens, ce sont ceux qui, attribuant aux lettres des valeurs numériques, spéculent sur la signification des mots, les *hurufi* comparables aux adeptes de la *gamatrya* juive. Les partisans de Platon sont les *mevlevi;* leur doctrine est effectivement influencée par le néo-platonisme de Plotin, et surtout ils révèrent Platon, Eflâtun, à Konya et dans les environs. Les pyrrhoniens pourraient être les bektachi. Abesci s'inquiète de ce relâchement religieux où il voit un facteur de dissolution de l'empire. Il tient, comme Grec, au statut des minorités et à leur autonomie sous la conduite d'un chef religieux. Il voit avec horreur la possibilité d'une citoyenneté ottomane qui, excluant les distinctions de religion, nivellerait les droits, mais aussi les privilèges.

Ces observateurs viennent du monde anglo-saxon, ou ils s'adressent à lui. La multiplicité de leurs sectes dispose peut-être les Anglais à mieux comprendre celle des tarikat islamiques. Gens du même métier ou de la même province s'y regroupent dans une atmosphère de dissimulation plutôt que de clandestinité. Âlevi et méthodistes partagent la même exigence de justice sociale.

Après Lady Montagu, Sir James Porter, esprit ouvert, lecteur critique de Montesquieu, disciple de Rousseau, s'entretient à son tour avec un efendi. Celui-ci connaît le Coran par cœur : il est *hafiz*. Sir James lui montre la version anglaise et lui en traduit des passages en osmanli. Un Arabe se serait scandalisé – une traduction est une contrefaçon de la parole de Dieu, inimitable. L'efendi est ému jusqu'aux larmes devant la fidélité de la version anglaise (établie d'après celle, française, de Du Ryer...). Cependant, remarque aussi Porter, « son respect pour le Livre ne l'empêchait pas de toujours penser librement en matière de religion ». Cet efendi était né en Bosnie et avait longtemps vécu dans son pays natal. L'anecdote nous ramène vers la terre d'élection et des janissaires et du bektachisme; elle apporte une dernière touche au tableau des « Lumières » dans la Turquie du XVIIIe siècle : la liberté d'interprétation n'exclut pas un attachement profond envers le Livre; elle ne remet pas en cause l'appartenance à l'islam. « Déisme » et « athéisme » se font jour à l'intérieur d'une culture déterminée et ne peuvent être compris qu'à travers elle. La première porte du bektachisme reste l'entrée dans la communauté musulmane.

Comme l'efendi de Porter, Ahmet bey était un *münevver*, un homme éclairé. Lady Montagu a pu s'entretenir avec lui. Ces conversations mi-sérieuses, mi-plaisantes avec une femme au cours de soirées d'hiver, cette familiarité intellectuelle d'un homme avec une femme, sont l'argument ultime à faire valoir pour l'appartenance du lettré à la secte bektachi. Mesure-t-on l'audace de ces conversations dans un monde où les femmes ne se montrent pas aux hommes, et où les hommes sont terriblement gênés d'avoir à parler à une femme, même voilée? Dans l'Empire ottoman, les bektachi ont été les seuls à refuser cette séparation absolue des deux sexes dans la vie sociale. Leur exigence de liberté a pu être assimilée à du libertinage. Ce qui est sûr, c'est que les femmes sont admises dans les couvents, et leurs poèmes mystiques figurent dans les recueils au même titre que ceux des hommes; si un hôte se présente à la maison d'un bektachi en l'absence de celui-ci, les femmes le recevront non voilées et lui feront les honneurs de la maison. Dans Belgrade en danger, c'est un efendi inconnu qui a reçu la dame anglaise; ils se sont parlé de religion et se sont reconnu une liberté aristocratique : celle d'interpréter et de choisir.

La découverte de la santé

C'est dans la société des femmes que Lady Montagu va faire sa deuxième découverte : celle de la santé.

Au début du XVIIIe siècle, les grands fléaux médiévaux : peste, lèpre, ergotisme, sont en régression. C'est la variole qui tient la première place dans l'analyse des causes de mortalité, analyse difficile, mais devenue indispensable à la société anglaise qui est amenée, par le développement spectaculaire de son économie, à faire l'estimation exacte de ses possibilités humaines et matérielles. En Angleterre comme dans le reste de l'Europe, la variole est une hantise pour les familles, en raison de son double caractère – endémique et épidémique. En pleine période d'apparente accalmie, en 1713, peu de temps après son mariage, Lady Montagu a appris la mort de son frère. En 1715, c'est son tour d'être atteinte :

En larmes je reste là gisante, entourée d'amis;
Sous mon masque, tremblant à la vue du jour,
Ma beauté s'est enfuie et ma vie disparaît...

Elle a survécu, mais avec les stigmates de la maladie, le visage grêlé, les yeux dépourvus de cils. Sa beauté ne constitue plus un atout politique, et l'impuissance du corps médical excite sa verve :

Mirmillon vint déplorer mon sort :
« Un cordial, cria-t-il, pour lui rendre ses esprits! »

Galien, le serviable Galien, était là
Avec sa désolation stérile et ses soins inutiles.
Machaon, le grand Machaon en personne, célèbre
Par son manteau rouge et ses airs pleins de morgue
S'écria : « Alors! Pourquoi ce chagrin, ce désespoir!
Vous resterez en vie, vous serez belle encor!
J'en fais le serment... »

Avec les praticiens bien en cour, affublés de dénominations antiques, c'est toute la médecine du siècle qui reçoit le camouflet dans ces vers : désolation stérile, soins inefficaces, promesses vaines. Et, pourtant, une certaine mutation est en train de s'effectuer dans cette corporation que Lady Montagu redoute et méprise. La surveillance théologique lui pèse désormais. Au devoir charitable de soigner, obligation chrétienne par excellence, succède le désir de guérir, et de guérir par des moyens techniques, fruit de l'imagination et de la recherche. Un peu plus tard, de très nombreux médecins souscriront à l'*Encyclopédie,* marquant ainsi qu'ils sont intéressés au premier chef par un inventaire des innovations.

Or, avant la maladie de Lady Montagu, des cercles restreints connaissaient un moyen inédit de prévenir la variole. L'information est venue de l'extérieur du monde chrétien, et d'abord de Chine, où cette maladie est apparue sous le règne des Han; elle y porte le nom de *dou,* « petit pois », car elle laisse à ses victimes un visage « plein de pois » – grêlé. Les historiens modernes font remonter au Xe siècle la pratique d'une prophylaxie de la variole; elle est portée à la connaissance de la société savante de Londres en 1700, par l'intermédiaire de John Lister, employé à la Compagnie des Indes et dont le frère est précisément membre de la Royal Society :

« J'ai été informé en Chine par des gens dignes de foi d'une chose qui à mon avis n'est praticable que là-bas. [...] C'est une méthode pour communiquer la variole quand on veut et à qui on veut; on ouvre les pustules d'un malade atteint de variole, on sèche la matière avec un petit coton qu'on garde dans une boîte fermée, et ensuite on le place dans les narines de celui qu'on veut infecter. L'avantage allégué par les Chinois est qu'ainsi on peut préparer le corps du malade et l'administrer à la saison de l'année ou à l'âge jugés les plus favorables. »

A cette date et depuis 1650, c'est la correspondance des pères jésuites – leurs *Lettres édifiantes et curieuses* – qui constitue la principale source d'information sur l'Empire du Milieu. Ces lettres circulent à Rome et dans les pays chrétiens avant d'être rassemblées en volumes. L'une d'elles, signée du père d'Entrecolles et datée du 11 mai 1726, mentionne la « variolisation » préventive, mais il est possible que l'information ait circulé beaucoup plus tôt dans les milieux ecclésiastiques et savants.

L'intention apologétique de ces lettres n'est pas à démontrer. La Chine est l'enjeu d'un débat théologique : quelle est la valeur morale de sa civilisation hautement raffinée, mais qui s'est développée à l'extérieur de la révélation chrétienne? Les jésuites tiennent à montrer les mérites de cette civilisation, et c'est ainsi que le père d'Entrecolles cite un remède dont il fait remonter l'origine à une centaine d'années. On recueille sur les pustules d'un enfant de un à sept ans atteint de la variole un « levain pur », des écailles qu'on peut ensuite conserver pendant seize ans dans un vase en porcelaine hermétiquement fermé. Pour protéger les enfants indemnes, on introduit un coton imprégné de ces écailles dans les narines du petit patient (qui ne sera pas un nourrisson : il faut que ses fontanelles soient fermées). Une grande importance est donnée à l'accommodement de cette matière : réglisse, transpiration d'un homme en bonne santé, fils de soie. Les pustules seront prélevées de préférence sur le dos. On choisira avec précaution la période favorable, en évitant les chaleurs de l'été... La méthode est reconnue comme efficace (les enfants inoculés ne contractent pas la variole ultérieurement), mais dangereuse en même temps – elle est mortelle dans un dixième des cas. Le père d'Entrecolles, qui n'est pas médecin, conclut sa lettre sur une note défavorable qui surprend. Il se rallie à l'opinion du lettré chinois, auteur de l'ouvrage de référence, probablement confucéen, qui rappelle que c'est encore une vie vertueuse qui est le moyen le plus efficace de se préserver de la maladie.

En somme, à l'occasion d'une invention médicale, il

s'agit pour le missionnaire d'attirer l'attention sur l'état avancé de la civilisation chinoise (d'où l'urgence d'établir avec elle de bonnes relations), tout en montrant que les confucéens dans leur sagesse attachent peu de prix à des découvertes sans incidences morales. Il défend ainsi la conduite de son ordre dans la Querelle des Rites qui oppose Rome à la plupart des jésuites « chinois » : on peut respecter les coutumes d'un peuple aussi sage quand elles ne sont pas directement contraires au dogme catholique. Au prix d'une certaine distorsion des textes, les jésuites présentent Confucius comme un saint avant la lettre, argument séduisant qui ne sera pas oublié des premiers défenseurs d'une vertu laïque et d'une thérapeutique médicale sans adjuvant religieux.

Imprimée tard – après 1720 –, la lettre des pères jésuites n'a eu aucune conséquence thérapeutique. Pas plus que la communication de Lister, elle n'était destinée à en avoir dans l'esprit de son auteur. Tout au plus s'inscrit-elle comme un document, dans la longue rétrospective qui dote la variolisation de ses lettres de noblesse. C'est toujours vers l'Orient, mais cette fois dans la direction d'Istanbul, qu'il faut se tourner pour apprendre du nouveau...

Le 27 mai 1714, le compte rendu de séance de la Royal Society à Londres signale avec sa sécheresse habituelle une lettre du Dr Emmanuel Timoni, datée de décembre 1713 à Constantinople. C'est à cette occasion que le mot d'inoculation contre la variole apparaît pour la première fois. La lettre est longue et en latin. On en remet la traduction et la discussion à la prochaine séance. Il n'y a pas d'urgence...

Le 10 juin, on donne lecture de la traduction. « Cela fait de nombreuses années qu'à Constantinople, où se mélangent des nations très variées, on provoque la variole par l'inoculation. » L'intérêt de cette pratique est rehaussé par son ancienneté, dans la capitale cosmopolite d'un empire qui faillit être le creuset de « nations très variées ». Il s'agit toujours de manipuler du pus de varioleux et de provoquer la variole chez un sujet indemne.

« Il faut d'abord trouver un enfant doué d'un bon tempérament, atteint d'une variole d'espèce courante (avec des pustules non confluentes). Au douzième ou au treizième jour après le début de la maladie, on ouvre quelques pustules avec une aiguille (au niveau des jambes ou des genoux), et on en exprime le pus dans un récipient placé exprès. Il faut un récipient en verre ou en un autre matériau plus pur, poli à l'intérieur, lavé et nettoyé à l'eau tiède. Quand le vase est suffisamment rempli, il faut le couvrir et le tenir au chaud, et l'opérateur doit gagner la maison où il compte inoculer; avec une aiguille, il perfore la peau en un, deux ou plusieurs points, jusqu'à apparition de sang, en procédant sur le patient dans une chambre tiède; il verse aussitôt le pus varioleux et fait un mélange soigneux avec le sang qui sort. On pique indifféremment n'importe quelle partie du corps. »

Il s'agit de devancer l'apparition de la variole. D'un fléau reconnu implicitement comme inévitable, on choisira la variante bénigne (non confluente) et on pourra « préparer » le patient. Toute l'innovation est là, dans cette étroite marge de manœuvre devant une maladie pour laquelle on n'a aucun traitement curatif. Parmi les ressorts délicats de l'économie humaine, c'est donc à celui du temps que l'on veut toucher. Il s'agit de reproduire la nature, mais aussi de la devancer; le décalage permet une subtile altération du modèle naturel. L'imitation de la nature est au XVIIIe siècle un concept clé, et la pensée technologique, qui se cherche, s'organise d'abord autour du thème de la machine comme imitation de la nature. Diderot, dans les *Pensées sur l'interprétation de la nature* qui sont la charte de l'épistémologie encyclopédiste, décrira la technique humaine comme une activité brouillonne, comparée à la lenteur des opérations naturelles, dont le prototype est le lent mûrissement des gemmes dans la profondeur des mines.

« L'inoculation contre la variole ne reproduit pas fidèlement la maladie spontanée : chez quelques malades, on ne dénombre qu'une centaine de pustules; quelques-uns n'en présentent aucune. Les pustules à l'emplacement de l'inoculation se rompent, se dessèchent en peu de temps et tombent, transformées en très fines squames; *à l'inverse de l'évolution habituelle de la variole,* elles disparaissent en se désagrégeant insensiblement. La matière *n'est pas* du pus épais, *comme dans la variole commune,* mais une sérosité plus déliée; c'est pour cela qu'*elle ne laisse pas de marques.* »

Malgré cet écart imperceptible ou peut-être à cause de lui, l'inoculation se substitue à la variole naturelle et protège contre elle. En laissant une trace indélébile au seul point de l'inoculation, elle marque l'enfant et bouleverse le cours naturel des pestilences : « Par la suite, ils [les inoculés] vivent à l'abri de la contagion de la variole, même s'ils cohabitent avec des varioleux. »

Les membres de la Royal Society enregistrent la déclaration de Timoni entre deux comptes rendus. L'évêque de Cloghen se rappelle avoir entendu parler de l'inoculation par Mr. Townshend, un marchand qui est aussi le frère d'un membre de l'honorable société. En trois ans, deux cents personnes ont été inoculées à Constantinople; parmi elles, les sœurs du Dr Timoni.

Emmanuel Timoni et la médecine ottomane

Timoni est un correspondant de la Royal Society depuis son voyage à Londres de 1699 à 1703. C'était un voyage semi-officiel, en compagnie d'ecclésiastiques conduits par le métropolite de Philippopolis. Il est lui-même un personnage important : à vingt-deux ans, il exerce à l'université de Padoue les fonctions de « pro-recteur » (vice-doyen) alors qu'il vient juste d'atteindre l'âge légal. Lorsqu'il s'arrête à Oxford, il est plébiscité au passage comme docteur de l'université anglaise sur sa seule réputation.

Il est né à Chio et, comme tel, il est probablement d'origine génoise. Il vient d'une famille de drogmans et de médecins célèbres, et pour lui les études à Padoue s'intègrent dans un traditionnel tour de l'Europe. Sur le registre de Padoue, il est qualifié d'*Anglus,* et cela veut dire – rien de plus, mais rien de moins non plus – qu'il jouit de la protection habituelle de l'ambassade d'Angleterre; bref, qu'il a un *berat.* Traducteur et médecin, il est un peu en retrait du cours de la politique officielle, mais il dispose d'un réseau d'informations dans le milieu levantin et de connivences parmi les fonctionnaires de la Porte. Son confrère le Dr Harris, d'Istanbul, écrira plus tard qu'on l'a pressenti pour exercer la charge de médecin-chef du Sérail, et qu'il a décliné cet honneur dangereux. Même s'il n'est pas un familier du Palais, Timoni est l'indispensable intermédiaire. Il associe étroitement deux maîtrises : diplomatie et santé.

Les Ottomans, fidèles aux prescriptions coraniques, marquent un grand respect et même une certaine complaisance pour le corps. Leur médecine est plus soucieuse de prévenir les maladies que de les guérir et elle fait une large part aux ablutions rituelles qui sont en même temps des pratiques hygiéniques. Les minarets élancés symbolisent la domination ottomane sur le pays conquis; les coupoles du hammam voisin de la mosquée, piquetées de ventouses de verre qui diffusent à l'intérieur une lumière irréelle, font connaître en terre chrétienne un autre mode de vie. Pas de trace du malaise occidental devant les soins corporels. Depuis le XIIe siècle, les bains ont disparu en Europe ou sont devenus des établissements mal famés. En Orient, les hammams maintiennent une tradition de confort physique. La séparation des sexes, une surveillance discrète sont là pour déjouer toute intrigue, et la visite au hammam a la régularité paisible d'un rite. Les médecins musulmans sont à même d'en apprécier les bienfaits. Formés à l'ombre de la mosquée dans les *medrese,* ils reçoivent un enseignement philologique et théologique et suivent la même carrière que les autres érudits. Certains sont devenus *seyh ül islam.* Les institutions médicales étaient en effet des fondations pieuses, certaines fort anciennes : l'hôpital de Kayseri a été créé en 1206, celui de Sivas en 1217. Les Ottomans continuent la tradition arabe et persane; ils étudient Ibn Zakkariya ar-Razi (Rhazès), auteur d'un traité sur la variole et la rougeole, au Xe siècle; ils étudient aussi Ibn an-Nafis, qui avait découvert au XIIIe siècle la circulation du sang... Cette médecine est dite *yunâni,* « grecque », c'est-à-dire hippocratique. Il est difficile d'en évaluer l'impact thérapeutique, mais on voit sans peine que dans l'équilibre diète/gymnastique de l'école de Cos la première doit l'emporter dans l'arsenal médical.

Cette médecine traditionnelle ne s'est pas renouvelée, et ses praticiens sont vigoureusement concurrencés par les médecins formés à l'européenne, peu soucieux d'hygiène, mais au courant des théories nouvelles dans l'art de guérir. Ils se proposent moins d'assurer le bien-être de l'individu que de lui infliger des médications souvent drastiques. Ces spécialistes précieux, puissants par leur savoir et dont on se défie, se recrutent uniquement parmi les minoritaires.

Un certain nombre de sujets ottomans s'en vont, les Grecs à Padoue, les Juifs à Salamanque (« où ils se font passer pour de bons catholiques »). Les grandes controverses médicales ont ainsi un écho à Istanbul. Mavrocordato, à son retour de Padoue, écrit un traité sur la circulation du sang. Il a lu Harvey mais ignore très certainement Ibn an-Nafis, et son travail à son tour restera ignoré de ses confrères musulmans. Les filières sont cloisonnées; la circulation des idées se fait, mais à l'économie, et dans des groupes fermés où les charges, sinon le savoir, se transmettent volontiers de père en fils.

Il existe aussi des formations directes, sur le tas; dans leurs officines, les circonciseurs jouent en Orient le rôle de nos barbiers et volontiers ouvrent un abcès, appliquent des ventouses, scarifient, avant que leurs descendants deviennent des médecins diplômés à l'occidentale. On a tôt fait de parler de charlatanisme. A la mort de son maître, le domestique reprend ses livres et continue ses tournées. A la même époque, on connaît en France de nombreux cas d'épouses qui, à la mort d'un mari médecin, tirent parti de la pharmacie pour reprendre la clientèle : abus qui est dénoncé jusque sous le Premier Empire! Petites interventions, pauvre médecine et médecine des pauvres bien souvent, ignorée des textes officiels, transmise par l'apprentissage, et méprisée par les autres, ceux qui peuvent avoir accès aux fonctions officielles.

Au premier rang de ceux-ci, l'ensemble des médecins attachés à la personne du sultan, dont le chef, le *hekim basi,* est un très grand personnage. Au XVIe siècle, ils se recrutent surtout parmi les Juifs, et la famille Hamon est célèbre. C'est alors qu'est rédigé le *Voyage de Turquie,* de Cristobal de Villalón, ouvrage à clé dont on a démontré qu'il était en réalité l'œuvre d'un médecin *converso*, Andrès de Laguna, traducteur et auteur de nombreux traités médicaux.

Laguna n'est jamais allé à Istanbul, mais de nombreux recoupements permettent de vérifier qu'il est très bien informé. Il raconte l'histoire picaresque d'un certain Pedro qui, prisonnier à Constantinople, se fait passer pour médecin – ce qu'il n'est pas – et guérit Sinan Pacha grâce à son génie inventif. Ce récit est plus instructif qu'on ne le croirait. Il disait en clair aux Juifs espagnols qu'on les attendait à Istanbul et que leur savoir y serait apprécié. C'est un manuel de l'immigrant, et sérieux, sous la drôlerie de la description.

« Sinan Pacha souffrait de crises d'asthme depuis douze ans. Un vieux chirurgien y portait peu de remède et la maladie empirait. Pedro se rend à son chevet, boulet au pied. Il prend le pouls du pacha, s'agenouille, lui baise le pied et la main en signe de bonne éducation. [...] Il est chargé d'un bissac qui contient un grand livre, comme ceux d'église, écrit en hébreu. »

Prestige de l'indéchiffrable... Plus concrètement, c'est de l'Occident que vient la médecine chimique, qui utilise les pouvoirs eux aussi mystérieux de l'antimoine, de l'arsenic et de la quinine. On l'apprend en particulier à Padoue, relais entre les deux mondes, citadelle de l'averroïsme; et c'est à Padoue que Timoni a fait ses études. Quoi d'étonnant si les Ottomans abandonnent leur diplomatie européenne à ceux de leurs sujets qui ont fait des études en Europe?

Le pouvoir qui se crée ainsi, participation à l'intimité du sérail, ne saurait être un contre-pouvoir, puisque la religion est un obstacle définitif. De là cette sorte de confiance que les Turcs ont toujours accordée à leurs médecins grecs, juifs et latins.

Si les formations sont cloisonnées, une certaine concertation au chevet du malade n'est pas impensable. Le Dr Patrick Russell en témoigne à Alep, trente ans plus tard. Il a succédé à son frère comme consul d'Angleterre; il soigne en même temps une clientèle venue de tous les milieux, musulmans ou non. Le pacha d'Alep a acquis une belle esclave qu'il affectionne; il voit avec déplaisir apparaître un bouton sur sa lèvre qui évoque à cet homme instruit un squirrhe, c'est-à-dire un cancer. Le médecin musulman du sérail prescrit des cautérisations. Appelé en consultation, Russell assiste à ces traitements barbares et inutiles, car le mal se développe. Jusqu'au jour où une vieille femme s'autorise de son expérience pour interrompre toutes les médications : ce cancer, c'est tout simplement le « bouton d'Alep » : on l'appelle en arabe *habbat as-sanat,* le bouton annuel, parce qu'il cicatrise au bout d'un an. Russell est soulagé. Il vient de découvrir une maladie locale qui défigure bien des Alépins. Tout cela prouve au moins que les médecins des différentes écoles, musulmans, Grecs, Juifs et Latins, se rencontraient, et aussi que les vieilles femmes pouvaient avoir leur diagnostic.

Timoni, considéré comme grec par les Grecs d'aujourd'hui, était-il grec ou latin? Les Timoni sont une famille de lointaine origine génoise installée à Chio. Ils ont pignon sur rue à Constantinople (la rue portait leur nom jusqu'à une date récente) et tout naturellement parlent le grec et l'italien; on peut les croire catholiques latins, puisqu'ils vont étudier à Padoue, en territoire vénitien, mais, à cause des brevets d'interprètes, les chroniqueurs ottomans les appellent *Ingiliz,* Anglais. Timoni participe aux préliminaires des négociations de Passarovitz. Il se donne la mort à Philippopolis en mai 1718. Le chroniqueur officiel, Rachid Efendi, accorde un paragraphe à son suicide, tout comme au grand incendie d'Istanbul. Il l'attribue à des difficultés diplomatiques pour arriver à un accord qui paraissait simple et à un état d'âme, *sevda,* qui désigne souvent la passion amoureuse, mais aussi l'abattement, le spleen...

Leduc, son confrère d'Istanbul, reste discret sur les raisons du suicide : faut-il les chercher dans l'imbroglio diplomatique? Quel crédit accorder aux insinuations selon lesquelles des manœuvres de Sir Edward Wortley...? Timoni a été médecin personnel de la famille Montagu tout autant qu'interprète. Mais écoutons Lady Mary :

« A propos de maladies, je vais vous raconter quelque chose. La petite vérole, si fatale et si fréquente chez nous, est ici rendue inoffensive par la découverte de l'inoculation.

Il y a ici un groupe de vieilles femmes spécialisées dans cette opération. A l'automne, en septembre, quand la grande chaleur est tombée, les gens se demandent entre eux qui est disposé à avoir la petite vérole. Ils se réunissent à cet effet et quand ils sont rassemblés, habituellement à quinze ou seize, la vieille femme vient avec une coquille de noix remplie de la meilleure matière varioleuse. »

Lady Mary écrit en avril, et elle vient d'arriver. Ce n'est donc pas une expérience personnelle. Par qui, sinon par Timoni, pouvait-elle être aussi bien informée? Le nom de ce deuxième initiateur s'impose, et s'impose d'autant plus fortement qu'il est absent de toute la correspondance de Lady Mary et que ce silence n'est pas une étourderie. Nous n'en avons pas la preuve formelle, mais nous possédons la lettre où Wortley engage Timoni à son service comme médecin, aux côtés du Dr Maitland, de Londres.

Alors, Timoni? Timoni parle et écrit l'italien, comme le confirme une lettre de lui adressée au Dr Covel, à propos de livres bloqués à la douane. Lady Mary aussi parle italien, et se sert d'une grammaire italienne pour apprendre le turc, qu'elle transcrit avec la phonétique italienne. L'inoculation contre la variole est destinée à préserver les jeunes enfants, et le fils de Lady Mary a trois ans. C'est après une terrible épidémie de variole, en 1704, que, d'après Timoni, l'inoculation préventive est devenue populaire. Qui est au courant des épidémies de Péra, de variole et aussi de peste, sinon les médecins?

Lady Mary n'a peut-être pas lu la dissertation de Timoni sur l'inoculation; il en circulait pourtant plusieurs exemplaires : l'un est célèbre, c'est celui que Timoni a rédigé à l'intention du roi de Suède, Charles XII, réfugié à Istanbul, et de son médecin, S. de Kraggenstiern. Une copie a été diffusée par le Dr Klaunig, de Leipzig, qui a vécu quelques années dans la capitale turque. Une autre copie aurait atteint la France par l'intermédiaire de Sir Robert Sutton. Enfin il existe cette lettre de Timoni qu'Aubry de la Mottraye insérera dans ses *Voyages*, une des sources de Voltaire.

Le médecin Leduc se réfère lui aussi à une œuvre de Timoni. Toutes ces copies doivent émaner d'un manuscrit latin inédit. Maitland a sûrement connu lui aussi l'homme et l'œuvre.

Tout converge pour désigner l'initiateur dans ce médecin si mal connu, qui disparaît presque aussitôt, tragiquement et prématurément. Ambassade fatale, hasard d'une vie d'homme? Non seulement Lady Montagu ne cite pas son informateur, mais elle situe sa découverte au pays des femmes. Il est vrai que Timoni lui aussi parlait des femmes : « Le caractère et l'ignorance des opérateurs, ou plutôt des *opératrices,* la plupart des petites vieilles [...] ont longtemps discrédité cette pratique. » Des femmes. Quelles femmes?

La folle recherche des origines

Timoni suggère que l'inoculation se pratique sur une aire géographique considérable : « Voilà déjà longtemps que nous savions, ici à Constantinople, qu'on provoquait la variole par inoculation en Géorgie, en Arménie, en Circassie, en Chine, et aussi dans plusieurs régions de Grèce et sur les rives du Bosphore. » Quel a été le foyer initial?

Le Caucase, dit Aubry de la Mottraye. « Comme je ne voyais personne atteint de la petite vérole, il me vint en pensée de leur demander s'ils avaient quelque secret [...]. Ils me dirent que oui, et me firent entendre que c'était de l'inoculer, ou de la communiquer à ceux qu'on en voulait protéger, en prenant du pus de quelqu'un qui l'avait et en le mêlant à leur sang par des incisions qu'on leur faisait. » Il déclare aussi avoir assisté au village de « Degliad » à l'inoculation d'une petite fille de quatre ou cinq ans. « Une *vieille femme* fit l'opération, car *celles* de ce sexe *qui sont les plus avancées en âge* sont réputées l'être aussi en sagesse et en connaissance et elles *exercent la médecine* comme les vieux de l'autre sexe exercent la prêtrise. »

La Grèce, dit Pylarini dans le premier ouvrage important consacré à l'inoculation, paru à Venise en 1715. Jacob Pylarini a fait ses études de médecine à Padoue, à proximité de la Sérénissime. Peut-être grec, peut-être italien, mais peut-être aussi levantin comme Timoni, Pylarini a été attaché successivement à plusieurs princes, en Crète, en Valachie, en Serbie, dans l'étendue de l'Empire ottoman. Comme Timoni, il a exercé des fonctions diplomatiques; il a été consul de Venise à Smyrne, et c'est de Smyrne qu'un autre consul, anglais celui-là, Sherard, lui écrit pour lui demander un complément d'information sur l'inoculation. Sherard n'a pas vu pratiquer l'inoculation à Smyrne, mais en a entendu parler par le secrétaire de l'ambassade, dont les deux fils ont été inoculés à Istanbul. Pylarini est affirmatif : « Il est certain que c'est en Grèce et précisément en Thessalie que cette technique s'est développée; de là, de proche en proche [...] elle s'est introduite à Byzance. Une *Grecque* entra dans la chambre, d'allure honorable, qui nous exposa avec clarté le déroulement détaillé de l'opération, ses règles de lieu et de temps, avec toutes les précisions possibles. » Sherard ajoute dans sa lettre du 7 mars 1716 que l'inoculation est une pratique générale des chrétiens de toutes les nations : la mettre en doute serait de l'impiété!

Ainsi l'inoculation se raconte dans un cercle étroit de privilégiés : en le parcourant, nous revenons sans cesse à Padoue, à la Royal Society, à Istanbul et spécialement à l'ambassade d'Angleterre. Par contraste, les origines « indigènes » de l'inoculation n'en paraissent que plus imprécises. Circassienne, grecque, chinoise... Ce n'est pas tout. Arabe, dira plus tard le Dr Russell, bédouine même, plus précisément. Il est vrai qu'il attribue aussi cette invention « aux Turcomans, aux Géorgiens, aux Druzes, aux Arméniens et aux Juifs ». De quoi réconcilier les religions et les hommes! Dodichi, traducteur de l'arabe, autre relation de Voltaire, signale aussi l'inoculation à Mossoul et à Bassorah, en Irak.

Qu'importe au fond! L'ensemble des témoignages s'accorde : « On ignore son premier inventeur » (Pylarini). Et un observateur généralement avisé, Sir James Porter, plaçait le témoignage de Pylarini au-dessus de celui de Timoni, car son analyse mérite d'être appelée critique; lorsqu'il est consulté sur l'efficacité de l'inoculation : « Je dis que j'ignorais tout à fait comment trancher sur une chose inconnue, n'ayant eu jusque-là aucune connaissance de cette toute nouvelle méthode, et que je demandais à voir l'opération. [...] Qui pourrait dans une ville de cette immensité [Istanbul] contrôler tous les cas? D'après des témoins dignes de foi [...] je déclarai non sans une légère hésitation que je n'étais pas hostile. » Toute nouvelle pour Pylarini, connue depuis longtemps pour Timoni : ce qui est nouveau, c'est probablement la vogue de cette pratique parmi la population chrétienne d'Istanbul, vogue attestée par Lady Montagu dont le compte rendu est le plus proche d'une version populaire et populariste :

« Chaque année, des milliers de gens embrassent cette opération et l'ambassadeur de France dit plaisamment qu'on prend ici la petite vérole en manière de divertissement comme on prend les eaux dans d'autres pays. »

En marge de ce jeu social, les auteurs ont pu céder aux suggestions de leur culture ou de leur inconscient. Pour Pylarini, médecin qui a fait ses humanités, la Thessalie est un pays de vieilles magiciennes comme chez Apulée; pour le voyageur Aubry de la Mottraye, la Circassie promet des femmes sans défaut. De surcroît, seule la société des femmes est internationale. La Circassie et la Géorgie constituent une réserve d'esclaves à la limite de l'Empire ottoman qui reprend une tradition byzantine. La Grèce et l'Arménie fournissent ces éternelles intermédiaires, entremetteuses ou revendeuses qui articulent les harems modestes ou somptueux. Oui, qu'importent les divergences, pour nous du moins! Ne sommes-nous pas prêts à nous faire complices tour à tour de chacune des parties en présence? Il en allait autrement pour les savants de l'époque d'Atatürk. Après l'éclatement de la communauté des croyants sous la poussée des nationalismes, en particulier sous celle du nationalisme arabe, les Turcs cherchent leur bien dans ce qui fut une culture indivise, en médecine comme ailleurs.

Or, les Turcs manquent seuls dans l'énumération glorieuse des différents peuples inoculateurs. Non seulement ils manquent, mais Pylarini les exclut expressément : « Seuls les Turcs, qui s'abandonnent aux décrets du destin et sont moins disposés à s'instruire, la négligèrent. » Entendons que la mode de l'inoculation à Istanbul autour de 1715 était propre à la société de Péra. Mais l'explication de Pylarini est sévère. Au moment des épidémies, les chrétiens s'enfuient, les Turcs restent sur place. On se gausse des Turcs. On a tort. Les chrétiens disséminent le fléau, le comportement des Turcs tend à le fixer au contraire. Il ne s'agit pas seulement de résignation aux décrets de Dieu : face à une maladie contre laquelle tous sont impuissants, on attend le rétablissement d'un équilibre naturel que tout mouvement désordonné compromettrait encore plus.

Ces Turcs de Pylarini sont en fait les musulmans des grandes villes. Nul ne dit rien des paysans anatoliens. Ce silence a aidé l'historiographie turque moderne à « turquifier » la variolisation. Cette historiographie a su gré à Lady Montagu de sa discrétion, si inhabituelle parmi les comptes rendus des différentes communautés balkaniques : « des milliers de gens », « *on* prend ici la petite vérole »... Aussi les Turcs ont-ils daté la découverte de la « vaccination » avant la lettre de 1717, rendant hommage à Lady Montagu. En outre, la lettre de Lady Montagu n'a pas été écrite d'Istanbul, mais d'Edirne; or Edirne, en 1931, c'est l'image mélancolique des fastes et du pouvoir passés. Le hammam bâti par le plus grand des architectes, Sinan, pour le plus grand des vizirs, Mehmet Sokollu, sert de grenier à foin. C'est alors que chante la mémoire d'un médecin, amoureux d'Edirne, le Dr Osman Rifat. Elle nous ramène vers 1808 : dans le même hammam, au printemps, au milieu de la liesse générale, on inoculait les enfants en leur fredonnant :

Que mon petit devienne une rose,
Et sur cette rose que vienne le rossignol!

Cette tradition orale ne remonte qu'à quelques générations, et elle est bien difficile à contrôler. Les vieilles praticiennes sont appelées en turc des *aşici,* littéralement des « greffeuses », à quoi correspond exactement le terme d'*insitio* choisi par Timoni pour l'opération. *Insitio,* c'est la greffe, opération familière dans son principe et mystérieuse dans ses résultats. Insitio est un terme technique qui renvoie à une succession d'opérations précises et minutieuses : écorçage, introduction du greffon, ligature et maintien par un bandage. Le parallèle s'impose. Mais quand, en 1631, Murat IV faisait venir d'Edirne à Istanbul des greffeuses célèbres pour leur habileté, des *aşïcï hanïm,* il s'agissait clairement de fleuristes et non d'inoculatrices.

Les documents écrits sont décevants. Selon une brochure publiée par le Bureau de médecine légale en 1846, un manuscrit de 1679 attesterait que, trente-huit ans plus tôt, un homme venu d'Anatolie avait inoculé à Istanbul cinq ou six enfants. Une stèle datée du 7 novembre 1697 porterait la mention « Ali Çelebi, médecin, fils de l'inoculateur ». Le processus de turquification permet, au passage, au sexe masculin de récupérer la pratique. Ne parlons pas des légendes de bergers venus à Istanbul les mains couvertes de pustules contractées en trayant une vache...

On saisit ici l'effort désespéré de la génération d'Atatürk pour créer un peuple et une histoire authentiquement turcs et rien que turcs. Les Ottomans n'avaient cure d'être turcs; ces paysans, ce berger dont on a fait les détenteurs des valeurs nationales n'auraient pas facilement atteint la porte des sérails et des ambassades. Les médecins issus des minorités qui nous renseignent avant 1717 sur l'inoculation, en dépit du bénéfice médical de l'innovation, n'ont pas prétendu la récupérer dans le cadre de la médecine savante, mais tout au plus s'en faire les annonceurs :

« Nous dévoilons au monde savant une opération médicale admirable dans son principe autant que dans ses résultats. Elle n'a pas été découverte par ceux qui cultivent la physique, ou ceux qui sont experts dans l'art d'Apollon, mais *par la plèbe et par les ignorants* » (Pylarini).

Technique populaire, au départ indifférente aux clivages de la société dans laquelle elle se diffuse, indifférente au temps, dont elle dispose, et qui survit jusqu'à nos jours. Deux siècles, trois siècles, un millénaire. Des pratiques immémoriales visent à la sauvegarde des gens et des troupeaux. Pendant la Première Guerre mondiale, une épidémie de charbon se déclare parmi les troupeaux rassemblés pour l'armée dans la plaine de Konya, en Anatolie. On n'a ni sérum ni vaccin. C'est alors que le vétérinaire Süreyya Aygün est aidé dans sa lutte contre l'épidémie par un vieux berger *yörük*. Ce berger « prend une bête en voie de guérison, l'abat, prélève sa rate, écrase celle-ci dans un mortier avec de la poudre, de l'ail et du soufre et imbibe un fil de ce mélange; enfilé sur une aiguille d'argent, ce fil est passé à l'oreille des bêtes que l'on veut protéger ».

S. Aygün a vu certains troupeaux immunisés de la sorte; il a vu aussi disparaître un troupeau entier. Ce sont les aléas de la variolisation, parce qu'on ne maîtrise pas l'atténuation de la souche utilisée.

Vers 1931, les ethnographes accumulent les observations parfois contradictoires. Les Yörüks « vaccinent » les animaux contre la variole « en prélevant du pus sur les lésions du premier animal frappé; en mélangeant avec un peu de miel, on en imprègne un fil qu'avec une aiguille on fait passer par le bout de la queue ». En revanche, pour le charbon qui décime les troupeaux, ces mêmes Yörüks n'ont jamais entendu parler de traitement. Chez les Turkmènes, « l'enfant atteint de variole est considéré comme une pharmacie; chacun va dans la maison du varioleux avec son enfant; avec un scarificateur, on prend une goutte de pus, et on l'étend sur le bras de son enfant ».

A Alep, le professeur Selman Kataya, de la faculté de médecine, descend d'une famille de circonciseurs. Alep a donné son nom vernaculaire à la leishmaniose cutanée, le *bouton d'Alep* (dit aussi *clou de Biskra...*). C'est une pustule due à la piqûre d'un moustique vecteur, sans gravité vitale; elle laisse une cicatrice souvent inesthétique sur les parties découvertes, c'est-à-dire le visage. Dans la famille du Dr Kataya, des femmes, à l'aide d'un stylet, savaient prélever un peu de sérosité et provoquer l'éruption sur une partie cachée du corps. Elles avaient observé qu'on ne contracte le bouton d'Alep qu'une seule fois. La pratique est aussi connue en Iran. Elle ne présente pas les mêmes dangers que l'inoculation de la variole.

Celle-ci s'inscrit donc dans une série de pratiques populaires visant à prévenir des maladies éruptives de l'homme ou du bétail. On meurt souvent de la variole, on en reste toujours grêlé. Le bouton d'Alep enlaidit également qui en a été victime. Les Orientaux se soucient peu de la mortalité; l'indifférence à la mortalité infantile persiste chez eux plus longtemps qu'en Occident. Alors que l'Occident commence à se préoccuper de statistiques, le Grand Seigneur interdit que l'on compte ses sujets. Naissances et décès sont le secret des harems. Faute de mieux, les agents diplomatiques évaluent la mortalité en comptant les sacs de blé distribués à la population, avec de savants calculs sur la consommation individuelle. Cette indifférence est un des obstacles à une politique ottomane de la santé.

Ce n'est qu'en 1827 qu'une école de médecine est fondée par Mahmut II, avec mission d'adopter la médecine moderne. En 1827 est fondée l'École de chirurgie, *Cerrahhane.* La réorganisation est faite par un Français, puis par un Viennois. Des étudiants partent en Europe; un peu plus tôt, Subhizade Abdülaziz Efendi a été envoyé à Vienne, et a traduit en turc les aphorismes de Boerhaave, qui au XVIIe siècle appelait de ses vœux la découverte d'un procédé d'« immunisation » contre la variole.

Le discours prononcé par Mahmut II à l'ouverture de l'École de médecine est en tout point remarquable. Après avoir rappelé que l'école se consacrera à un « devoir sacré, la sauvegarde de la santé humaine », il définit une politique scientifique :

« L'enseignement sera en français. [...] Il est vrai que nous avons écrit beaucoup de livres de médecine et que les Européens ont beaucoup appris en traduisant ces livres. Mais ces livres étaient écrits en arabe, et comme ils ont cessé d'être des objets d'intérêt et d'étude dans les écoles musulmanes depuis bien des années, comme les hommes qui les connaissaient n'ont cessé de diminuer, ils se sont démodés. [...] C'est pourquoi les ouvrages arabes me paraissent défectueux si on les compare aux livres de médecine européens. Même si nous prétendons surmonter ces handicaps en faisant des emprunts aux ouvrages modernes, il n'est pas aisé de les traduire en turc, parce que la maîtrise de l'arabe demande au moins dix ans, sans parler des cinq ou six ans d'études médicales. Et ce dont nous avons besoin, c'est de médecins entraînés *pour nos troupes* et pour notre peuple. [...] La médecine sera enseignée en turc, dans notre pays, quand ces médecins auront assimilé la science européenne. »

Ce discours étonnant de Mahmut II est l'indice d'un effort pour créer une bourgeoisie éclairée — militaires et médecins —, la médecine étant d'ailleurs conçue « pour nos troupes », à des fins de défense militaire — alors que les Occidentaux ont développé la médecine parallèlement à l'industrie.

L'économie ottomane, elle, reste longtemps au stade

préindustriel : une économie de produits de luxe où les dépenses somptuaires tiennent une grande place. C'est particulièrement vrai à l'Ère des Tulipes. Dans le harem, la beauté est un élément capital de la valeur des femmes. Les fillettes circassiennes rêvent d'être vendues à Istanbul, et leurs parents comptent bien sur cette vente. Quant aux femmes d'Anatolie, elles se prétendent circassiennes pour trouver plus facilement preneur. Or, à l'intérieur de cette société de femmes où s'abolissent les divisions ethniques, l'histoire ne pénètre que par effraction.

Les médecins francs n'ont pu connaître l'inoculation que lorsqu'elle est sortie du harem, adoptée par les Grecs cherchant à préserver la vie autant que la beauté. Si elle a été observée chez des musulmans, c'est dans un Caucase lointain où on voyait vivre les femmes beaucoup mieux qu'à Istanbul; et encore : l'attention d'Aubry de la Mottraye avait sûrement été éveillée par des discussions avec son ami Timoni.

Les femmes ont constitué très tôt le terrain électif pour la constitution d'une culture syncrétique. Après la bataille de Mantzikert, qui ouvrit en 1071 le plateau anatolien aux tribus turques, on constate les effets de la symbiose entre chrétiens et musulmans : le respect des sacrements chrétiens, dévoyés en pratiques thérapeutiques et prophylactiques. Le baptême est volontiers employé par les musulmans pour protéger les jeunes enfants de l'épilepsie. Jusqu'en 1900, on utilise des cotons ayant touché les icônes pour guérir les ophtalmies. Le signe de croix omniprésent conjure tous les périls, maintenant que la croix ne figure plus au sommet des lieux de culte. Les paysannes anatoliennes, pendant longtemps, tracent une croix sur le pain avant de l'enfourner. Pour inoculer, on trace de petites incisions en forme de croix, et on les fait volontiers aux quatre membres, comme des stigmates. Pour faire face aux puissances de la mort, les femmes mobilisent toutes les ressources d'un lointain passé.

Gardiennes de l'intimité, quoi d'étonnant si elles possèdent aussi les secrets de la guérison! L'inoculation a lieu dans la partie féminine de la maison, ou encore au hammam, haut lieu de la société féminine.

Pouvoir féminin et pouvoir médical

Le choix du hammam est révélateur. La société ottomane, en particulier à l'Ère des Tulipes, est voluptueuse et cherche à préserver dans le corps une source de beauté et de plaisirs. Mais la visite du médecin constitue une incursion dans un domaine réservé, au même titre que celle de l'officier de police ou du recenseur. Le médecin est à la fois un intrus et un confident. On est obligé avec lui à un partage de secrets qui débordent la personne physique. Quant à celle-ci, les Turcs, attachés à une médecine « d'urine et de pouls » à la façon hippocratique, répugnent à tout examen. Quand Andrès de Laguna décrit les soins donnés à un pacha, on peut voir qu'il n'est pas simple de lui faire avaler des pilules – méfiance politique devant le poison –, mais pas davantage de lui prendre le pouls! Dans l'anecdote, les médecins palpent le pouls des femmes au travers d'une mousseline anonyme, le bras de la patiente étant passé à travers un guichet. La précaution est-elle invraisemblable? En Occident aussi, la prise du pouls suffisait au diagnostic. Au XIXe siècle, Laënnec a du mal à faire adopter l'auscultation, et pour ausculter ses patientes il interpose un voile. C'est alors l'Ère des Réformes en Turquie, et les médecins y sont formés à l'occidentale; la visite médicale reste tout un cérémonial : un eunuque d'abord, une servante ensuite, assistent malade et médecin, et on se limite à l'indispensable.

Dans ces conditions, on retrouve au cœur de la médecine le clivage des sexes et l'absence de communication qui caractérisent la société ottomane dans son ensemble. D'une part la médecine des hommes, livresque, empêtrée dans les interdits religieux qui pèsent sur l'autopsie et la libre expérimentation; d'autre part, des femmes ignorantes mais habilitées par leur maternité à panser, à caresser, à soigner; leurs enfants qu'elles protègent sont tout naturellement les premiers sujets de l'inoculation. On oublie trop souvent qu'à la maison, comme au hammam, la petite enfance est de plain-pied le domaine des femmes. Pratique « pédiatrique », l'inoculation est bien une pratique féminine; elle prolonge les soins du nouveau-né.

L'Europe l'adoptera parce qu'elle la reconnaîtra. N'était-elle pas en usage dans les campagnes galloises? Chaque peuple possède certaines traditions médicales très anciennes, le plus souvent détenues par les femmes, proches par nature du pouvoir de guérir : il suffit de leur être attentif, de se mettre à l'écoute. Or, en 1717, les procès de sorcellerie sont en train de s'arrêter; ils rendaient indirectement hommage aux terribles pouvoirs occultes partagés par la femme avec les anges déchus. Mais les différentes Églises n'ont jamais relâché leur surveillance sur les femmes, et les sages-femmes sont instamment placées sous le contrôle des autorités religieuses. Inversement, les femmes, pour exercer, s'autorisent d'une « révélation », à tout le moins d'un « héritage ». « Elle me dit, raconte Timoni, que ses ancêtres lui avaient légué cette méthode. [...] Une autre vieille femme, se disant originaire des environs de Salonique, qui inoculait la variole depuis vingt ans et plus, prétendait qu'elle ne lui venait pas des hommes, mais que la Bienheureuse Vierge en personne la lui avait révélée. »

Si l'inoculation appartient aux structures folkloriques, elle a été *transcrite* par les hommes, par les médecins, et par les membres des communautés minoritaires. On saisit les effets de cette transcription à la lecture des précautions qui entourent l'inoculation :

« Il faut d'abord choisir le moment [...] c'est la période d'hiver. [...]

« Deuxièmement, elle emploie un ferment, soigneusement sélectionné (Pylarini) à la fin de l'épidémie (Leduc). [...]

« Troisièmement, elle exige une chambre où les fluctuations de température sont modérées (Pylarini). [...]

« Elle prescrit une évacuation ou purge chez le candidat à l'inoculation, si le sujet est de nature faible ou débile. [...]

« Elle impose l'abstention de viande, d'œuf, de vin, cinq jours avant l'opération. »

Si nous en croyons leurs savants interprètes, les vieilles opératrices témoigneraient d'une science tout hippocratique de la chronologie de la « crise » et de l'art médical, qui est saisie de l'instant favorable. La Providence leur a donné comme aux bêtes cet instinct par lequel « on sait se protéger de tout ce qui peut vous faire du mal » (Timoni). L'expérience porte sur le choix de la « variole bénigne », sur la sélection de la souche, peut-on dire en anticipant :

« Elle choisit un garçon ou une fille de tempérament sain, atteint de variole naturelle avec des pustules non confluentes, au dixième jour de l'éruption. »

Comment ne pas reconnaître, dans cette formulation dépouillée, précise, rationnelle, le coup de pouce du médecin plutôt que la pure expression de « l'instinct »?

Retour à Londres

Lady Montagu a rapporté dans ses bagages une pratique médicale qui l'a séduite par sa simplicité et par sa relative indépendance à l'égard des « spécialistes de la santé », bien qu'elle l'ait certainement connue par l'intermédiaire des médecins locaux. Sitôt arrivée en Turquie, dans le premier groupe des lettres d'Edirne, elle en donne un compte rendu sobre, qui se conclut sur une note enthousiaste; elle fait inoculer son fils à Istanbul, et enfin, à Londres en avril 1721, sa fille; l'opération est surveillée par le chirurgien qui avait accompagné les Montagu en Turquie, Maitland.

Lady Montagu a bénéficié d'une période de sérénité vis-à-vis des innovations thérapeutiques. Elle ne courait plus le risque d'être brûlée pour avoir voulu s'opposer à la Providence, tout au plus celui d'être jugée présomptueuse. Le pasteur Wagstaffe s'indigne, dans un pamphlet en 1721, qu'« une expérience pratiquée par une poignée de femmes ignorantes, parmi un peuple illettré et dépourvu de réflexion, puisse s'introduire au Parlement dans l'une des nations les plus civilisées ». Il avait bien senti les deux grands mérites de l'inoculation aux yeux de ses partisans : elle est étrangère à l'Europe et étrangère à la science établie. Ce sont ces qualités qui permettent à Lady Montagu de défier pasteurs obtus et médecins pédants, quand elle place l'éloge de la découverte dans la bouche d'un « marchand de Turquie », en 1722 :

« Par pitié pour tous ceux qui sont trompés et abusés par le charlatanisme des médecins et par leur ignorance, je suis décidé à donner un compte rendu véridique de la façon dont on inocule la petite vérole, comme cela se fait à Constantinople, avec un succès constant et sans aucune conséquence fâcheuse. Je ne vends pas de drogues, je ne prends pas d'argent, je veux seulement persuader les gens de la sécurité et du caractère raisonnable de cette opération toute simple. »

Sécurité, raison, simplicité : Lady Montagu, au fond, rejoint l'esprit de la médecine ottomane classique. Mais c'est, en dernière analyse, chez les femmes qu'elle a découvert ces qualités — aux femmes qu'elle les attribue en tout cas.

La société des femmes

La conversation d'Ahmet bey à Belgrade avait éveillé en Lady Montagu une sympathie intellectuelle pour les Turcs. Les bains de Sofia lui ont fait partager la douceur de vivre des femmes orientales; elle a eu d'emblée accès à leur intimité. Dans la Turquie républicaine, les descendants des pachas se sont tournés vers les paysans anatoliens, dépositaires de l'authenticité nationale, gardiens de la langue et des traditions. N'a-t-on pas voulu leur rapporter même la pratique de la « greffe » de la variole? Mais, chez les Ottomans, « civilisation » se disait *medeniyet,* « urbanité », comme en arabe. C'est dans ce cadre urbain que Lady Montagu a reconnu ses sœurs et a senti son âme devenir « à demi turque ».

Malgré la complication du parcours et les détours de l'étiquette, elle a retrouvé dans les réceptions fastueuses d'Edirne ou d'Istanbul des femmes curieuses, bienveillantes et spontanées, comme les inconnues de Sofia. Lady Montagu, si nous la croyons, est entrée de plain-pied dans leur monde. Ce fut un miroir embelli où elle entretint un dialogue avec elle-même et avec ses propres désirs. Dans ce miroir, plusieurs femmes, plusieurs grandes dames, malaisées à identifier historiquement; derrière le miroir, l'interprète grecque. Lady Montagu tour à tour exhibe ou cache ses informateurs, selon leur rang social et leur origine ethnique...

Ses visites de courtoisie aux harems les plus prestigieux auraient pu rester conventionnelles – elles l'entraînent chez le grand vizir, chez le grand amiral, chez la veuve du dernier sultan – sans la rencontre de Fatima Hanim. Cette jeune beauté a l'âge à peu près de l'ambassadrice, elle en a la vivacité, l'esprit, la sensualité; elle est la femme de l'intendant du grand vizir, qui joue un peu le rôle d'un ministre de l'Intérieur, et son identité nous échappe, moins toutefois que celle d'Ahmet bey : sa mère était une Polonaise prise au siège de Kaminiec en 1672. Mais comme Ahmet bey, elle est une figure dialectique destinée à séduire le lecteur. Elle préside à l'aventure de Lady Montagu au cœur de la vie ottomane.

La raison, la santé, et maintenant la liberté, se trouvent au pays des Turcs, encloses sous les apparences. Il existe une forme commune aux lieux géographiques de leur découverte, le palais, le harem, le hammam : c'est le secret. Ce secret qui caractérisait la secte des musirrin entoure aussi les femmes et les protège. Le harem apparaît d'abord comme un lieu de contrainte physique, fermé sur l'extérieur; il a « des grilles, comme les couvents ». Mais la voyageuse découvre vite que la clôture est mobile – rideaux de verdure des kiosques, où s'entrecroisent vigne vierge, jasmin et chèvrefeuille, panneaux de bois ajouré aux galeries des palais, treillis dorés des carrosses, mousselines dont il faut s'envelopper pour sortir : partout on sent peser le regard des femmes, obsédant et impalpable. La clôture a été infligée par les hommes, et ceux-ci restent dépossédés d'une partie d'eux-mêmes. Se montrer, s'afficher, n'est pas signe de supériorité. Voir et ne pas être vues, c'est le double privilège des femmes. De l'autre côté de ces barrières légères et intangibles, les petites pièces du harem, les hammams privés et publics, voire les arrière-boutiques propices aux intrigues, leur offrent des refuges.

Monde fermé, et cependant spacieux : l'anonymat du voile permet aux femmes de circuler en toute indépendance; c'est une « mascarade perpétuelle ». Fêtes, événements familiaux, visites aux hammams fournissent des motifs officiels de sortie. Il en est peut-être d'autres. Les voyageurs racontent que des revendeuses à la toilette (des Juives) servent d'entremetteuses dans les harems, et même y introduisent des hommes travestis. Ces récits improbables donnent la mesure de l'imagination dépitée par le mystère. Lady Montagu préfère situer les rencontres galantes dans les profondeurs du Bazar (dans la boutique d'un Juif). L'amant heureux ne sait même pas le nom de sa maîtresse... Cette version révèle surtout l'intention polémique de l'auteur : le monde islamique est celui d'une certaine revanche des femmes, libres d'aller et de choisir qui leur plaît.

Contes bleus? La surprise de Lady Montagu à son arrivée à Edirne a été réelle. « Pays bien mieux que je ne croyais », note-t-elle (pour elle-même) trois semaines après son arrivée, et des années plus tard elle se souviendra : « A Constantinople; au lieu de la réclusion où je croyais voir languir toutes les dames, je les ai vues courir ici et là dans leurs voiles du matin jusqu'au soir. »

Ce souvenir, il est vrai, illustre une remarque générale — les voyageurs décrivent ce qu'ils ont imaginé, et non la réalité. Lady Montagu est sincère; n'est-elle pas victime elle aussi de son imagination? Bien que volontairement atténué, le motif de la réclusion reste perceptible dans les mémoires très-comme-il-faut de Leyla Saz, familière du Sérail où elle a passé une partie de son enfance. La vie du harem est celle d'un pensionnat élégant de jeunes personnes : aucune entorse au bon ton, une vie réglée et sage, des conversations courtoises échangées entre les dames, debout par politesse devant la sultane mère; et parfois, animant l'harmonie sans la rompre, un rire frais de fillette échappé d'un étage, avec le son d'un instrument qu'on accorde. La répartition minutieuse des tâches, l'ordonnance régulière des chambres attribuées selon l'âge et l'ancienneté découragent les coteries. Ce harem paisible, endormi dans un passé tout proche, ressemble trait pour trait à celui de Hafiza, la veuve inconsolée du sultan Mustafa.

Pourtant, si soucieuse dans ses souvenirs de réhabiliter les heures passées, si pleine de piété pour la famille impériale, Leyla Saz raconte... C'était au palais de l'Étoile, à Yildiz. Chaque année, les femmes attendaient avec impatience, à la venue du printemps, le moment d'aller au jardin. Au jour fixé par le sultan, les eunuques ouvraient la grille et les femmes traversaient un pont pour courir dans la verdure sous la garde de serviteurs attentifs à éviter tout contact avec des personnes étrangères au palais. Après une journée de jeux et de plaisirs, on ramenait tout le monde, le soir : fin de la récréation. Les plus jeunes surtout rentraient à regret; on fermait la grille après s'être assuré qu'on n'avait oublié personne, avant de rendre le jardin à ses jardiniers et à son silence. Une seule fois, une petite paysanne peu familière des usages se laissa surprendre par la nuit et la fermeture des portes; les gardes qui la trouvèrent endormie en furent tellement effrayés qu'elle resta là jusqu'au matin.

Ce harem est celui d'Abd ül-Hamit II. Le règne de ce sultan fut l'un des plus sanglants et des plus oppresseurs de l'histoire ottomane. La police avait ordre d'arrêter toute musulmane qui dans la rue n'était pas escortée par un homme de sa famille. Sous Ahmet III, les femmes circulaient beaucoup plus librement, et ce ne sont pas seulement les escapades en vêtement oriental de Lady Montagu qui le prouvent. Sur les miniatures de Levnî, on voit ces dames, par groupes, assister aux fêtes de la circoncision des princes en 1720. Le peintre ne les aurait pas figurées sur une œuvre officielle si leur présence avait paru déplacée. Des *fetvas* cherchaient de temps à autre à restreindre par décret le luxe du costume de sortie des femmes et à leur interdire certains lieux publics. Preuve *a contrario* d'une certaine indépendance. La société imposait le voile, non la réclusion.

Le soulèvement de 1730 qui mit fin à l'Ère des Tulipes était aussi dirigé contre les « mœurs franques » de la cour. La rue d'Istanbul était peut-être en 1717 très différente de ce qu'elle est encore aujourd'hui; si les ruelles sont peuplées de femmes, entrevues sur les seuils, partagées entre les tâches ménagères et les enfants qui jouent un peu partout, les artères modernes, encombrées de gens et de voitures, sont très largement masculines. Les prérogatives des femmes ont considérablement varié au cours des années, soumises aux aléas des mouvements de réforme et d'occidentalisation.

Variable selon les époques, la liberté des femmes l'est aussi en fonction de la condition sociale – en fonction inverse. Seules les femmes de condition modeste s'en vont faire leurs achats aux marchés hebdomadaires de quartier. De nos jours encore, la bourgeoise ne se déplace pas et envoie un homme à son service, tandis que sa compagne moins favorisée passe à la hâte un voile cache-misère sur sa robe et va elle-même marchander avec les commerçants. Réclusion des riches, qui vient de loin... Mais il est toujours possible de s'habiller pauvrement pour éviter de se faire remarquer et Leyla Saz le confirme : « Quand les grandes dames veulent aller (aux marchés) par fantaisie ou par curiosité, elles conservent le plus strict incognito dans leur habillement et se couvrent la figure avec les voiles les plus épais pour ne pas être reconnues. » Leyla Saz n'envisage pas d'autre mobile à ces sorties que la fantaisie ou la curiosité, le caprice de frayer avec la foule : cela change un peu des promenades officielles, dans le bateau à moteur du sérail, jeunes filles voilées et gantées, sous l'œil sévère des duègnes. Le *ferace* abolit les différences de condition et permet de savourer la liberté que la pauvreté sauvegarde à la plupart.

Le harem : désordre ou rituel

Pas toujours synonyme de réclusion, le harem est-il à tout le moins ce lieu privilégié où règne le désir masculin? L'Occident projette ses fantasmes sur le sérail rouge et or. Tout visiteur est invinciblement attiré par le promontoire de Topkapi et son avancée dans la mer. Les murailles s'étendent au bord de l'eau, flanquées en avancée de petits kiosques avec d'admirables points de vue sur la Corne d'Or; on les a détruits pour faire passer la voie ferrée. Mais peu de voyageurs sont assez honnêtes pour reconnaître avec Tavernier : « Pour ce qui est de la manière dont le Grand Seigneur se gouverne dans la poursuite de ses amours, *c'est un secret* que je ne pénètre point, et je n'en ai rien pu apprendre, et à moins que de vouloir faire du roman, il est difficile d'en parler. »

Tous reprennent avec délices les mêmes anecdotes sur ce monde interdit : le choix du sultan, sollicité par mille jeunes vierges, qui se traduit par un mouchoir lancé à l'élue; les préparatifs; l'empressement joyeux des servantes et la haine des rivales. Tout le cérémonial de la nuit de noces est décrit au ralenti pour le lecteur. La nouvelle favorite est conduite dans l'appartement personnel qu'elle conservera par la suite, quel que soit son destin. Les cadeaux princiers, la venue du chef des eunuques, les compliments, la jalousie, le bain, la parure, et enfin l'attente... Pour achever le vertige voluptueux du lecteur, cette scène inventée : la belle s'approche de la couche nuptiale en rampant vers le sultan. L'Occidental défaille à cette image et ferme les yeux. La sultane est belle et n'hésite pas devant les gestes les plus audacieux. Les marchands circassiens l'ont formée dès l'enfance « à danser et à exprimer par gestes et mouvements ce que la modestie ne permet ni de dire ni de décrire ». Le lecteur garde les yeux fermés, pour prolonger ces plaisirs qui lui sont définitivement refusés par son climat glacial et par l'austérité de sa religion...

Pourtant, de l'autre côté de la Corne d'Or, la vie du sexe n'a rien d'effréné. La licence y est mal vue. En 1715, le grand vizir fait exécuter un pacha venu au camp avec ses concubines. Et, plus un harem est vaste, plus la vie y est codifiée. A la fin du XIXe siècle, le palais d'un grand personnage ne comptait pas moins de trois cents femmes. N'imaginons pas autant d'odalisques destinées à la chambre du maître; c'est une maisonnée rigoureusement hiérarchisée, où la maîtresse veille à ce qu'on n'importune pas ses servantes, ni les fillettes dont elle assure l'éducation, et qu'elle établira plus tard — vierges. L'homme ne règne pas sans partage sur le harem. A plus forte raison lorsque sa femme est une fille de sultan : il ne saurait donner de rivale à son auguste épouse. Les gendres du sultan ont des femmes qu'ils ne possèdent pas.

Par ses dimensions, le harem impérial forme un État dans l'État. Il lui faut un vrai règlement administratif qui s'impose au Grand Seigneur lui-même, dont la vie privée est rarement une succession de débauches avec ses femmes. Ce règlement, ou ce qu'en dit Abesci, a des clauses cocasses : les vierges ne sont permises à leur maître qu'à certaines occasions, fêtes solennelles ou arrivée d'une bonne nouvelle... De toute façon, il n'est pas question pour le prince de convoiter une de ses sujettes. On est très loin de la cour de Louis XIV :

Marquis, tu es plus heureux que moi
De posséder femme si belle
Mais s'il te plaît me la donner
Je me chargerai d'elle...

Combien de rois très chrétiens se livrent à une polygamie de fait! Henri IV de France, ou Henri VIII d'Angleterre, alors que Soliman est fidèle à Roxelane; au temps d'Ahmet III, le souverain que servent les Montagu et à qui Lady Mary avait jadis aspiré à plaire. Le nombre des femmes varie, d'un sultan à l'autre, d'un observateur à l'autre : quarante, quatre cents, quatre mille... On distingue, au-dessus de la multitude anonyme des esclaves, les concubines ou *cariye,* qui finissent parfois par être mariées à un familier du Palais, et parmi celles-ci les *gözde* qui ont été honorées d'un regard, les *ikbal* qui ont eu les dernières faveurs, les *kadin* qui ont donné un enfant au sultan. Celui-ci ne prend pas d'épouses légitimes : on craindrait leur pouvoir. Cette précaution n'a pas empêché plusieurs kadin d'exercer une grande influence sur le sultan, par leur beauté et par leur intelligence. Mais, si une période de l'histoire ottomane mérite d'être appelée le *Sultanat des Femmes,* c'est à cause de l'autorité redoutable détenue par la sultane mère, la *Valide.* Thévenot la montre, se tenant derrière un rideau aux côtés de Mehmet IV lors d'une révolte de janissaires, et c'est elle qui décide des concessions à faire aux mutins. Sa mosquée, près de l'embarcadère d'Eminönü, est une des plus imposantes d'Istanbul. Le harem impérial n'est pas situé comme un saint des saints au fond d'une enfilade de cours, mais à côté du domaine masculin, et empiétant sur la cour publique. La galerie qui dérobe le sultan aux regards pendant les délibérations des ministres fait topographiquement partie du harem, qui est aussi présent au débat grâce à ce détour. Seul maître de ces lieux (même les eunuques noirs n'approchent pas les sultanes), le sultan, dans sa familiarité avec le monde féminin, garde quelque chose de subtilement androgyne.

Politique, policé, le harem est aussi un espace de loisir. Cet aspect a été un peu négligé par les restaurateurs de Topkapi, et les bassins où nageaient de jolies filles font aujourd'hui triste figure... Musique et danses langoureuses agrémentent des loisirs pour dames entre elles, pour hommes entre eux. Magie des fêtes nocturnes, séductions, rivalités, furtifs entretiens, désir du maître qui impose sa loi, toute la gamme des relations amoureuses, tous les révélateurs de la sensibilité existent bien dans ce monde princier, mais du côté du Palais accessible aux favoris et aux pages, dans les cours ouvertes par la « Porte de la Félicité ». La Félicité ottomane ne conduit pas directement chez les femmes. Dans ces cours où Ahmet III fit construire une charmante bibliothèque, Levnî montre la société impériale au retour des fêtes de 1720; là renaît la spontanéité, éclatent les fous rires; on complote une sortie incognito dans les rues de la ville, et Nedim chante à un jeune garçon gracieux comme un cyprès :

Demande à ta mère, dis-lui que tu sors pour la prière du vendredi;
Dérobons une journée, au moins, à notre destinée et à tous ses soucis;
Par des ruelles écartées, descendons vers les marches du quai;
Allons à Saadabad, mon svelte cyprès, allons-y!

Avant lui, un autre poète avait célébré les adolescents qui se baignent dans la Maritza à Edirne. Dépouillant leur tunique verte, ils apparaissent, chair délicate et éclatante comme celle des amandes au sortir de leur coque.

Mais Lady Montagu passe l'homosexualité sous silence; elle ne pouvait du reste guère l'observer. Seules la réserve et la correction des femmes au bain l'ont frappée. Elle a été sensible à une intimité chaleureuse, qui compense le manque d'affection vraie dans les relations conjugales; et à Constantinople, au moins, le mari respecte sa femme. Lady Montagu, déçue par Wortley, mari jaloux et négligent, n'en demande pas davantage.

L'imaginaire – la poésie – reste le seul domaine où elle puisse chercher la passion amoureuse. Elle décrit un *mâna,* du mot arabe *ma'na,* « sens, allusion », message d'amour fou par objets interposés. Un certain nombre de symboles livrent des rimes qui permettent de retrouver des vers stéréotypés. *Kömür,* « charbon », évoque *ömür,* « vie », et signifie « Puissé-je vous consacrer ma vie! ». La succession de ces objets – raisin, fil d'or, morceau de savon – n'introduit qu'à la passion dans sa variété immuable; c'est le désir avant toute possession, indifférent aux contingences historiques des individus, indifférent aussi à l'esthétisme du langage des fleurs dont il est proche. Lady Montagu a choisi un petit nombre d'exemples parmi tous ceux qu'elle avait recopiés sur son cahier à titre d'exercices de langue. D'autres voyageurs s'amusent à les disposer de manière à imiter une correspondance par charades. Mais comment transmettre un message cohérent par ce moyen? Il faudrait que les objets, placés dans une petite bourse, soient numérotés, ou qu'on ne puisse les tirer que dans un ordre fixe... Les modèles de lettres et réponses donnés par Aubry de la Mottraye sont bien peu vraisemblables, et les matériaux bruts du cahier de Lady Montagu ne se prêtent pas à cet emploi systématique. On n'enferme pas aisément dans une bourse un balai, des jonquilles, de la chaux, encore moins des couleurs! Ce sont des noms, prétextes à bouts rimés ou à calembours, qui viennent naturellement sur les lèvres dans la conversation : *üzüm* (raisin) / *benim iki gözüm* (mes yeux) forment ainsi une association familière aux Turcs. Certains se sont transmis oralement au long des siècles : d'autres, plus maladroits, laissent peut-être sentir l'effort pour créer une formule nouvelle.

L'échange d'objets concrets n'est qu'une application de ce procédé allusif. Les folkloristes ont recueilli tout un code traditionnel qui utilise des mots emblèmes, souvent des noms de fleurs : le tournesol (« fleur de lune » en turc) signifierait « Retrouvons-nous au clair de lune ». Parfois l'équivalence semble arbitraire. Pourquoi la verveine sert-elle aux reproches? « Cruelle, insensible, as-tu fini de t'amuser de moi? va-t'en! » Ce langage serait réservé aux lesbiennes et, selon Ch. White, déjà, les *mâna* n'étaient utilisés qu'entre femmes. Qu'en était-il dans la société levantine où Lady Montagu a vraisemblablement recueilli ces phrases?

Au milieu des expressions brèves qu'elle a notées s'est glissé un quatrain d'octosyllabes. Il ne s'agit plus d'un mâna au sens que les voyageurs donnent à ce mot, mais d'un des plus célèbres *mâni* (forme du pluriel arabe), quatrains, improvisés ou non, qui sont un des genres favoris de la poésie populaire turque. Genre féminin de surcroît, à en juger par ses virtuoses. Dans les travaux en commun des paysannes d'Anatolie, quand elles cueillent les noisettes, vers Giresun, ou qu'elles coupent l'herbe à la faucille; au cours des kermesses villageoises de printemps, et aussi sur les lieux de promenade en ville, les femmes se lancent des mâni entre elles, ou bien les adressent aux passants. Elles y prennent parfois l'initiative des avances, et peuvent se montrer fort audacieuses :

Dans la mer il n'y a plus de sable,
Sur le poisson il n'y a plus d'écailles.
Viens, mon prince, couchons-nous,
Dans le chandelier il n'y a plus de bougie.

Parfois le premier distique se présente comme une devinette dont la solution est fournie par le second :

Allume donc ma cigarette!
Regarde sa fumée!
Ils ne veulent pas me donner à toi,
Prends-moi, sauve-toi!

La provocation peut prendre un tour plus direct :

Tenons-nous face à face,
Viens, restons ensemble;
On dit que tu es amoureux :
Viens, passons l'examen!

Dans les mâna, poèmes-choses urbains, le message revêt l'apparence d'un tas d'objets insignifiants pour déjouer la surveillance. Ce code, à son tour, impose de ne dire que l'essentiel, d'aller droit au but comme dans les mâni, couplets des paysans. Pas de marivaudage sans complicité sociale.

Lady Montagu affecte de ne s'intéresser aux mâna qu'avec une certaine condescendance, à la demande d'une correspondante dont la curiosité la fait sourire. Ses goûts la portaient vers la grande poésie, dont elle s'est fait traduire un exemple : une ode écrite par Ibrahim Pacha en l'honneur de la sultane qu'il venait d'épouser. Elle vivait dans la maison de son mari, mais le sultan n'avait pas encore promulgué l'ordre – le *hatt-i serif* – nécessaire pour la consommation du mariage. Doit-on douter de l'authenticité du poème où le pacha exprime son désir impatient?

Les thèmes et les expressions de l'ode viennent de la poésie ottomane. Les amours du rossignol et de la rose sont rebattues, de Fuzulî à Karacaoğlan : la rose « déchire sa robe » de ravissement lorsque chante le rossignol. L'expression « je frotte mon visage contre la terre » est traduite littéralement du turc, et la signature, « l'infortuné Ibrahim Pacha soupire en ces vers », est rituelle, bien qu'elle se trouve d'ordinaire dans la dernière strophe. On pourrait être surpris qu'un homme d'État écrive sans avoir recours à un pseudonyme, mais l'auteur de ce poème ne peut être qu'un familier du style du Divan. Ahmet Refik, bon connaisseur, admet la réalité des poèmes d'Ibrahim Pacha dédiés à Fatima Sultan, et la sincérité des sentiments exprimés, ce qui est peut-être une autre affaire. En effet, au moment où Lady Montagu recopiait cette ode, son mari dans un rapport expliquait qu'Ibrahim était pressé d'obtenir du sultan le signal des réjouissances. Le sultan le différait au contraire; le moment était mal choisi; Ibrahim avait reçu le titre de gendre pour s'occuper des affaires de l'État, non pour organiser des fêtes. La hâte du favori était réelle, mais le poème n'en dit peut-être pas exactement les raisons – consolider une position enviée.

Le harem répondait bien aux conditions de la création poétique, monologue jamais entendu par celui ou celle à qui il est destiné. Il répond aussi d'une certaine manière à celles de la création théâtrale. Théâtre permanent où on ne se borne pas à jouer la scène accomplie du despote, rendue célèbre par Chardin : c'est l'aveuglement d'un prince sur l'ordre du roi de Perse qui veut l'écarter du pouvoir. L'eunuque, impassible, apporte l'ordre et l'exécute. Galland donne une autre version des mêmes faits : le roi

Süleyman a fait crever les yeux de son frère; comme sa mère lui en fait reproche, il s'emporte, lui donne quelques coups de poignard « dans les mamelles et dans le sein »; la vieille femme se précipite alors du haut d'une terrasse. Larmes féminines, cris hystériques, violence sans contrôle : la scène ordinaire redevient événement singulier; on est loin de l'insensibilité méthodique qui règne chez Chardin.

L'effervescence sensuelle du harem peut aussi acclimater tous les raffinements : tact, courtoisie, élégance. Les Turcs « ne s'acharnent pas à embellir l'extérieur des maisons ». Qui reste dans la rue ne verra que des fantômes sans âge ni forme, et de « misérables bâtisses ». Mais il suffit que des gardiens ouvrent la porte, et le décor somptueux de la vie ottomane se révèle, empreinte en creux laissée par les maîtres absents. Lady Montagu visite à la fin de son séjour le vaste palais désert entrepris à flanc de coteau par le grand vizir Silâhdar Ali pour Fatima Sultan – celle qu'Ibrahim Pacha, en fin de compte, a épousée, après la mort du Silâhdar. Dans la chambre prévue pour Ahmet III, des lambris de nacre sont fixés avec des émeraudes en guise de clous. Ils revêtent des cloisons de planches et de torchis. Le luxe est d'autant plus grand qu'on le sait éphémère :

Les arbres peuvent être d'or, les feuilles, de perles;
Ce qui comble les yeux de l'homme, c'est seulement la terre. [1]

Ce distique lu par Galland est du turc le plus courant, sauf le mot *ille,* « seulement », pris à l'arabe, et plus précisément... à la profession de foi : « Il n'est de dieu que Dieu ». Matérialisme, ironie un peu fiévreuse de riches. Ainsi les Romains faisaient ciseler des squelettes aux flancs des coupes en argent de leurs banquets.

Le vêtement lui aussi orne l'éphémère. Dans des retraites privilégiées, il perd toute fonction utilitaire et devient luxe pur, par une intégration heureuse du corps et de la parure, de la spontanéité et du rite. Le harem voit s'inverser les rapports de l'austérité et du plaisir. Les silhouettes sombres

1. La terre du tombeau bien sûr...

des spectatrices, dans les fêtes du *Surname-i Vehbi,* deviennent les figures éclatantes de l'*Album* de Levnî. Lady Montagu décrit avec minutie la savante superposition du voile de gaze qui recouvre les seins sans les cacher et de l'*entari* aux longues manches qui tombent jusqu'au bout des doigts, mais que le moindre geste fait glisser. La coiffure, asymétrique, est un bonnet de velours orné d'un gland, équivalent féminin du fez, et qui fera fortune puisqu'on le retrouve dans les tenues folkloriques de la plupart des pays balkaniques. Symbole de la gratuité dans l'art de se vêtir, des fourrures apportent une dernière touche de somptuosité. Lady Mary a posé dans ce costume avec son jeune fils, à Istanbul, pour le peintre Van Moor. La Corne d'Or au fond du tableau invite à l'illusion. Mais la pose de l'ambassadrice est guindée. Ce portrait trop conventionnel ne nous fait rien connaître du harem, si ce n'est un déguisement qui a le mérite d'être authentique.

Aucune loi somptuaire n'a pu atténuer une coquetterie et un luxe qui sont à la lettre sans limites et, du moins en théorie, peuvent s'étendre à toute les catégories sociales. Si les sultans inlassablement reconstruisent le palais de Çirağan pour leurs filles, un simple portefaix ne pourrait refuser à son épouse bijoux et fourrures. La femme de toute condition a droit au luxe. L'absolutisme mâle de l'extérieur s'épuise ici dans un réseau d'intrigues; le pouvoir économique des femmes se traduit par le gaspillage, contrepoids de l'avarice bien connue des grands de la cour ottomane. Au-delà du cérémonial, le harem ne serait-il pas la face anarchique de l'Empire ottoman? Les régulations qui paraissent imposées à cet élément de désordre ne seraient-elles pas factices? Un Ibrahim le Fou peut bien, dans un accès meurtrier, faire noyer toutes ses femmes au sortir d'une orgie. La destruction achevée, un nouveau harem se reconstitue aussitôt.

Le harem n'est pas tellement l'instrument d'une polygamie permise à fort peu de gens; il signe plutôt un type de construction sociale qui repose sur la séparation des sexes et leur attribue des fonctions complémentaires. Les relations entre individus des deux sexes, les passions humaines sont un ferment d'anarchie au sein de toute société. Le harem est la réponse des Ottomans à ce danger.

Mais, que les femmes débordent les limites qui leur ont été assignées, l'État se trouve désemparé, sans moyens de répression.

A l'avènement du sultan Mustafa, le grand vizir avait négligé l'approvisionnement en grains d'Istanbul. Les femmes se révoltèrent, marchèrent sur les greniers officiels et les pillèrent. « Aucune de ces émeutières ne fut jamais punie, autant que nous sachions, et si vous parliez de cela à quelque grave Turc il répondait avec une moue que c'était tout juste un rassemblement de femmes agitées. » Et Porter de raconter que le meilleur moyen de gagner un procès est d'envoyer sa femme le plaider : le cadi, décontenancé, n'ose pas lui refuser ce qu'elle demande...

Le pouvoir des femmes

Lady Montagu a reconnu dans ses sœurs « le seul peuple libre de l'empire ». Le harem assure l'homogénéité de la communauté féminine. Il n'y a rien d'étonnant si elle a évoqué à Lady Montagu l'image d'un pouvoir, et d'une contre-société. Derrière les murs, les femmes d'une maison forment un véritable groupe de pression, politique ou domestique. Il faut opposer à cette image celle de la femme européenne, en ce début de siècle. En Angleterre moins qu'en France, mais à un certain degré tout de même, la femme participe apparemment à la vie publique et surtout mondaine. Elle peut exercer une certaine influence sur la carrière politique de son mari; elle peut aider ce dernier, s'il est boutiquier ou artisan. Mais, de façon générale, les femmes ne sont « que des esclaves »; véritables mineures, elles passent de la domination d'un père à celle d'un époux. Certes, la société « visible » fait bonne place aux femmes, et au théâtre, au bal, à l'église, dans les lieux publics, l'habit féminin alterne régulièrement avec l'habit masculin; mais ce n'est qu'un trompe-l'œil; dispersées, surveillées, écartelées, les femmes ne font que de la figuration à cette représentation permanente de leur propre défaite.

Au XVIIIe siècle, de très nombreux traités de morale domestique décrivent les devoirs conjugaux; ils sont d'une asymétrie frappante : la femme a tous les devoirs, y compris celui de supporter chrétiennement les infidélités masculines qui sont presque synonymes de mariage. L'image de l'épouse idéale que donnent les romans est monotone à force de vertu. A l'époque de Lady Montagu, une évolution se dessine à peine. Quelques maris attentifs commencent à prévoir dans la maison une pièce consacrée à l'épouse, avec un mobilier qui lui est propre – un secrétaire, un instrument de musique... –, pièce où elle reçoit les ami*es*, avec lesquelles elle cultive une certaine intimité. Virginia Woolf revendiquera beaucoup plus tard « a room of one's own ».

Cette revendication est hautement symbolique. Aux yeux d'un Dr Johnson, une honnête femme n'avait même pas le droit de réclamer cette part d'intimité, cette part de harem qui préserve la liberté intérieure. Même à un époux adultère, elle ne saurait se refuser sans manquer gravement à ce dernier...

On comprend que, venue de ce pays aux mœurs encore rustiques, Lady Montagu apprécie le rituel d'introduction au harem et l'existence de lieux publics exclusivement féminins, comme les hammams, seuls endroits où aucun homme ne soit jamais susceptible d'être admis en présence des femmes.

Si l'expérience du harem est ambiguë, le hammam est encore plus difficile à saisir. L'interprétation symbolique masque complètement la réalité. Au hammam, le lecteur européen entre dans le monde du rêve. Dans ce lieu, le plus renfermé du pays du secret, des femmes retrouvent l'état de nature et toute leur beauté originelle. Sous des coupoles embuées, tempérées ou rafraîchies par les eaux courantes, les sensations sont épidermiques; on vit avec sa peau, et l'abandon du corps fait apparaître le costume occidental comme un instrument de torture un peu ridicule : les dames turques prennent le corset de Lady Montagu pour une ceinture de chasteté. Les souvenirs de Milton ou de Théocrite surgissent à point nommé pour relayer une réalité peut-être moins parfaite.

Lady Montagu a fait deux visites au hammam; la première à Sofia au début de son séjour, la seconde à Istanbul treize mois après, peu avant son départ. C'est à Sofia qu'elle a été touchée par l'universel féminin et qu'elle a reconnu ses sœurs dans les dames turques. Mais c'est à Istanbul qu'elle a perçu la fonction sociale du hammam : c'est le café des femmes; on bavarde, on se renseigne, on complote...

C'est au hamman qu'on reçoit une nouvelle mariée : c'est une cérémonie d'accueil dans cette communauté féminine où le célibat d'une femme libre et honnête est impensable (comme dans la société anglaise, d'ailleurs). Là encore, le luxe est présent, dans la somptuosité des vêtements qu'on dépouille, les parfums dispensés dans des flacons de vermeil, la richesse des cadeaux... La présentation de la mariée exprime une acceptation joyeuse non pas de l'époux, absent et un peu oublié, mais de la dignité nouvelle à laquelle on accède par la cérémonie nuptiale. Au hammam, les femmes se reconnaissent comme semblables par la nudité. Cette nudité initiatique leur permet d'accéder à la douceur des échanges et des entretiens. Elle est synonyme de liberté et d'accession à l'individualité. Dans l'Islam, en dépit et à cause de sa répression, les femmes ont acquis un espace à elles.

Hors de cet espace, il n'est pour elles que l'anonymat — le voile ou la nudité sans visage... Banalité du fait divers : on a trouvé une femme poignardée du côté de Péra, probablement apportée de la ville musulmane; elle était nue, et personne n'a pu l'identifier. Personne ne peut identifier une femme en dehors des membres de sa famille, et l'enquête menée a été de pure forme. Extrême liberté en deçà, extrême dépendance au-delà. Tout est permis ici puisque rien n'est autorisé ailleurs. Évadée de son espace, la dame ottomane est perdue. A l'intérieur du hammam, elle peut sans risques se déposséder de ses privilèges sociaux, dans la compagnie courtoise de ses égales.

Toutes ces femmes qui accueillent la jeune mariée ressemblent à Lady Montagu elle-même : ce sont de jeunes mères (Lady Montagu a vingt-six ans), belles et séduisantes.

A la fin du siècle, Elisabeth Berkeley, plus connue sous le nom de Milady Craven, se rend à son tour au hammam, dans la petite cité d'Athènes. « Jamais je n'avais vu autant de femmes grasses, ni d'aussi grasses. » Bien sûr, Athènes n'est rien d'autre qu'une bourgade turque, et nous sommes loin de l'élégance des établissements de bain des grandes villes; les aspects positifs de l'institution – la propreté – sont peut-être moins évidents en 1786 que soixante-dix ans plus tôt. Voire!

L'obésité reflète pour Milady Craven la paresse et la sensualité qu'elle reproche aux Turcs. A ses yeux arrogants, la splendeur ottomane se réduit à une difformité inactive. Si les baigneuses cessent d'être désirables, il est pourtant un autre regard bienveillant sur le hammam : c'est le royaume des mères, qui deviennent objet de respect et source d'autorité. La signification de la maternité n'a pas tout à fait échappé à Lady Montagu : elle a accouché de son deuxième enfant à Istanbul, et elle a eu pleinement conscience de suivre ce faisant la mode du pays; elle a imité les mœurs locales en écourtant la durée de ses couches. Mais au hammam, fait significatif, elle n'a pas vu les petits enfants des deux sexes qui accompagnent les mères; elle a retenu l'image d'un domaine où se prépare la séduction, qu'elle a érotisé comme elle a érotisé le harem. Au bain comme à la maison, l'initiative amoureuse revient aux femmes.

Les femmes et l'argent

La société féminine à laquelle Lady Montagu s'initie est ainsi une société à part entière. Elle dispose notamment d'une certaine indépendance économique. Or précisément, en Occident, c'est l'heure où, sans pouvoir améliorer son sort, la femme prend conscience de sa servitude : « Je ne doute pas que Dieu et la nature nous aient mises à un rang inférieur. Nous sommes le rebut de la Création; nous devons obéissance et soumission au sexe supérieur; toute femme qui se laisse aller, par vanité ou par folie, à les refuser se rebelle contre la loi du Créateur et l'inattaquable ordre de la nature. » C'est Lady Montagu elle-même qui écrivait en ces termes à l'évêque de Salisbury, le 20 juillet 1710.

Cette servitude se résume dans ce qu'on peut appeler la

loi d'airain du mariage. La vie féminine s'ordonne autour du mariage. Le roman anglais, qui comporte souvent des héroïnes, ne décrit que des péripéties autour de ce thème : l'avant-mariage, fiançailles difficiles, prétendants, lettres dérobées, fuite, séduction, ou l'après-mariage, coquetteries, infidélités, abandon, veuvage. La vieille fille, exclue de ce cérémonial, existe à peine dans la vie sociale.

Or argent et mariage sont indissolublement liés. Que la jeune fille soit pourvue d'une dot considérable et il ne manquera pas de prétendants; que sa famille connaisse des difficultés pour l'établir convenablement et toute la beauté du monde ne lui servira qu'à trouver plus facilement un séducteur. Les fiançailles de Lady Montagu sont en ce sens exemplaires : elles ont duré plusieurs années; Wortley hésitait devant le refus du père de Lady Mary, ce qui signifiait absence de dot.

Le mariage n'était pas seulement signe de respectabilité. Dans l'optique puritaine, il avait signification de devoir social : la femme mariée élève des enfants et se rend ainsi utile. La virginité, si elle n'est pas ridicule, est au fond déplacée. Et, de ce point de vue, Turcs et Anglais se rencontraient pour se gausser des papistes et de leur respect des nonnes.

Devoir social, le mariage était aussi une sorte d'assurance. Au moment du contrat, de longues tractations fixaient le taux de la *jointure,* rente versée à la veuve en cas de décès, et du *pin-money,* les « épingles » – disons argent de poche – que le mari devait allouer à sa femme pour ses menues dépenses.

Il existait en Europe de nombreuses variantes de la dot : l'Angleterre était intermédiaire, en prévoyant le cas de décès du mari, et se différenciait de la France où un mari dépensier avait tout loisir de ruiner son épouse. L'Autriche, au contraire, fixait par décret le montant maximum de la dot en fonction de la position sociale, et laissait à la femme la disposition de ses biens.

Le mariage était donc une chose d'argent, même si le mariage d'amour commençait à être exalté. Defoe allait inventer pour lui en 1722 la définition du *matrimonial whoredom* ou prostitution légale. Le mariage était un ensemble de tractations concernant la future mariée, et dont elle était totalement absente : « Les gens de ma sorte sont vendus comme des esclaves, et je ne saurais dire le prix que mon maître donnera de moi », écrivait Lady Mary à Wortley le 14 novembre 1710, peu de temps avant de s'enfuir avec lui, défiant l'autorité paternelle.

Peut-être en raison des difficultés financières qu'il a entraînées, ce mariage d'amour ne tiendra pas. Wortley s'efface rapidement. Il oublie d'écrire quand il est loin. Il n'est pas un père empressé. Lady Mary lui rappelle à plusieurs reprises qu'il a un fils. C'est un mari dépourvu de tendresse et d'humour. Les lettres que les époux échangent pendant la période de l'ambassade sont dans leur admirable sécheresse le modèle d'une certaine conjugalité au XVIIIe siècle; argent, domesticité, progéniture, et rien de plus. Argent surtout, toujours argent... Les vicissitudes du mariage, ce sont des grands moments financiers : dot, héritage, donation, testament. Le lien du mariage et de l'argent est caractéristique de la société mercantile anglaise. Il n'existe pas de style conjugal dans la correspondance : « Je ne sais comment commencer », écrit Lady Montagu dans sa première lettre d'épouse, « j'ignore tout du véritable style conjugal. Je pense qu'il vaut mieux écrire comme si nous n'étions pas mariés du tout. »

Il est difficile, dans ces conditions, d'imaginer l'amour autrement qu'en dehors du mariage :

« Si je pouvais suivre mes inclinations, dit Lady Montagu à Wortley le 26 octobre 1710 [...] *Si je pouvais* suivre mon inclination, je voyagerais – mon premier et mon plus cher souhait. Si j'avais un compagnon, ce serait quelqu'un que j'aimerais beaucoup et qui m'aimerait beaucoup, quelqu'un qui penserait que la sagesse consiste à nous rendre mutuellement heureux, et qu'il n'est pas au-dessous de la dignité d'un homme de se plaire dans la conversation d'une dame raisonnable; quelqu'un qui *ne considérerait pas la tendresse comme une déchéance,* qui m'estimerait au point de craindre que je souffre de son absence et non que j'en fasse mauvais usage, quelqu'un qui souhaiterait être heureux autant que je souhaiterais le rendre heureux. Après cette description de celui que je pourrais aimer, je n'ai pas besoin d'ajouter qu'il ne s'agit pas de vous... »

Si le sort des Viennoises est plus enviable que celui des Anglaises, la condition des dames ottomanes apparaît plus enviable encore. Les Turcs respectent la législation coranique, qui assure à la femme la libre disposition de ses biens. Les filles, certes, ne sont comptées dans l'héritage que pour une demi-part, mais cette disposition est clémente, si on la compare avec le droit d'aînesse, encore en vigueur en Europe. En se mariant, les femmes turques reçoivent une dot qu'elles emporteront en cas de séparation et qui est proportionnelle à la fortune du mari. Elles peuvent enfin décider librement de vendre et d'acheter, dans la limite de leurs disponibilités.

Situation étonnante, qui ne saurait manquer de susciter l'intérêt d'une véritable féministe. La pauvreté en Europe est pour une femme une véritable impasse; elle conduit inévitablement à la prostitution. Elle alimente les maisons closes, véritables caricatures du harem, que les romans se sont complus à décrire. Il faut attendre 1750 pour qu'à Magdalen House s'ouvre un asile pour femmes déchues en prévision de leur réintégration dans la société. Les couvents si décriés auraient pu fournir ce qui manquait si cruellement aux femmes, un havre inviolable où elles puissent se consacrer à des activités de leur choix. Un pareil projet avait de quoi tenter des utopistes (il y en eut) et des mécènes. Lady Montagu elle-même reconnaissait qu'à seize ans elle aurait volontiers été fondatrice et abbesse d'un tel couvent.

Là aussi, il faut attendre le milieu du siècle pour qu'une tardive législation du mariage protège la jeune fille trop crédule, en faisant de la publication des bans une obligation légale. En Angleterre, la famille démantelée par l'exode rural n'assurait plus son rôle; en Turquie, les structures de la parenté tenaient bon. La femme répudiée était immanquablement recueillie dans sa maison d'origine; la marginalité, à Istanbul, était restreinte à certains groupes ethniques, les Tsiganes...

Les femmes turques jouissaient donc historiquement de certains privilèges. Au-delà des conditions historiques qui président aux destinées des femmes dans les deux pays, Lady Montagu ose parler de liberté.

La condition des femmes, comme l'obédience musulmane en Turquie, est caractérisée de l'extérieur par le respect des interdits : ne pas boire de vin, ne pas tromper son époux. Mais Lady Montagu découvre la stratégie du désir qui transgresse les interdits. Le musulman s'enivre, et l'épouse ottomane a les amants de son choix. L'amour suit inéluctablement la défense d'aimer, et l'ivresse le refus du vin. C'est en se dérobant au monde, dans les murs du harem, dans l'intimité du palais, qu'on peut changer en plaisir les interdits les plus amers.

C'est au fond une morale aristocratique que découvre Lady Montagu, dans ce refus invinciblement opposable à toute oppression et dans l'affleurement du désir au cœur du harem le mieux gardé. Les *Lettres persanes* ne diront pas autre chose : la liberté de la femme est au prix d'une certaine trahison.

L'échec

Mais il n'est plus de temps pour la découverte. L'ambassadeur anglais est condamné. En mars 1718, les *Lettres* parlent à nouveau de visites à des dames turques, Hafiza Sultan, veuve du souverain précédent, et Fatima. L'auteur ne dit pas que ces visites ont pour but de prendre congé.

Stanyan, à Vienne, a agi très vite. Dès la prise de Belgrade, il demande ouvertement à remplacer Montagu. En octobre, il s'impatiente et harcèle son protecteur. Il a prévu de s'associer Sutton, étranger aux intrigues et qualifié par un séjour de quinze ans à Istanbul. Il coopérera aussi avec Colyer.

Fin octobre, Montagu envoie son secrétaire à Vienne. Un aga des janissaires porte parallèlement les propositions des Turcs. Mais la peste fournit un prétexte opportun pour retarder l'un et l'autre. Les textes arrivent seuls à Vienne, privés de tous commentaires, éclaircissements, adoucissements, des textes mort-nés. Montagu apparaît comme celui qui rend les Turcs intraitables, et les conseille en sous-main. Le secrétaire reste en quarantaine à Belgrade, du 10 novembre jusqu'au début de décembre, juste assez pour que, le 24 novembre, le rappel de Montagu soit officiel... Stanyan a déjà écrit à son ministre pour le remercier de lui avoir donné la place de médiateur.

Pourtant, Montagu, ignorant que sa place est prise, continue à intriguer, toujours convaincu d'être l'homme de la situation, fort de la confiance des Turcs. Lorsque son secrétaire revient de Vienne les mains vides, il se hâte d'envoyer chercher Timoni : signe de désarroi? Quand son rappel lui a été notifié, en janvier 1718, il se démène encore pour prouver qu'il est indispensable, il met son expérience au service de ce Stanyan qui l'a perdu. Sans réponse. Ses toutes dernières dépêches, en mars-avril, transmettent les ultimes efforts des Turcs pour faire admettre que l'on discute du sort de Belgrade. Ils offriraient en échange de la ville une rançon de deux millions de livres sterling...

Les lettres de Lady Montagu, interrompues en juin, quand elle se croyait coupée de ses amis pour de longues années, reprennent au début de 1718, à l'occasion de la naissance de sa fille. Début mars, les lettres se suivent régulièrement. Lady Montagu déploie une grande activité; c'est l'époque des escapades en *ferace;* elle veut tout voir et tout raconter. Les lettres ne se prêtent plus à nul recoupement avec celles de son mari. Les billets échangés par les époux et retrouvés par R. Halsband, qui n'étaient pas destinés à la publication, révèlent que Bonnac avait raison de considérer Lady Montagu comme une femme d'affaires. Elle était capable aussi de conseiller son mari en politique. Est-elle responsable de « l'idée turque » dans la politique de Montagu?

Deux printemps, celui d'Edirne en 1717 et celui d'Istanbul, lui auront suffi à dresser son tableau de la Turquie. Cependant, à son tour, Stanyan arrive à la fin de mars à Edirne et s'apprête pour le cérémonial des présentations. Il verra début avril le nouveau grand vizir : Ibrahim Pacha vient de recevoir le sceau impérial. Il est maintenant assez fort pour prendre la responsabilité de négociations douloureuses. La paix sera signée à Passarowitz, le 21 juillet, selon le principe *uti possidetis*. Les Montagu arrivaient à Tunis.

Retour à l'Europe

Sur le chemin du retour, les Montagu font escale à Tunis. Escale inhabituelle, car c'est le plus souvent à Malte que les ambassadeurs font relâche. Ferriol y a donné libre cours à son délire : pour ne pas déroger si on lui refusait la place d'honneur à table, il a visité l'île incognito. Le marquis de Bonnac, Stanyan, passeront par Malte.

Escale à Tunis, ou plutôt à Porto-Farina, le port des Ottomans, qui s'ensable rapidement. Les autorités n'ont pas les moyens de draguer le chenal et préfèrent laisser disparaître un havre qu'elles ne sauraient défendre en cas d'attaque — enlisement symbolique de Porto-Farina. La maison du consul anglais Lawrence est toute proche, à « Melaha » disent les voyageurs. On reconnaît le nom arabe du village actuel, Ghar al-Melah, la grotte du Sel. Village, et non point ville : la tristesse des eaux stagnantes, que l'on essaie aujourd'hui de transformer en parc à crevettes, s'accorde bien avec les arcades rompues du petit port, ses deux tours fortifiées, sa rue couverte, avec deux ou trois cafés d'où partent des éclats de voix, salles enfumées où l'on distingue sans étonnement les yeux clairs de Calabrais ou de Génois venus relâcher ici, de gré ou de force. La brise marine souffle encore; elle ne courbe plus que des roseaux.

Barbare ou barbaresque, la Tunisie n'a rien d'ottoman aux yeux des Montagu qui n'y feront qu'une courte escale. Pourtant, le pays n'est plus loin des préoccupations anglaises. Tunis, en face de Marseille et de Gênes, est exposée aux croisades intermittentes des chrétiens. La « course des Barbaresques », sorte de piraterie d'État, alimente un fabuleux marché, où la même cargaison est vendue plusieurs fois. Selon le vent, les marchands riverains changent volontiers de camp pour participer aux plus-values.

Les Anglais entendent préserver leur sécurité commerciale; ils viennent de signer un traité à cet effet avec le dey de Tunis. Hussein ben Ali cumule depuis 1705 tous les pouvoirs; il est le dey élu par les janissaires, il est le bey chef des troupes et collecteur d'impôts, il est le pacha représentant la Porte. La tutelle ottomane est toute théorique; un ministre intelligent, Kheireddine, essaiera de la faire jouer pour prévenir l'arrivée des Français; elle demeurera, fiction juridique, jusqu'en 1920. Le pays a conservé sa structure tribale, scindée en lignes hostiles, mais s'y superposent une administration et une armée de modèle ottoman. On retrouve dans le personnel le même recrutement bigarré qu'à Istanbul – renégats, Tunisiens, Andalous, et même des créatures « mixtes », les Couloughlis, fils d'un « Turc » et d'une femme du pays. Le qualificatif de Turc ne veut plus dire grand-chose ici. Cette population composite fait de Tunis (sinon des autres centres) un carrefour de religions et pour certains une place forte de l'irréligion. Si on ajoute que Shaw mentionne la pratique de la variolisation, on voit que Lady Montagu aurait pu poursuivre en Tunisie le fil de sa démonstration.

Mais elle est de passage. Elle ignore que l'unité de la Méditerranée s'est faite et défaite sur ces bords. Dès l'accostage, elle sait qu'elle contourne la face animale du monde islamique. Les femmes de Tunis sont recouvertes de grands voiles noirs, les paysannes qu'elle entrevoit sont laides à faire peur; elle voit tout noirs leurs visages brûlés de soleil, et les pauvres hères qu'elle croise ressemblent à des singes à peine habillés.

La terre est inhospitalière, l'eau est rare. Le soleil de juillet brûle le sol et les habitants. Sous le voile, négritude et laideur. Sur un bras, sur le front, des tatouages, indice de servitude. Les observations rapides de la grande dame accumulent les contresens qui donnent la mesure de son enchantement à la cour ottomane. Même les jardins, si souvent décrits, disparaissent pour elle derrière les haies de cactus, cette « poire piquante » qui hérisse le relief. Cette plante du Nouveau Monde a été introduite au Maghreb par les Andalous; c'est le *kermes nasranah,* « figue des chrétiens », ou *al-hindi,* « figue des Indes », comme le nomme le dialecte tunisien moderne. En cas de disette, c'est la nourriture des bêtes et des hommes.

Entre les haies de cactus, le sable recouvre la seule réalité africaine : celle du passé. Carthage, la cité disparue, par ses rivalités avec Rome réveille des souvenirs familiers à cette ardente latiniste. Tite-Live... Hannibal... La Tunisie est déjà un champ d'images archéologiques pour Européens trop pressés. La Tunisie de l'actualité est méconnue, à peine abordée.

Lady Montagu peut prolonger le funeste jeu de mots sur Barbares et Berbères : le parfum du jasmin qui s'élève la nuit sur les ruines de Carthage ne parvient pas à racheter cette terre oubliée des dieux, ces mal-aimés de l'Islam. Avec l'échec diplomatique des Montagu, une porte se ferme, une chance se perd.

Adieu Tunis, adieu soleil trop ardent pour ne pas laisser un regret. Adieu au secret de l'Islam, là-bas à la dérive, de l'autre côté de la mer.

Anne Marie Moulin, Pierre Chuvin.

Lettres

Nous ne présentons pas une édition savante des Lettres. *Celle-ci a été procurée par R. Halsband qui a fait connaître certains inédits (ci-après, p. 197 et 198). Nous avons suivi son texte, en supprimant une lettre en français à l'abbé Conti où l'auteur ne fait que reprendre des développements que l'on trouve ailleurs en anglais (février 1718; éd. R. Halsband, t. I, p. 374-378).*

Nous avons reproduit autant que possible l'orthographe actuelle des noms turcs. Il n'a pas toujours été possible à l'impression de distinguer entre s *et* s *cédille (=* ch*), ni entre* i *et* i *sans point (voyelle fermée sans équivalent en français);* c *se prononce* dj, ç = tch, u = ou. *Lady Montagu transcrit en général les mots turcs « à l'italienne » (Ciorlu = Çorlu).*

*P. 194, elle traduit de manière inexacte le quatrain sur le « clou de girofle » (*karanfil *est aussi l'œillet) : Tu es un œillet – inconstante; / Tu es un bouton de rose – sans prix; / Il y a longtemps que je t'aime; / Tu ne prends pas de mes nouvelles.*

P. 197-198, dollar *(forme hollandaise de* thaler*) ou* pièce de huit *désignent des réaux espagnols. La* bourse *est une unité de compte turque.*

A Lady Mar

Vienne, le 16 janvier 1717

Je dois maintenant, chère sœur, prendre congé de vous pour longtemps et de Vienne pour toujours, car je projette de commencer demain mon voyage à travers la Hongrie, malgré le froid excessif et une épaisseur de neige suffisante pour abattre un courage plus grand que le mien, mais mon principe d'obéissance passive me fait tout braver. J'ai eu mon audience d'adieu auprès des impératrices. Il a plu à Sa Majesté Impériale d'être présente lors de ma visite à l'impératrice régnante et, après une conversation extrêmement aimable, Leurs Majestés Impériales m'ont invitée à repasser par Vienne à mon retour, mais je n'envisage pas de supporter à nouveau une aussi grande fatigue.

J'ai remis à l'impératrice une lettre de la duchesse de Blankenburg. Je n'ai fait qu'un bref séjour à cette cour, malgré les vives instances de Son Altesse; à mon départ, elle m'a invitée à lui écrire. Je vous ai envoyé de là une longue lettre que, j'espère, vous avez reçue, bien que vous ne m'en parliez point; mais j'ai oublié, je crois, de vous conter un trait curieux de toutes les cours allemandes, que je ne saurais passer sous silence. Tous les princes entretiennent des nains favoris. L'empereur et l'impératrice ont deux de ces petits monstres, laids comme des démons, surtout la femme; ils sont tout constellés de diamants et se tiennent aux pieds de Sa Majesté partout en public. Le duc de Woffumbutel en a un; la duchesse de Blankenburg ne manque pas d'avoir les siens, assurément les mieux proportionnés que j'aie vus. On me raconte que le roi de

Danemark a poussé cette mode si loin que son nain est son Premier ministre. Je ne vois pas de raison à leur amour pour ces modèles de difformité, sinon que tous les princes absolus sont de l'opinion qu'il est au-dessous d'eux de s'entretenir avec le reste de l'humanité; aussi, pour ne pas être tout à fait seuls, ils sont forcés de rechercher leurs compagnons parmi les rebuts de la nature humaine, ces créatures étant les seules dans leur cour qui aient le privilège de leur parler librement.

Je suis à présent retenue dans ma chambre par un mal de gorge, vraiment bien aise du prétexte pour éviter de voir des gens que j'aime assez pour être fort affligée à l'idée de me séparer d'eux pour toujours. Il est vrai, les Autrichiens ne sont pas habituellement le peuple le plus poli ou le plus agréable au monde, mais Vienne est habitée par toutes les nations, et je m'étais formé pour mon compte personnel une petite société d'amis parfaitement à mon goût; et bien qu'elle ne soit pas très nombreuse, je ne pourrai plus jamais réunir quelque part un tel nombre de gens pleins d'agrément et de raison. Nous étions presque toujours ensemble, et vous connaissez de longue date mon opinion qu'une conversation choisie avec quelques personnes que l'on estime est le plus grand bonheur de la vie. Il y a ici des Espagnols des deux sexes qui ont toute la vivacité et la générosité que l'on attribuait anciennement à leur nation et si je croyais que le royaume entier leur ressemble, je ne souhaiterais rien de plus que d'y finir mes jours.

Les dames de ma connaissance ont tant de bonté pour moi qu'elles pleurent chaque fois qu'elles me voient, depuis que je suis décidée à entreprendre ce voyage; et vraiment je ne me sens pas tout à fait tranquille, quand je réfléchis à ce que je vais souffrir. Presque tous ceux que je vois m'effraient avec quelque nouvelle difficulté. Le prince Eugène a eu la bonté de me dire tout ce qu'il a pu pour me persuader d'attendre le dégel du Danube, afin que j'aie les commodités d'un voyage par eau, m'assurant que les maisons hongroises n'offrent aucune protection contre les intempéries, et que je serai obligée de voyager trois ou quatre jours entre Buda et Esseek [1] sans trouver de mai-

1. Osijek.

son du tout, à travers des plaines désertes, couvertes de neige, où le froid est si violent qu'il a fait de nombreuses victimes. Je reconnais que ces horreurs ont fait une très vive impression sur mon esprit, parce que je crois qu'il me dit vraiment les choses telles qu'elles sont, et nul ne peut en être informé mieux que lui. Maintenant que j'ai nommé ce grand homme, vous attendez, j'en suis sûre, que je vous donne des détails sur lui, car j'ai l'avantage de le voir très souvent; mais je ne désire pas parler de lui à Vienne, pas plus que je n'aurais désiré parler d'Hercule à la cour d'Omphale, si je l'y avais vu. Je ne sais quel réconfort les autres trouvent à considérer les faiblesses des grands hommes (c'est peut-être parce qu'elles les ramènent à leur niveau), mais cela m'afflige toujours d'observer qu'il n'y a pas de perfection dans l'humanité. Le jeune prince de Portugal fait l'admiration de toute la cour. Il est bien fait de sa personne, poli et doué d'une grande vivacité. Tous les officiers disent merveille de sa bravoure lors de la dernière campagne. Il est logé à la cour, avec tous les honneurs dus à son rang.

Adieu, ma chère sœur. Ce sont les derniers récits que je vous fais de Vienne. Si je survis à mon voyage, vous aurez à nouveau de nos nouvelles. Je puis prendre à mon compte le mot de Moneses [1] : « voilà longtemps que j'ai appris à me compter pour rien », mais quand je pense à la fatigue qui sera imposée à mon pauvre enfant, j'ai aux yeux tout l'amour d'une mère et au cœur tous ses tendres sentiments.

P.-S. : J'ai écrit une lettre à Lady M.; je crois qu'elle ne l'appréciera pas et, à tête reposée, je pense que j'aurais mieux fait de la laisser sans réponse, mais j'étais très agacée par toutes ses questions et ses suppositions ridicules que j'ai certainement vu nombre de merveilles que je garde pour moi, par pure malice. Elle est fâchée que je ne veuille pas mentir comme les autres voyageurs. Je crois qu'elle attend de moi que je lui parle des anthropophages et des hommes dont la tête pousse au-dessous des épaules. Malgré tout, je vous en prie, dites quelque chose pour apaiser ses esprits.

---

1. Dans la pièce de N. Rowe, *Tamerlane* (1702).

A Alexander Pope

Vienne, le 16 janvier 1717

Je n'ai pas le temps de répondre à votre lettre, dans la grande presse de nos préparatifs de voyage; au moins devrais-je, je pense, dire adieu à mes amis avec la même solennité que si j'étais sur le point de monter sur la brèche, si je dois en croire mes informateurs d'ici, qui m'annoncent toutes sortes d'horreurs; et vraiment, par le temps qu'il fait à présent, très peu de gens ont jamais pris la route. Je suis à la fois sous la menace de périr gelée, d'être ensevelie sous la neige et enlevée par les Tartares qui ravagent la région de Hongrie que je dois traverser. Il est vrai que nous aurons une escorte considérable, si bien que j'aurai peut-être le divertissement d'un spectacle nouveau, en me trouvant en personne au milieu d'une bataille. Pour l'issue de mes aventures, je m'en remets entièrement à la Providence; si elle est plaisante, vous en aurez des échos.

Ayez la bonté de dire à M. que j'ai reçu sa lettre; faites-lui, je vous prie, mes adieux. Si je vis, je lui répondrai. De même pour Lady Rich.

A Lady Mar

Peterwaradin, le 30 janvier 1717

J'ai fini, chère sœur, par arriver saine et sauve avec toute la famille en bonne santé, à Peterwaradin, sans avoir beaucoup souffert des rigueurs de la saison (contre lesquelles nous étions bien défendus par des fourrures) et en ayant trouvé partout (grâce à des émissaires) un logement si convenable que je ne peux guère m'empêcher de rire quand je me rappelle toutes les idées effroyables qu'on m'avait données de ce voyage, et qui étaient entièrement dues à l'affection de mes amis de Vienne et à leur désir de me garder avec eux pour cet hiver. Peut-être ne sera-t-il pas importun de vous donner un bref journal de mon voyage, puisqu'il passe par un pays entièrement inconnu de vous et très peu fréquenté, même par les Hongrois qui, par commodité, préfèrent généralement descendre le Danube. Nous avons eu la bonne fortune de jouir d'un temps meilleur que d'habitude à cette époque de l'année, bien qu'à cause de l'épaisseur de neige nous ayons dû faire monter les voitures sur des traîneaux, qui vont un train si rapide et si aisé que c'est de loin la manière la plus agréable de voyager en poste.

Nous sommes arrivés à Raab, le deuxième jour après notre départ de Vienne, le 17 de ce mois; là, grâce au mot de M. Wortley annonçant notre arrivée au gouverneur, nous avons eu la meilleure maison de la ville aménagée pour nous, la garnison sous les armes, une garde à notre porte et tous les autres honneurs; le gouverneur et les officiers se sont aussitôt présentés à M. Wortley pour savoir s'il y avait quelque chose à faire à son service. L'évêque de Temeswar[1] est venu nous rendre visite avec une grande courtoisie, nous priant instamment de dîner avec lui le jour suivant; sur notre refus, résolus que nous étions à poursuivre notre voyage, il nous a envoyé plusieurs paniers de fruits de saison, un grand assortiment de vins de Hongrie et un jeune cerf fraîchement tué. C'est un prélat très puissant dans ce pays, de l'ancienne famille de Nadasti, si influente depuis des générations en ce royaume. C'est un vieillard très poli, agréable et chaleureux, qui porte le costume hongrois, avec une vénérable barbe blanche qui lui descend jusqu'à la ceinture.

Raab est une ville forte, avec une garnison et de solides fortifications; elle a longtemps été ville-frontière entre les Empires turc et germanique. Elle tire son nom de la rivière Rab, sur laquelle elle est située, juste à son confluent avec le Danube, en rase campagne. Elle a été prise pour la première fois par les Turcs sous le commandement de Sinan Pacha, sous le règne du sultan Amurat III, en 1594. Le gouverneur, soupçonné de trahison, a été par la suite décapité sur ordre de l'empereur. Les comtes Schwartzen-

1. Aujourd'hui Timisoara en Roumanie.

berg et Palfi l'ont reprise par surprise, en 1598; depuis cette époque, elle est restée aux mains des Allemands, bien que les Turcs aient essayé une nouvelle fois de l'emporter par stratagème, en 1642. La cathédrale est grande et bien bâtie; c'est tout ce que j'ai vu de remarquable dans la ville.

Après avoir quitté Comora [1], de l'autre côté de la rivière, nous sommes allés le 18 à Nosmuhl, un petit village où pourtant nous nous sommes débrouillés pour trouver un logement convenable. Nous avons continué de voyager pendant deux jours, entre cet endroit et Buda, à travers les plus belles plaines du monde, aussi unies que si elles étaient pavées et extrêmement fertiles, mais pour la plus grande part désertes et en friche, dévastées par la longue guerre entre la Turquie et l'empereur, et la guerre civile, plus cruelle encore, entraînée par la persécution barbare de la religion protestante que fit l'empereur Léopold.

Ce prince a laissé le souvenir d'une piété extraordinaire, et il était naturellement de caractère doux et miséricordieux; mais, lorsqu'il eut remis sa conscience entre les mains d'un jésuite, il fut plus cruel et perfide envers ses pauvres sujets hongrois que le Turc ne l'a jamais été envers les chrétiens, rompant sans scrupule le serment de son couronnement et sa foi solennellement donnée dans de nombreux traités. Vraiment, rien de plus mélancolique que de voyager à travers la Hongrie, en réfléchissant sur l'état naguère florissant de ce royaume et en voyant un si noble coin de terre presque inhabité.

C'est aussi la situation de Buda (où nous sommes arrivés très tôt le 22), jadis capitale des rois de Hongrie; leur palais était compté parmi les plus beaux édifices de l'époque; elle est maintenant complètement détruite et aucune partie de la ville n'a été restaurée depuis le dernier siège, sauf les fortifications et le château, qui est la résidence actuelle du gouverneur, le général Ragule, officier de grand mérite. Il est venu aussitôt nous voir et nous a emmenés dans sa propre voiture jusqu'à sa demeure, où j'ai été reçue par son épouse avec toute la civilité possible et traitée avec magnificence. Cette ville est située sur une petite colline,

1. Komorn.

sur la rive sud du Danube; le château surplombe la ville, aussi a-t-il une très belle vue. Hors les murs, il y a un très grand nombre de petites maisons, ou plutôt de huttes, qu'ils appellent la ville rascienne [1], car elle est entièrement habitée par ce peuple. Le gouverneur m'a assuré qu'elle pouvait fournir douze mille combattants. Ces villes ont très mauvaise allure; il y a des milliers et des milliers de maisons en rangs serrés, si entassées qu'elles apparaissent à peu de distance comme de vieilles tentes au toit de chaume. Chacune se compose d'une pièce au-dessus du sol et d'une pièce souterraine : ce sont leurs appartements d'hiver et d'été.

Buda a été prise pour la première fois par Soliman le Magnifique en 1526 et perdue l'année suivante devant Ferdinand Ier, roi de Bohême. Soliman l'a reconquise en 1529, grâce à la trahison de la garnison, et l'a remise de son plein gré entre les mains du roi Jean de Hongrie; après la mort de ce dernier, comme son fils était au berceau, Ferdinand l'a assiégée, et la reine mère a été contrainte d'appeler Soliman à l'aide, qui a fait lever le siège mais laissé une garnison turque dans la ville; il lui a ordonné de retirer sa cour, ce qu'elle a été forcée d'accepter en 1541. La ville a ensuite résisté au siège du margrave de Brandenburg en 1542, du comte Schwartzenberg en 1598, du général Rosworm en 1602 et du duc de Lorraine, commandant les forces impériales, en 1684; c'est à lui qu'elle s'est rendue, en 1686, après une défense obstinée; Apti Pacha, le gouverneur, fut tué en combattant sur la brèche, avec une bravoure toute romaine. La perte de cette ville fut si grave et ressentie si fort par les Turcs qu'elle entraîna la déposition de l'empereur Mehmet IV l'année suivante.

Nous n'avons pas continué notre voyage avant le 23; nous avons traversé Adam et Fodowar, deux villes considérables sous les Turcs. Elles sont maintenant complètement ruinées; seules les ruines de quelques tours turques rappellent un peu ce qu'elles ont été. Cette région est très boisée et si peu fréquentée que nous avons vu une quantité incroyable d'oiseaux sauvages qui vivent souvent ici jus-

1. Serbe.

qu'à une douce vieillesse « et jouissent d'un paisible sommeil que ne trouble pas le fusil ».

Nous sommes arrivés le 25 à Mohacs; on nous a montré tout près le champ où Louis, le jeune roi de Hongrie, perdit son armée et la vie, en se noyant dans un fossé, alors qu'il essayait d'échapper à Balybeur, le général de Soliman le Magnifique [1]. Cette bataille ouvrait le passage aux Turcs, pour leur première incursion au cœur de la Hongrie. Je ne vous nomme pas les petits villages, dont je ne puis rien dire de remarquable, mais je peux vous assurer que j'ai toujours trouvé un poêle chaud et abondance de venaison, en particulier de sangliers, et du gibier de toutes sortes. La faible population de la Hongrie vit assez bien. Ils n'ont pas d'argent, mais bois et plaines leur fournissent des provisions en grande abondance. Ils avaient reçu l'ordre de nous donner tout ce qui serait nécessaire, même les chevaux qu'il nous plairait de réclamer, et gratuitement, mais M. Wortley ne voulait pas opprimer les pauvres paysans en appliquant cet ordre, et leur a toujours payé la valeur exacte de ce que nous leur prenions. Ils étaient si surpris par cette générosité inattendue, dont ils ont si peu l'habitude, qu'ils nous ont toujours forcés à accepter, à notre départ, une douzaine de beaux faisans ou quelque chose de ce genre en présent. Leur costume est très primitif, c'est une simple peau de mouton (sans autre apprêt qu'un séchage au soleil) et un bonnet et des bottes de la même matière. Vous pouvez imaginer que cela leur dure plusieurs hivers et qu'ainsi ils n'ont guère d'occasions de dépense.

Le 26, nous avons traversé le Danube gelé avec notre équipage et nos voitures au grand complet. Nous avons rencontré sur l'autre rive le général Vétérani qui nous a invités fort civilement à passer la nuit dans un petit château à lui, à quelques milles de là, nous assurant que nous aurions une étape très rude pour atteindre Esseek; ce n'était que trop vrai, nous nous en aperçûmes; les bois étaient à peine franchissables et très dangereux à cause des nombreux loups qui y vivent en bandes. Nous sommes cepen-

1. Bataille de Mohacs, le 29 août 1526. Le général du sultan était (Koca) Bali bey.

dant arrivés à bon port, mais fort tard, à Esseek, où nous sommes restés un jour pour adresser au pacha de Belgrade un courrier avec des lettres; et j'en ai profité pour voir la ville, qui n'est pas très grande, mais joliment bâtie et bien fortifiée. C'était une ville très commerçante, très riche et peuplée sous les Turcs. Elle est située sur la Drave qui se jette dans le Danube. Le pont était regardé comme un des plus extraordinaires au monde, car, avec ses huit mille pas de long, il était bâti tout entier en chêne; il fut brûlé et la cité réduite en cendres par le comte Lesley en 1685, mais il fut réparé et fortifié à nouveau par les Turcs qui abandonnèrent pourtant la place en 1687; le général Dunnewalt prit possession de la cité au nom de l'empereur, auquel elle est restée depuis sans interruption; on la considère comme un des boulevards de la Hongrie.

Le 28, nous sommes allés à Bocowar, une très grande ville rascienne, construite entièrement de la manière que je vous ai décrite. Nous avons été accueillis là par le colonel X., qui ne souffrit pas que nous allions ailleurs que dans ses appartements, où je trouvai sa femme, une noble hongroise très agréable, sa nièce et sa fille, deux jolies jeunes personnes, à l'étroit dans trois ou quatre maisons à la rascienne réunies en une seule, arrangées aussi commodément et proprement que ces endroits peuvent l'être. Les dames hongroises sont beaucoup plus belles que les Autrichiennes. Toutes les beautés de Vienne sont de ce pays; elles sont généralement très jolies et bien tournées. Je trouve leur costume extrêmement seyant. Cette dame portait une robe de velours écarlate, doublée et bordée de zibeline, bien ajustée, avec la jupe lui tombant aux pieds. Les manches sont étroites, et le corselet boutonné devant avec deux rangées de petits boutons d'or, de perles et de diamants. Sur la tête, elles portent une coiffure brodée, avec des glands d'or qui retombent d'un côté, doublée de zibeline ou d'une autre fourrure. Ils nous ont offert un beau dîner et j'ai trouvé leur conversation distinguée et agréable. Ils voulaient nous accompagner une partie du trajet.

Le 29, nous sommes arrivés ici, où nous avons été accueillis par le commandant, à la tête de tous les officiers de la garnison. Nous sommes logés dans les meilleurs appartements de la maison du gouverneur et traités avec une grande magnificence par ordre de l'empereur. Nous attendons ici que tous les points soient réglés touchant notre réception à la frontière turque. Le courrier envoyé par M. Wortley depuis Esseek est revenu ce matin, avec la réponse du pacha dans une bourse de satin écarlate, que l'interprète d'ici a traduite. Elle lui promet qu'il sera honorablement reçu, et souhaite qu'il fixe l'endroit où il sera accueilli par l'escorte turque. Il a renvoyé le courrier en donnant le nom de Betsko, village à mi-chemin entre Peterwaradin et Belgrade. Nous resterons ici jusqu'à ce que nous recevions la réponse.

C'est ainsi, chère sœur, que je vous ai fait un compte rendu très détaillé de cette partie de mes voyages, fastidieux pour vous, je le crains. Ce n'est pas pour faire étalage de mes lectures que je vous ai raconté des bribes de l'histoire des villes que j'ai traversées. J'ai toujours évité toute indication de ce genre lorsque je parlais d'endroits dont je pensais que vous connaissiez l'histoire aussi bien que moi, mais comme la Hongrie est une région du monde que je crois tout à fait neuve pour vous, j'ai pensé que vous liriez peut-être avec quelque plaisir une description que j'ai eu à cœur d'emprunter aux meilleurs auteurs. Cependant, si elle ne vous plaît pas, il est en votre pouvoir de vous en épargner la lecture. Je suis, chère sœur...

On me promet d'envoyer sans faute cette lettre à Vienne.

A Alexander Pope

Belgrade, le 12 février 1717

J'avais bien l'intention de vous écrire une longue lettre de Peterwaradin, où je comptais passer trois ou quatre jours, mais le pacha de Belgrade avait une telle hâte de nous voir qu'il nous a renvoyé notre courrier (adressé par M. Wortley pour savoir quand il enverrait l'escorte pour nous accueillir) sans lui laisser retirer ses bottes. Mes lettres n'ont pas été jugées assez importantes pour interrompre notre voyage, et nous avons quitté Peterwaradin le jour suivant, accompagnés par les principaux officiers de la garnison et une escorte considérable d'Allemands et de Rasciens. L'empereur a plusieurs régiments de ce peuple et, à dire vrai, ce sont plutôt des pillards que des soldats, car ils n'ont pas de solde, et doivent se procurer leurs armes et leurs chevaux. Ils ressemblent plutôt à des bohémiens vagabonds ou à des mendiants résolus qu'à des troupes régulières. Je ne peux, à ce propos, passer sous silence cette race de créatures, très nombreuse partout en Hongrie. Les Rasciens ont un patriarche à eux au Caire et appartiennent en réalité à l'Église grecque, mais leur ignorance profonde permet à leurs prêtres de leur imposer plusieurs croyances nouvelles. Ces individus, qui laissent pousser leurs cheveux et leur barbe sans y toucher, ressemblent fort aux brahmines indiens. Ils sont les légataires universels de tout l'argent des laïcs; en échange, ils leur donnent des passeports officiels contresignés et scellés pour le Ciel, et les épouses et les enfants n'héritent que des maisons et du bétail. Sur la plupart des autres points, ils suivent les rites grecs.

Cette petite digression a interrompu le récit de notre traversée des champs de Carlowitz, où le prince Eugène a remporté sa dernière grande victoire sur les Turcs. Les marques de ce sanglant jour de gloire sont encore fraîches, les champs sont jonchés de crânes et de squelettes d'hommes, de chevaux, de chameaux qui n'ont pas été enterrés. Je ne pouvais regarder un tel nombre de corps humains mutilés sans éprouver de l'horreur et sans réfléchir à l'injustice de la guerre qui fait du meurtre non seulement une nécessité, mais un mérite. Nulle preuve ne me semble plus évidente de l'irrationalité des hommes (quelles que soient nos belles prétentions à la raison) que la rage avec laquelle ils se disputent un petit coin de terre, alors que de si vastes portions du monde fertile restent inhabitées. Il est vrai que la coutume l'a rendue maintenant inévitable, mais peut-il y avoir meilleure démonstration du manque de raison qu'une coutume si fermement établie, alors qu'elle est si évidemment contraire à l'intérêt de l'homme en général? Je suis fort encline à croire, avec M. Hobbes, que l'état de nature est un état de guerre, mais j'en conclus que la nature humaine n'est pas raisonnable, si le mot raison veut dire sens commun, comme je le suppose. J'ai beaucoup d'arguments admirables pour étayer cette réflexion; je ne veux pas vous ennuyer avec eux, mais revenir tout bonnement à l'histoire de mes voyages.

Nous avons été accueillis à Betsko (village à mi-chemin entre Belgrade et Peterwaradin) par un aga de janissaires avec un corps de Turcs, plus fort que nos Allemands de cent hommes, bien que le pacha se fût engagé à envoyer exactement le même nombre. Vous pouvez juger à ce trait de leurs craintes. Je suis vraiment persuadée qu'ils pensaient qu'un avantage d'une centaine d'hommes les mettrait à peine à égalité avec les Allemands. Cependant, j'étais très mal à l'aise jusqu'à ce que ceux-ci soient partis, car j'avais peur que quelque querelle ne s'élevât, malgré la parole donnée.

Nous sommes arrivés tard à Belgrade; l'épaisseur de neige rendait la montée vers la ville très difficile. C'est apparemment une ville forte, protégée à l'est par le Danube et au sud par la Save, et elle était naguère le rempart de la Hongrie. Elle a été prise une première fois par Soliman le Magnifique, puis par les impériaux conduits par l'électeur de Bavière, qui ne la garda que deux ans; puis elle fut reprise par le grand vizir; elle est fortifiée maintenant avec tout le soin et l'habileté dont les Turcs sont capables, renforcée par une très nombreuse garnison de leurs plus braves janissaires, commandés par un pacha serasker, c'est-à-dire un général. Cette expression n'est pas très juste, car, à dire vrai, c'est le serasker qui est commandé par les janissaires, qui ont ici une autorité absolue qui ressemble assez à un état de rébellion; vous pourrez en juger par l'histoire suivante, qui vous donnera en même temps une idée de l'admirable service de renseignements du gouverneur de Peterwaradin, pourtant à quelques heures d'ici seulement!

On nous avait raconté à Peterwaradin que la garnison et les habitants de Belgrade étaient si las de la guerre qu'ils avaient tué leur pacha, environ deux mois avant, dans une mutinerie, parce qu'il s'était laissé persuader par un pot-de-vin de cinq bourses (soit cinq cents livres sterling) de permettre aux Tartares de ravager les frontières allemandes. Nous avions été charmés d'apprendre que ces gens avaient des dispositions aussi favorables, mais à notre arrivée ici, nous découvrîmes que le gouverneur avait été mal informé, et voici la vérité sur cette affaire. Le défunt pacha avait encouru la disgrâce de ses soldats pour la seule raison qu'il réprimait leurs incursions en Allemagne. Ils se mirent en tête, devant cette faiblesse, qu'il était d'intelligence avec l'ennemi, et en informèrent le Grand Seigneur à Andrinople [1], mais, comme ils ne recevaient pas assez vite satisfaction, ils se réunirent en tumulte et traînèrent de force leur pacha devant le cadi et le mufti et là demandèrent justice à la façon des mutins. L'un criait : Pourquoi protégeait-il les infidèles? Un autre : Pourquoi leur extorquait-il de l'argent? Lui, qui devinait sans peine leurs intentions, leur répondit calmement qu'ils lui posaient trop de questions; il n'avait qu'une seule vie, pour répondre de tout. Ils tombèrent aussitôt sur lui à coups de cimeterres (sans attendre la sentence des chefs de leur loi) et en un rien de temps le mirent en pièces. Le pacha actuel n'a pas osé punir le meurtre. Au contraire, il a affecté d'en applaudir les auteurs comme de braves gens qui savent se faire eux-mêmes justice. Il saisit tous les prétextes pour jeter de l'argent à la garnison et les laisse faire de petites incursions en Hongrie, où ils brûlent quelques misérables maisons rasciennes. Vous imaginez que je ne puis me sentir très à l'aise dans une ville en réalité gouvernée par une insolente soldatesque. Nous pensions avoir notre congé après une étape d'une nuit, mais le pacha nous retient jusqu'à ce qu'il reçoive des ordres d'Andrinople, ce qui peut demander un mois.

Dans l'intervalle, nous sommes logés dans une des meilleures maisons, qui appartient à un personnage très considérable chez eux, et nous avons pour nous garder toute une chambrée de janissaires. Ma seule distraction est la conversation de notre hôte Ahmet bey, un titre

1. Edirne, en Turquie d'Europe.

quelque chose comme comte en Allemagne. Son père était un grand pacha et il a reçu l'éducation orientale la plus raffinée; il possède l'arabe et le persan à la perfection et c'est un scribe extraordinaire, ce qu'ils appellent un efendi. Ces talents permettent les carrières les plus brillantes, mais il a eu le bon sens de préférer une vie en sécurité, calme et facile, à tous les honneurs dangereux de la Porte. Il soupe avec nous tous les soirs et boit du vin très librement. Vous ne pouvez imaginer combien il goûte la liberté de converser avec moi. Il m'a expliqué de nombreux morceaux de poésie arabe; j'ai observé que leur métrique ressemble assez à la nôtre; ce sont en général des vers alternés, aux sonorités très musicales. Ils expriment l'amour avec beaucoup de passion et de vivacité. J'en suis si charmée que je crois, vraiment, que je devrais apprendre à lire l'arabe, si je devais rester ici quelques mois. Il a une très bonne bibliothèque avec toutes sortes de leurs livres et, à ce qu'il me dit, il y passe la plus grande partie de sa vie. J'ai auprès de lui la réputation d'un grand savant, parce que je lui raconte des contes persans, ce qui me donne à penser qu'ils sont authentiques. Il croyait d'abord que je comprenais le persan. J'ai de fréquentes discussions avec lui sur la différence de nos coutumes, en particulier sur la réclusion des femmes. Il m'assure que ce n'est rien du tout : simplement, dit-il, nous avons l'avantage que, lorsque nos femmes nous trompent, personne ne le sait. Il a de l'esprit et il est plus raffiné que bien des chrétiens de qualité. Je me suis beaucoup distraite avec lui. Il a eu la curiosité de se faire dresser un alphabet de nos lettres par un de nos serviteurs, et il a déjà la main pour former les caractères latins; mais ces amusements ne m'empêchent pas de souhaiter de tout cœur d'être hors d'ici, bien qu'il fasse un froid comme je croyais qu'il n'en existait qu'au Groenland. Nous avons un très grand poêle qu'on chauffe sans arrêt, et pourtant les fenêtres de la pièce sont givrées à l'intérieur. Dieu sait quand j'aurai l'occasion d'envoyer cette lettre; mais je l'ai écrite pour libérer ma conscience, et vous ne pourrez plus me faire le reproche qu'une seule de vos lettres en fait dix des miennes.

A Mrs. Frances Hewett

Andrinople, le 1er avril 1717

Sans doute, ma chère Mrs. Hewett pense que je suis l'être le plus stupide au monde pour négliger une correspondance aussi agréable; mais jusqu'ici il m'a été absolument impossible de la poursuivre. J'ai été constamment à hue et à dia, sans répit, ces huit derniers mois; j'ai été complètement absorbée soit par des courses en poste, soit par d'interminables devoirs de cour. Vous savez très bien le peu de temps que laissent l'une et l'autre de ces deux activités. J'aime les voyages à la folie, et n'ai eu aucune raison de me plaindre d'en être privée, puisque j'ai traversé toutes les possessions turques en Europe, sans compter mes trajets à travers la Hongrie, la Bohême, et le tour complet de l'Allemagne, mais ce ne sont que bagatelles, comparées au dernier voyage. Je ne peux cependant (Dieu merci!) me plaindre d'avoir souffert de la fatigue, dans ma santé ou celle de ma famille. Mon fils, de sa vie, ne s'est mieux porté. Ce pays est certainement l'un des plus beaux au monde : tout ce que je vois jusqu'ici est tellement neuf pour moi que c'est chaque jour un spectacle nouveau. Je ne vais pas vous fatiguer avec des descriptions de lieux ou de coutumes dont peut-être vous n'êtes pas curieuse; mon seul désir est que vous ayez la bonté de me donner des nouvelles aussi souvent que vous le pouvez (ce ne peut être que très rarement) de ce qui se passe de votre côté du globe... Lorsque vous recevrez cette lettre, vous devrez considérer que tout cela est vieux de six mois, qui me semble maintenant tout neuf. Le champ sera vaste pour vos lettres, si votre charité va jusque-là, puisqu'elle sera entièrement désintéressée et dépourvue d'ostentation (car je ne peux ici faire étalage de vos lettres) et ce sera tout bénéfice pour votre précieuse âme. Voilà les considérations que je prie le Ciel de vous inspirer et de vous faire appliquer en conséquence.

A la princesse de Galles

Andrinople, le 1er avril 1717

J'ai maintenant, Madame, achevé un voyage qui n'avait été entrepris par aucun chrétien depuis le temps des empereurs grecs, et je ne regretterai pas toutes les fatigues que j'ai souffertes s'il me donne une occasion de divertir Votre Altesse Royale par la description de lieux entièrement inconnus parmi nous, puisque les ambassadeurs impériaux et les quelques Anglais qui sont venus jusque-là ont toujours suivi le Danube jusqu'à Nicopolis. Mais ce fleuve était gelé, et M. Wortley si plein de zèle au service de Sa Majesté qu'il n'aurait pas retardé son voyage pour la commodité du passage. Nous avons traversé les déserts de Serbie, presque tout recouverts de bois, bien que le pays soit naturellement fertile et les habitants industrieux, mais l'oppression des paysans est si grande qu'ils sont forcés d'abandonner leurs maisons et de négliger leurs labours, parce que tout ce qu'ils ont est la proie des janissaires, lorsqu'il leur plaît de s'en emparer. Nous avions une escorte de cinq cents d'entre eux, et j'étais en larmes presque chaque jour à voir leurs exactions dans les pauvres villages que nous traversions.

Après sept jours de voyage à travers d'épaisses forêts, nous sommes arrivés à Nis, autrefois capitale de la Serbie, située dans une belle plaine sur la Nissava, où l'air est très bon et le sol si fertile que l'abondance qui y règne est à peine croyable. On m'a certifié que la quantité de vin de la dernière récolte était si prodigieuse qu'on a dû creuser des cuves dans la terre pour l'y déverser, car il n'y avait pas assez de tonneaux dans la ville pour le contenir. Mais le peuple ressent à peine le bonheur de cette abondance. J'ai trouvé ici une nouvelle occasion de les prendre en pitié lorsque les pauvres diables, qui avaient fourni vingt voitures pour nos bagages depuis Belgrade, à prix convenu, ont été tous renvoyés sans paiement, certains de leurs chevaux estropiés, d'autres tués, sans qu'on les indemnisât aucunement. Les pauvres gens entouraient la maison, pleurant, s'arrachant les cheveux et la barbe de la manière la plus pitoyable, sans obtenir de la soldatesque insolente autre chose que des coups. Je ne puis exprimer à Votre Altesse Royale combien j'ai été émue à ce spectacle; je leur aurais donné tout l'argent de ma poche, avec tout mon cœur; mais cela aurait été autant de donné à l'aga, qui le leur aurait repris sans aucun remords.

Après quatre jours de voyage en montagne à partir de là, nous sommes arrivés à Sofia, située dans une grande et belle plaine sur l'Iscra, entourée à distance par des montagnes. Il n'est guère possible de voir paysage plus agréable. La ville elle-même est très grande et extrêmement peuplée. Il y a des bains chauds, très célèbres pour leurs vertus médicales. Après quatre jours de voyage, nous sommes arrivés à Philippopolis[1], après avoir franchi les hauteurs qui séparent le mont Haemus du Rhodope, tous deux toujours couverts de neige. Cette ville est située sur une éminence près de l'Hèbre, et elle est presque entièrement habitée par des Grecs. Il y a encore quelques vieilles églises chrétiennes. Ils ont un évêque, et quelques-uns des Grecs les plus riches vivent ici, mais ils sont forcés de cacher très soigneusement leur richesse, car les apparences de la pauvreté, qui entraînent une partie de ses inconvénients, les défendent et leur permettent de ne pas la sentir pour de bon. Le pays qui s'étend de là jusqu'à Andrinople est le plus beau du monde. La vigne sauvage pousse sur toutes les collines, et le printemps perpétuel dont ils jouissent met sur tout un air de gaieté et de prospérité; mais ce climat, si heureux qu'il paraisse, ne saurait être préféré au climat anglais, avec toutes ses neiges et ses frimas, car nous avons la chance bénie d'un gouvernement sans tyrannie, sous les auspices d'un roi qui met son bonheur dans la liberté de son peuple et préfère être regardé par lui comme un père plutôt que comme un maître. Ce thème pourrait

1. Aujourd'hui Plovdiv en Bulgarie (Filibe pour les Turcs). L'Hèbre est le nom ancien de la Maritza.

m'entraîner très loin, et je sens que j'ai déjà abusé de la patience de Votre Altesse Royale, mais ma lettre est entre vos mains, et vous pouvez l'abréger comme il vous plaira en la jetant au feu, quand vous serez lasse de la lire.

Je suis, Madame, avec le plus grand respect...

A Lady M.

Andrinople, le 1er avril 1717

Je suis maintenant entrée dans un monde nouveau, où tout ce que je vois m'apparaît comme un changement de décor, et j'écris à Votre Seigneurie avec une certaine satisfaction intime, en espérant au moins que vous trouverez à mes lettres le charme de la nouveauté et que vous ne me reprocherez plus de ne rien vous dire d'extraordinaire. Je ne vous ennuierai pas avec une relation de notre fastidieux voyage, mais je ne dois pas omettre ce que j'ai vu de remarquable à Sofia, une des plus belles cités de l'Empire turc, célèbre par ses bains chauds qui sont fréquentés à la fois pour le plaisir et pour la santé. Je me suis arrêtée là un jour dans le dessein de les voir. Avec l'intention d'y aller incognito, j'ai loué un carrosse turc. Ces voitures ne ressemblent pas du tout aux nôtres; elles sont beaucoup plus commodes pour le pays, car la chaleur est si grande que des glaces seraient très gênantes. Elles sont faites exactement comme les voitures hollandaises, avec des treillis de bois, peints et dorés; l'intérieur est peint et orné de paniers et de bouquets de fleurs, entremêlés généralement de petites devises poétiques. Elles sont toutes recouvertes de drap écarlate, doublé de soie, très souvent richement brodé et avec des franges. Cette draperie cache entièrement les personnes à l'intérieur; mais on peut l'écarter à volonté et les dames regardent sans être vues par le treillis. Ces voitures tiennent quatre personnes très commodément, assises sur des coussins, mais non debout.

C'est dans une de ces voitures couvertes que je fus au bain vers dix heures du matin. Il était déjà plein de femmes.

C'est une construction de pierre, en forme de dôme, sans ouvertures sauf dans le toit, ce qui suffit à donner de la lumière. Il y a cinq de ces dômes côte à côte; le premier, plus petit que les autres, ne sert que d'antichambre, où la gardienne se tient à l'entrée. Les dames de qualité donnent généralement à cette femme la valeur d'une couronne ou de dix shillings, et je n'oubliai pas ce cérémonial. La pièce suivante est très vaste, pavée de marbre, et tout autour s'élevaient deux sofas de marbre superposés. Il y avait dans cette pièce quatre fontaines d'eau froide, qui s'écoulaient d'abord dans des bassins de marbre puis sur le sol, dans de petites rigoles faites à cette intention qui conduisaient le courant dans la pièce suivante, un peu plus petite, avec les mêmes sofas de marbre, mais si échauffée par les vapeurs sulfureuses qui s'échappaient des bains contigus qu'il était impossible d'y tenir habillée. Les deux autres dômes correspondaient aux bains chauds. Dans l'un d'eux, il y avait des jets d'eau froide qui s'y écoulaient pour le ramener au degré de chaleur souhaité par les baigneuses.

J'étais en tenue de voyage, un habit d'amazone, et je dus certainement leur apparaître très extraordinaire; pourtant, il n'y en eut aucune pour montrer la moindre surprise ou curiosité impertinente; elles me reçurent avec toute la courtoisie possible. Je ne connais pas de cour européenne où les dames se seraient conduites de façon aussi polie envers une étrangère. Je crois qu'il y avait en tout deux cents femmes, et pourtant il n'y eut aucun de ces sourires dédaigneux ou de ces murmures ironiques qui ne manquent jamais dans nos assemblées lorsque s'y montre quelqu'un qui n'est pas vêtu exactement à la mode. Elles répétaient encore et encore : *Güzel, pek güzel,* ce qui veut simplement dire : « Charmante, très charmante ».

Les premiers sofas étaient couverts de coussins et de riches tapis sur lesquels étaient assises les dames, et sur les deuxièmes, derrière elles, se tenaient leurs esclaves, mais sans aucune distinction de rang dans leurs atours, car toutes étaient dans l'état de nature, c'est-à-dire en bon anglais complètement nues, sans cacher aucun de leurs charmes ou de leurs défauts; pourtant, il n'y avait pas le moindre sourire licencieux ou le moindre geste impudique entre elles. Elles marchaient et se déplaçaient avec la même grâce majestueuse que Milton prête à notre Mère à tous. Beaucoup d'entre elles avaient des proportions aussi harmonieuses que les déesses tracées par le pinceau du Guide ou celui du Titien; la plupart avaient une peau d'une blancheur éclatante, avec pour seul ornement leur magnifique chevelure, divisée en de nombreuses tresses qui pendaient sur leurs épaules, nattées avec des perles ou des rubans, l'image parfaite des Grâces. Je me suis convaincue ici de la vérité d'une réflexion que j'ai souvent faite que, si c'était la mode d'aller nue, on ne ferait guère attention au visage. Je me suis rendu compte que les dames à la peau la plus belle, aux formes les plus délicates, attiraient le plus mon admiration, même si leurs visages étaient parfois moins beaux que ceux de leurs compagnes. A vous dire vrai, j'ai eu assez de malice pour souhaiter secrètement que M. Gervase pût être là invisible. J'imagine qu'il aurait beaucoup perfectionné son art en voyant tant de belles femmes nues en différentes attitudes, les unes conversant, d'autres à leur ouvrage, d'autres buvant du café ou des sorbets, et beaucoup étendues nonchalamment sur des coussins, pendant que leurs esclaves (en général, de jolies filles de dix-sept ou dix-huit ans) étaient occupées à natter leur chevelure de plusieurs jolies manières. En bref, c'est le café des femmes, où on raconte toutes les nouvelles de la ville, où on invente les scandales, etc. Elles prennent généralement ce divertissement une fois par semaine; elles y passent au moins quatre ou cinq heures, sans prendre froid lorsqu'elles passent immédiatement du bain chaud dans la pièce froide, ce qui m'a beaucoup surprise. La dame qui semblait la plus importante parmi elles insista pour que je vienne m'asseoir auprès d'elle, et m'aurait volontiers déshabillée pour le bain. Je refusai avec quelque difficulté; car elles mettaient toutes beaucoup d'ardeur à me persuader. Je fus à la fin forcée de défaire ma jupe et de montrer mon corset, ce qui leur donna pleine satisfaction, car je vis qu'elles croyaient que j'étais cadenassée dans cet engin, sans pouvoir l'ouvrir, contrainte qu'elles attribuèrent à mon mari. Je fus charmée de leur courtoisie et de leur beauté, et j'aurais avec grand plaisir passé plus de temps avec elles, mais, comme M. Wortley était résolu de poursuivre son voyage tôt le lendemain matin, j'étais pressée de voir les ruines de l'église de Justinien, qui ne me procurèrent pas une vue aussi agréable que celle que j'avais quittée, car ce n'est plus guère qu'un tas de pierres.

Adieu, Madame. Je suis sûre que je viens de vous divertir avec la description d'un spectacle que vous n'avez eu de votre vie, et sur lequel aucun récit de voyageur ne pourrait vous informer. Il n'en coûte pas moins que la mort à l'homme découvert dans l'un de ces lieux.

A l'abbé Conti

Andrinople, le 1er avril 1717

Vous voyez que je suis très exacte à tenir la promesse que vous avez exigée de moi, mais je ne sais pas si votre curiosité se satisfera des récits que je vais vous faire, bien que mon désir de vous obliger m'ait rendue très diligente dans mes recherches et mes observations. Certes, nous n'avons que des relations très imparfaites des coutumes et de la religion de ces peuples, car cette partie du monde est rarement visitée, sinon par des marchands qui ne s'occupent guère que de leurs affaires, ou par des voyageurs qui font un séjour trop bref pour rapporter quoi que ce soit qu'ils aient appris par eux-mêmes. Les Turcs sont trop fiers pour converser familièrement avec des marchands, qui se bornent donc à ramasser des renseignements confus et généralement faux; leur relation des manières turques ne vaut pas mieux qu'une description de la cour d'Angleterre faite par un réfugié français logeant dans une mansarde rue des Grecs. Le voyage par terre que nous avons fait depuis Belgrade ne peut être effectué que par un personnage officiel. Les bois déserts de Serbie sont le grand refuge de voleurs qui font leurs coups par bandes de cinquante, et nous avions besoin de toute notre escorte pour notre sécurité. Les villages sont si pauvres que c'est par la force seulement qu'on peut en arracher le nécessaire. Il est vrai que les janissaires n'avaient aucune pitié de leur pauvreté; ils tuaient toute la volaille et les moutons qu'ils trouvaient, sans demander à qui ils appartenaient, sans que les infortunés propriétaires osent revendiquer leurs droits, de peur d'être battus : agneaux nouveau-nés, oies et dindes pondeuses, tout était massacré sans distinction. Je croyais entendre les plaintes du berger Mélibée, lorsqu'il perd l'espérance de son troupeau. Quand les pachas voyagent, c'est encore pire : les oppresseurs ne se contentent pas de manger tout ce qu'il y a de bon dans ce qui appartient aux paysans; après s'être gavés, eux et leur nombreuse suite, ils ont l'impudence de réclamer ce qu'ils appellent « l'argent des dents », une indemnité pour s'être servis de leurs dents et les avoir usées en faisant aux paysans l'honneur de dévorer leur viande. C'est un fait vrai, à la lettre, et bien connu, si extravagant qu'il paraisse. Telle est la corruption naturelle d'un gouvernement militaire, alors que cette barbarie n'est pas plus autorisée par leur religion que par la nôtre.

J'ai eu le privilège de loger trois semaines à Belgrade chez un efendi de marque, c'est-à-dire un savant. Cette sorte d'homme peut faire carrière aussi bien dans la magistrature que dans l'Église, car la science des lois et celle de la religion ne font qu'une : le même mot désigne le juriste et le prêtre. Ce sont les seuls personnages réellement importants dans l'empire; tous les emplois lucratifs et tous les revenus ecclésiastiques sont entre leurs mains. Le Grand Seigneur, bien que légataire universel de son peuple, ne se permet jamais de toucher à leurs terres ou à leur argent, qui passe directement à leurs enfants. Il est vrai qu'ils perdent ce privilège s'ils acceptent une place à la cour ou le titre de pacha; mais ils donnent rarement l'exemple d'une telle folie. Vous jugez aisément du pouvoir de ces hommes qui ont le monopole du savoir et de presque toute la richesse de l'empire. Ce sont eux les auteurs véritables des révolutions dont les acteurs sont les soldats. Ils ont déposé le dernier sultan, Mustafa, et leur pouvoir est si grand que c'est l'intérêt de l'empereur de les flatter. Voilà une longue digression.

J'allais vous raconter qu'une conversation intime de tous les jours avec l'efendi Ahmet bey m'a fait connaître leur religion et leur morale avec plus de détails qu'à aucun chrétien avant moi. Je lui ai expliqué la différence entre l'Église d'Angleterre et celle de Rome, et il a été content d'apprendre qu'il y avait des chrétiens qui n'avaient pas le culte des images ou qui n'adoraient pas la Vierge Marie. Le ridicule de la transsubstantiation l'a vivement frappé. En comparant nos croyances, je me suis convaincue que, si notre ami Clarke [1] avait toute liberté de prêcher ici, il serait très facile de convertir au christianisme la plupart de ces hommes dont les conceptions s'approchent beaucoup des siennes. M. Whiston ferait ici un très bon missionnaire. Je ne doute pas que son zèle ne s'enflamme beaucoup, si vous lui communiquez ce passage, mais dites-lui qu'il doit d'abord avoir le don des langues avant de pouvoir être d'aucune utilité.

La religion mahométane est divisée en autant de sectes que la chrétienne, et l'institution primitive y est également oubliée et obscurcie par les interprétations. Cela me fait réfléchir au penchant naturel de l'humanité aux mystères et aux innovations. Les zaydis, kadaris, jabaris m'ont rappelé les catholiques, les luthériens et les calvinistes; ils sont également zélateurs les uns contre les autres; l'opinion prédominante, si l'on pénètre dans le secret des efendis, est un pur déisme, mais on le tient caché au peuple, que l'on amuse par mille conceptions différentes, suivant les intérêts de leurs prêcheurs. Il y en a très peu parmi eux (Ahmet bey niait qu'il y en eût aucun) assez absurdes pour faire le bel esprit en déclarant qu'il n'y a pas de Dieu. Sir Paul Rycaut se trompe (comme à son ordinaire) en taxant la secte des musirrin (c'est-à-dire « le secret entre nous ») d'athéisme, car ses membres sont déistes, et leur impiété consiste à se moquer de leur prophète. Ahmet bey n'a pas reconnu devant moi qu'il partageait leur opinion, mais il ne se faisait pas scrupule d'enfreindre la loi de Mahomet sur un point en buvant du vin aussi librement que nous. Quand je lui demandai comment il en était venu à s'accorder cette liberté, il me répondit que tout ce que Dieu a créé est bon et destiné à l'usage de l'homme; cependant, l'interdiction du vin était une maxime très sage et destinée au commun des mortels, mais le Prophète n'a jamais voulu restreindre ceux qui savaient en user avec modération; il

1. Déiste ami de Newton et de Whiston.

fallait pourtant éviter le scandale, et il ne buvait jamais en public. C'est leur opinion en général, et très peu s'abstiennent de boire du vin, quand ils ont les moyens de s'en procurer.

Il m'assura que, si je comprenais l'arabe, je serais charmée par la lecture du Coran qui, bien loin d'être aussi absurde que nous le prétendons, est la plus pure morale, transmise dans la plus belle des langues. Depuis, j'ai entendu des chrétiens impartiaux en parler de la même façon, et je ne doute pas que toutes nos traductions reposent sur des copies de prêtres grecs qui ne pouvaient manquer de les falsifier avec la dernière malice. Il n'y a jamais eu de corporation plus ignorante et plus corrompue que la leur; ils diffèrent pourtant bien peu de l'Église romaine, à tel point, je l'avoue, que ce qui me donne par-dessus tout horreur de la cruauté de votre clergé, c'est la barbarie avec laquelle il les persécute, partout où il est le maître, sans autre motif que leur refus de reconnaître le pape. Leur dissension sur ce seul article leur a valu les titres d'hérétiques et de schismatiques et, ce qui est pire, le même traitement. J'ai rencontré à Philippopoli une secte de chrétiens qui se donnent le nom de Pauliciens. Ils montrent une vieille église où, disent-ils, saint Paul a prêché, et c'est leur saint favori, comme saint Pierre à Rome; ils lui donnent régulièrement le pas sur le reste des apôtres.

Mais, parmi ces diverses religions, ce sont les arnautes qui me semblent les plus originaux. Ils sont natifs d'Arnountlick, la Macédoine antique et, bien qu'ils aient perdu le nom de Macédoniens, conservent quelque chose de leur courage et de leur hardiesse [1]; ils sont la meilleure milice de l'Empire turc et la seule à tenir tête aux janissaires. Ce sont des fantassins. Nous en avions une escorte, relevée dans chaque ville importante que nous traversions. Ils sont tous vêtus et armés à leurs frais; en général, ce sont de jeunes et vigoureux gaillards, habillés proprement d'étoffe grossière de couleur blanche; ils portent des fusils d'une longueur prodigieuse, qu'ils gardent sur l'épaule pour courir, comme s'ils n'en sentaient pas le poids, tandis que leur chef chante une sorte d'air rude, mais pas déplaisant, et

---

1. Arnavut, Arnavutluk : Albanais, Albanie (l'Illyrie antique).

que les autres reprennent en chœur. Ces gens qui vivent entre chrétiens et mahométans, et qui ne sont pas versés en controverse, se déclarent absolument incapables de juger quelle est la meilleure religion; mais, pour être certains de ne pas rejeter entièrement la vérité, avec une très grande prudence, ils observent les deux et vont à la mosquée le vendredi et à l'église le dimanche; ils disent pour leur défense qu'au jour du Jugement dernier, ils sont assurés de trouver protection auprès du vrai prophète, mais qu'ils ne sont pas capables de déterminer en ce monde ce qu'il en est. Je crois qu'aucune race humaine n'a si piètre opinion de ses capacités.

Voilà les remarques que j'ai faites sur les différentes religions que j'ai vues. Je ne vous demande pas d'excuser la liberté que j'ai prise en parlant de l'Église romaine. Je sais que vous condamnez également le charlatanisme de toutes les Églises, autant que vous vénérez les vérités sacrées, sur lesquelles nous sommes tous les deux d'accord.

Vous devez attendre que je vous parle des antiquités de ce pays; mais il y a peu de restes de la Grèce antique. Nous sommes passés à côté d'un fragment d'arcade, qu'on appelle communément « Porte de Trajan », en supposant qu'elle a été bâtie pour interdire le passage à travers les montagnes, entre Sofia et Philippopoli, mais je crois plutôt qu'il s'agit des ruines d'un arc de triomphe (bien que je n'aie pu y voir aucune inscription); en effet, si ce passage-là avait été interdit, il en est bien d'autres qu'une armée en marche aurait pu emprunter; et, nonobstant l'histoire de Baudoin, comte de Flandre, qui fut défait dans ce défilé après avoir conquis Constantinople, je ne crois pas que ce serait un obstacle pour les Allemands. Il est vrai que la route, avec beaucoup de soin, a été rendue maintenant aussi commode que possible pour la marche de l'armée turque. Pas de fossé ou de marécage, entre cet endroit et Belgrade, qui ne soit franchi par un grand et robuste pont de bois; mais les précipices n'étaient pas si terribles qu'on me les avait représentés.

Nous avons couché au pied de ces montagnes, dans le petit village de Kiskoy dont les habitants sont chrétiens comme tous les paysans de Bulgarie. Leurs maisons ne sont que de petites huttes de boue séchée au soleil, qu'ils abandonnent pour fuir dans les montagnes quelques mois avant que l'armée turque ne se mette en marche; autrement, celle-ci les ruinerait complètement en enlevant tous leurs troupeaux. Cette précaution leur assure une sorte d'abondance, car ils disposent en commun de si vastes étendues de terre qu'ils ont la liberté d'y semer ce qui leur plaît, et ce sont en général des cultivateurs très industrieux. J'ai bu là plusieurs sortes de vins délicieux.

Les femmes se parent de perles de verre de toutes les couleurs; elles ne sont pas laides, mais ont le teint basané.

Je vous ai dit maintenant tout ce qui vaut la peine d'être dit (et peut-être plus) en rapport avec mon voyage. Lorsque je serai à Constantinople, j'essaierai de glaner quelques traits curieux, et vous aurez alors d'autres nouvelles de...

A Lady Bristol

Andrinople, le 1er avril 1717

Je n'oublie jamais la moindre commission de Votre Seigneurie, aussi me suis-je activée dès mon arrivée à la recherche des étoffes que vous m'aviez réclamées, sans découvrir ce que vous vouliez. La différence d'habillement est si grande, d'ici à Londres, que les mêmes choses ne conviennent pas pour les caftans et pour les manteaux. Je ne vais pourtant pas abandonner mes recherches, mais je les reprendrai à Constantinople, où l'on trouve ce qu'il y a de plus beau : j'ai des raisons de le croire puisque c'est la résidence principale de la cour.

La fille aînée du Grand Seigneur s'est mariée quelques jours avant mon arrivée, et dans ces occasions les dames turques déploient toute leur magnificence. La mariée a été conduite à la maison de son mari en grande pompe. Elle est la veuve du défunt vizir, qui a été tué à Peterwaradin; on devrait d'ailleurs parler de contrat plutôt que de mariage, car elle n'a jamais vécu avec lui. Cependant, la plus grande partie de ses richesses est à elle. Il avait la permission de lui rendre visite au Sérail et, comme il était un des hommes les plus beaux de l'empire, il avait gagné ses sentiments. Quand elle vit le deuxième mari, qui a au moins cinquante ans, elle ne put s'empêcher d'éclater en sanglots. C'est un homme de grand mérite, et le favori officiel du sultan, ce qu'ils appellent Mosayp [1], mais ce n'est pas assez pour le rendre plaisant aux yeux d'une gamine de treize ans.

Le gouvernement ici est entièrement aux mains de l'armée, et le Grand Seigneur avec son pouvoir absolu est un esclave tout comme chacun de ses sujets et tremble quand un janissaire fronce le sourcil. Les apparences de la soumission règnent ici plus encore que chez nous. On ne parle à un ministre d'État qu'à genoux. Qu'une réflexion sur sa conduite échappe à quelqu'un dans un café (ils ont des espions partout), la maison est rasée de fond en comble et tout le monde peut être mis à la torture. Ici, pas de foule qui acclame, pas de pamphlets stupides, pas de disputes de taverne sur la politique :

C'est un mal qu'entraîne la liberté avec elle,
Funeste conséquence, mais qui procède d'une noble cause.

On ne voit pas comme chez nous médire des grands, mais quand un ministre déplaît au peuple, en trois heures de temps, on l'arrache aux bras de son maître, on lui coupe les mains, la tête et les pieds, et on les jette devant la porte du Palais avec tout le respect du monde, pendant que ce sultan (à l'égard de qui tous professent une adoration sans limites) est assis tremblant dans ses appartements et n'ose ni défendre ni venger son favori. Telle est la condition bienheureuse du monarque le plus absolu de la terre, qui ne reconnaît d'autre loi que sa volonté. Je souhaite vivement (dans mon cœur loyal) que le Parlement envoie ici un navire chargé de vos partisans de l'obéissance passive, pour qu'ils voient le gouvernement arbitraire sous la lumière la plus vive et la plus crue; il est difficile de juger qui, du prince, du peuple ou des ministres, y est le plus malheureux. Je pourrais faire plusieurs réflexions à ce sujet, mais je sais, Madame, que votre bon sens vous en a déjà suggéré plus que je ne pourrais faire.

---

1. *Mosayp* = *Musahib.*

Je suis allée hier avec l'ambassadrice de France pour voir le Grand Seigneur se rendant à la mosquée. Il était précédé d'une nombreuse escorte de janissaires avec de grandes plumes blanches sur la tête, de spahis et de *bostandjis;* ce sont la garde à pied, la garde à cheval et les jardiniers royaux, habillés dans de belles couleurs vives qui, de loin, les font ressembler à un parterre de tulipes; après eux venait l'aga des janissaires dans une robe de velours pourpre doublée de tissu d'argent; son cheval était conduit par deux esclaves aux riches habits; à son côté, le Kuzlir Aga [1] (Votre Seigneurie sait que c'est le gardien principal du Sérail des dames), en drap jaune foncé (qui faisait ressortir son visage noir) doublé de zibeline; et à la fin venait Son Altesse en personne, avec une robe verte, doublée avec la fourrure d'un renard noir de Moscovie qu'on estime à mille livres, montée sur un beau cheval avec un harnachement orné de pierres précieuses; six chevaux richement harnachés étaient menés en main après elle, et deux des principaux courtisans portaient, l'un sa cafetière en or, l'autre sa cafetière en argent, au bout d'un bâton. Un autre portait sur sa tête un tabouret d'argent pour qu'elle puisse s'asseoir. Il serait ennuyeux de décrire à Votre Seigneurie la variété des habits et les turbans (qui indiquent les distinctions de rang); ils sont tous d'une éclatante somptuosité; on compte quelques milliers d'hommes, à tel point qu'on ne peut guère voir plus beau défilé. Le sultan nous est apparu comme un bel homme de la quarantaine, avec un air très gracieux, mais quelque chose de sévère dans l'expression de ses grands yeux noirs. Par hasard, il s'arrêta sous la fenêtre où nous nous tenions et (je suppose qu'on lui dit qui nous étions) nous regarda avec beaucoup d'attention, si bien que nous eûmes tout le loisir de l'observer et l'ambassadrice de France fut d'accord avec moi qu'il avait grande allure.

Je vois cette dame très souvent. Elle est jeune et sa conversation serait d'un grand agrément pour moi si je pouvais la persuader à mon grand soulagement de laisser là ces formalités et ces cérémonies qui rendent la vie bien ennuyeuse, mais elle est si ravie de ses gardes, de ses

1. *Kizlar Agasi,* le chef des eunuques noirs.

vingt-quatre laquais, de ses officiers d'ordonnance, qu'elle préférerait mourir plutôt que me rendre visite sans eux, sans compter une carrossée de demoiselles de compagnie, baptisées dames d'honneur. Ce qui m'agace, c'est qu'aussi longtemps qu'elle me rendra visite avec ce fastidieux équipage, je serai obligée de faire de même. Cependant, notre intérêt mutuel nous rapproche fréquemment. J'ai fait l'autre jour avec elle un tour de ville, dans un carrosse doré découvert, avec nos deux escortes réunies, précédées par nos gardes, qui auraient pu appeler les gens à venir voir ce qu'ils n'ont jamais vu, ni ne verront plus, deux jeunes ambassadrices chrétiennes, qui n'ont jamais été ensemble dans ce pays et qui ne le seront jamais plus. Votre Seigneurie imaginera facilement que nous avons attiré une grande foule de spectateurs, mais dans un silence de mort. Si l'un d'eux avait pris les libertés de nos foules devant un spectacle étrange, nos janissaires, sans scrupules, auraient fondu sur eux avec leurs cimeterres, en toute impunité, car ils sont au-dessus de la loi. Cependant, ces gens ont de très grandes qualités. Ils sont très dévoués et fidèles serviteurs, et considèrent comme leur devoir de se battre pour vous en toute occasion; j'en ai eu un plaisant exemple dans un village de ce côté de Philippopolis, où notre escorte personnelle était venue à notre rencontre; par hasard, je commandai des pigeons pour le souper, sur quoi un de mes janissaires s'en fut immédiatement trouver le cadi (le principal fonctionnaire de la ville) et lui ordonna d'en envoyer trois douzaines. Le pauvre homme répondit qu'il avait fait chercher partout et n'avait pu s'en procurer. Et mon janissaire, dans la chaleur de son zèle, de le constituer aussitôt prisonnier dans sa chambre, en lui disant qu'il méritait la mort pour son impudence, puisqu'il avait cherché une excuse pour se dérober à mes ordres; mais, par respect pour moi, il ne le punirait qu'à mon commandement, et en conséquence venait très sérieusement me demander ce qu'on devait en faire, ajoutant en manière de compliment que, si je voulais, il m'apporterait sa tête. Cela donne une idée du pouvoir illimité de ces hommes qui ont fait serment de fraternité et doivent venger l'injure faite à l'un d'entre eux, que ce soit au Caire, à Alep ou dans n'importe quelle partie du monde; et cette alliance inviolable les rend si puissants que l'homme le plus fort de cette cour ne parle jamais d'eux que sur un ton flatteur, et en Asie tout riche est forcé de s'enrôler comme janissaire pour protéger ses biens. Mais en voilà assez, et je dois dire, chère Madame, que c'est à cette minute assez réconfortant pour vous de ne pouvoir recevoir une lettre aussi ennuyeuse avant six mois. C'est cette considération qui m'a donné l'audace de vous entretenir aussi longtemps et qui plaidera, j'espère, chère Madame...

A Lady Mar

Andrinople, le 1er avril 1717

Je demande à Dieu, chère sœur, que vous me fassiez le plaisir de m'informer de ce qui se passe de votre côté du globe aussi régulièrement que je cherche à vous amuser par le récit de ce que je vois. Vous vous contentez de me répéter que la ville est très ennuyeuse. Il se peut qu'elle soit pour vous ennuyeuse, quand chaque journée ne vous apporte pas quelque chose de neuf, mais, pour moi qui ai un arriéré de nouvelles d'au moins deux mois, tout ce qui est pour vous déjà vieux serait délicieux et rafraîchissant; je vous en prie, donnez-moi plus de détails. J'essaierai de m'attirer votre gratitude en vous donnant une relation complète et véridique des nouveautés de cet endroit. Votre plus grande surprise serait de me voir, comme je suis maintenant, habillée en Turque; vous seriez d'accord avec moi pour dire que c'est très seyant. J'ai l'intention de vous envoyer mon portrait; en attendant, le voici.

Le premier élément de mon costume est une paire de pantalons très bouffants, qui tombent jusqu'aux talons et cachent les jambes avec plus de pudeur que vos jupes. Ils sont en damas couleur de rose, broché avec des fleurs d'argent; mes chaussures de chevreau blanc sont brodées d'or. Là-dessus retombe ma chemise de belle soie blanche bordée de broderie. Cette chemise a de larges manches qui descendent au coude elle est fermée au col par un bouton de diamant, mais on distingue très bien au travers la couleur et la forme des seins. L'*antheri* [1] est une veste serrée à la taille, en damas blanc et or, avec de très longues manches pendant par-derrière avec de longues franges d'or, avec des boutons en diamants ou en perles. Mon caftan, de même étoffe que mes pantalons, est une robe faite exactement à ma taille qui descend à la cheville, avec de très longues manches ajustées. A la taille, une ceinture d'une largeur d'environ quatre pouces : celles qui en ont les moyens la recouvrent de diamants ou de pierres précieuses; celles qui ne peuvent soutenir cette dépense la choisissent en satin exquisement brodé, mais elle doit tout de même se fermer par-devant avec une agrafe en diamants. La *kurdi* [2] est une robe vague qu'elles enlèvent ou mettent selon le temps, en riche brocart (la mienne est vert et or), doublée d'hermine ou de zibeline, avec des manches très courtes. La coiffure se compose d'un bonnet appelé *talpok* [3], qui est en hiver en beau velours brodé de perles ou de diamants et en été de tissu d'argent, léger et brillant. Il se fixe sur un côté de la tête, un peu incliné, avec un gland d'or à l'extrémité, et il est retenu par un diadème de diamants (j'en ai vu plusieurs) ou par un riche mouchoir brodé. De l'autre côté de la tête, on voit les cheveux tout plats, et là les dames laissent libre cours à leur imagination : quelques-unes mettent des fleurs, d'autres une plume de héron, bref, ce qui leur plaît, mais le plus souvent la mode est à un gros bouquet de joyaux, imitant les fleurs naturelles; les boutons sont des perles, les roses des rubis de différentes couleurs, les jasmins sont des diamants, les jonquilles des topazes, si bien sertis et polis qu'on peut difficilement imaginer si belle chose. Les cheveux pendent de toute leur longueur par-derrière, tressés en nattes avec des perles et des rubans, toujours à profusion.

Je n'ai jamais vu de ma vie d'aussi belles chevelures. J'ai compté cent dix tresses sur une dame, toutes naturelles, mais il faut reconnaître qu'on trouve ici tous les genres de beauté plus couramment que chez nous. C'est une surprise de rencontrer une jeune femme qui ne soit pas belle. Elles

1. *Antheri* = *entari.*
2. *Kurdi* = *kürk* (fourrure).
3. *Talpok* = *terpûs* (cf. le mot tarbouche) plutôt que *kalpak.*

ont naturellement le plus beau teint du monde et généralement de grands yeux noirs. Je puis vous assurer que la cour d'Angleterre (la plus belle pourtant, je crois, de la chrétienté) ne peut exhiber autant de beautés que celles qui sont ici, sous notre protection. Elles redessinent en général leurs sourcils, et les Grecques et les Turques ont l'habitude de cerner les yeux à l'intérieur avec une peinture noire qui, à distance ou à la lueur de la bougie, accentue beaucoup leur noirceur. J'imagine que beaucoup de nos dames seraient au comble de la joie si elles connaissaient ce secret, mais cela se voit trop à la lumière du jour. Elles teignent leurs ongles en rose : j'avoue que je n'arrive pas à m'habituer à cette mode au point d'y trouver quelque beauté.

En ce qui concerne la moralité et la bonne conduite, je puis dire avec Arlequin : « Il en va de même avec elles et avec nous », et les dames turques n'en commettent pas moins de péchés parce qu'elles ne sont pas chrétiennes. Maintenant que je connais un peu leurs mœurs, je ne peux m'empêcher d'admirer la discrétion exemplaire ou l'extrême stupidité de tous les auteurs qui les ont décrites. Il est très facile de voir qu'elles ont plus de liberté que nous. Aucune femme d'un certain rang social n'a la permission d'aller dans la rue sans deux mousselines, l'une qui lui voile tout le visage sauf les yeux, et une autre qui cache toute sa coiffure et tombe par-derrière jusqu'à la taille, et leurs formes sont totalement cachées par ce qu'on appelle un *ferigee* [1], dont aucune femme ne saurait se passer à l'extérieur. Ce vêtement, qui a de longues manches qui vont jusqu'à l'extrémité des doigts, les enveloppe un peu à la façon d'une cape. En hiver, il est fait de drap, en été, d'étoffe simple ou de soie. Vous devinez comme c'est un vrai déguisement, tel qu'on ne peut distinguer la grande dame de son esclave; et il est impossible au plus jaloux des hommes de reconnaître sa femme quand il la rencontre, et aucun homme n'oserait toucher ou suivre une femme dans la rue.

Cette mascarade perpétuelle leur donne entière liberté de suivre leurs inclinations sans danger d'être découvertes.

1. *Ferigee* = *ferace,* grand voile de sortie (pron. *feradjè*).

La façon la plus habituelle de nouer une intrigue, c'est de fixer rendez-vous à l'amoureux dans la boutique d'un Juif, qui est notoirement aussi commode que nos magasins indiens, et même ceux qui n'en font pas cet usage y vont sans scrupule pour acheter des bricoles et fouiller dans les riches marchandises qu'on trouve surtout chez ces gens-là. Les grandes dames laissent rarement savoir à leurs galants qui elles sont, et c'est si difficile à découvrir qu'ils peuvent rarement deviner le nom de celle avec qui ils ont eu des relations pendant plus de six mois. Vous imaginez que le nombre des épouses fidèles est très réduit dans un pays où il n'y a rien à craindre de l'indiscrétion d'un amant, puisque nous voyons tant de femmes s'y exposer courageusement ici-bas, en affrontant les châtiments de l'autre monde, qu'on ne prêche jamais aux dames turques.

Elles n'ont rien à craindre non plus du ressentiment de leurs maris, car ces dames sont riches, elles détiennent leur propre argent, qu'elles emportent en cas de divorce, avec un supplément qu'on est obligé de leur donner. Dans l'ensemble, je considère que les femmes turques sont le seul peuple libre de l'empire. Même le Divan les respecte, et le Grand Seigneur, quand un pacha est exécuté, ne viole jamais les privilèges du harem (l'appartement des femmes) qu'on ne fouille pas et qui reste entièrement à la veuve. Elles règnent sur leurs esclaves, sur lesquels le mari n'a aucun droit de regard, sauf une ou deux vieilles femmes du choix de la dame. Il est vrai que leur loi autorise les Turcs à avoir quatre femmes, mais il n'est pas d'exemple d'homme de qualité qui prenne cette liberté, ni de femme bien née qui le supporte. Quand un mari est inconstant (ce sont des choses qui arrivent), il entretient sa maîtresse dans une maison distincte et lui rend visite privément comme chez vous. Parmi tous les grands de ce royaume, je ne connais que le *tefterdar* (c'est-à-dire le trésorier) qui entretienne de nombreuses esclaves féminines pour son usage (dans la partie de la maison qui est à lui, car une esclave, une fois attachée au service d'une dame, est entièrement à sa disposition), et on en parle comme d'un libertin, nous dirions un roué, et sa femme ne le voit pas, bien qu'elle continue à vivre dans sa maison.

Ainsi vous voyez, chère sœur, que les mœurs des hommes

ne diffèrent pas autant que nos auteurs de voyages voudraient nous le faire croire. Peut-être vous aurais-je divertie davantage si j'avais inventé quelques coutumes extravagantes, mais rien n'est plus agréable que la vérité, et je crois que rien ne vous plaît davantage. Je termine en vous répétant une grande vérité, que je suis, chère sœur...

A Alexander Pope

Andrinople, le 1er avril 1717

Vous attendez du nouveau avec ma lettre, après un voyage que pas un chrétien n'a entrepris depuis cent ans. Le seul incident important est que j'ai failli chavirer dans l'Hèbre et, si j'étais sensible à l'éclat d'une gloire posthume, je regretterais d'avoir manqué la fin romanesque d'un pareil naufrage dans la rivière où la tête du musicien Orphée a répété des vers il y a si longtemps :

Quand l'Hèbre thrace roulait dans ses flots la tête tranchée
qu'il emportait en tourbillonnant,
La voix seule appelait Eurydice, et la langue déjà froide,
Ah! malheureuse Eurydice, et l'âme s'enfuyait...
Et les rives faisaient écho « Eurydice » au long du fleuve [1]...

Qui sait? un de vos beaux esprits aurait pu trouver là matière à de nombreuses variantes poétiques et dire à l'univers dans une élégie héroïque : « Comme nos âmes étaient les mêmes, nous avons eu le même destin. » Je désespère qu'on dise un jour sur moi d'aussi belles choses que celles dont une mort aussi extraordinaire fournissait l'occasion.

J'écris en ce moment dans une maison située sur les bords de l'Hèbre, qui coule sous la fenêtre de ma chambre. Mon jardin est rempli de grands cyprès; sur leurs branches, plusieurs couples de fidèles tourterelles se disent des douceurs du matin jusqu'au soir. Comme l'image des rameaux, comme les vœux me viennent naturellement à l'esprit en

1. Virgile, *Géorgiques*, IV, v. 524-527.

cette minute! Et ne devez-vous pas reconnaître à ma louange qu'il faut une vertu surhumaine pour résister aux tentations de la poésie dans un lieu où la réalité fournit tous les thèmes de la pastorale? L'été est déjà très avancé dans cette partie du monde, et sur plusieurs miles autour d'Andrinople ce ne sont que des jardins. Les rives du fleuve sont plantées d'arbres fruitiers, sous lesquels les notables turcs se divertissent tous les soirs, non pas en causant, ce n'est pas un de leurs plaisirs, mais en bonne compagnie; on choisit un endroit verdoyant et bien ombragé, on étend là un tapis sur lequel on s'assied en buvant du café, souvent servi par une esclave qui a une belle voix ou qui joue d'un instrument. Tous les vingt pas, on peut apercevoir un de ces petits groupes qui écoute le clapotis de la rivière, et ce goût est répandu jusque chez nos jardiniers. Je les ai vus souvent avec leurs enfants, assis sur la rive, jouant à merveille d'un instrument agreste qui répond à la description de la flûte antique, composé de roseaux de longueur inégale, donnant un son tout simple, mais d'une agréable douceur. M. Addison pourrait faire ici l'expérience dont il parle dans ses voyages; il n'y a pas d'instrument de musique, grec ou romain, connu par les statues qu'on ne retrouve entre les mains du peuple de ce pays.

Les jeunes garçons se divertissent souvent en faisant des guirlandes pour leurs agneaux préférés, que j'ai vus décorés et ornés de fleurs, couchés à leurs pieds, pendant que les bergers chantaient ou jouaient de la musique. Ils n'ont jamais lu de roman, mais ce sont ici les amusements traditionnels, et ils leur sont aussi naturels que le jeu du bâton et le ballon chez nos paysans anglais. La douceur et la chaleur du climat interdisent tous les exercices violents, dont ils n'ont pour ainsi dire jamais entendu parler, et leur inspirent une indolence et une aversion pour le travail qu'encourage l'abondance. Ces jardiniers sont la seule race de paysans heureux en Turquie. Ils approvisionnent toute la ville en fruits et légumes, et semblent vivre très facilement. Ils sont grecs pour la plupart et ils ont de petites maisons au milieu des jardins; leurs femmes et leurs filles y jouissent de libertés inconnues à la ville; je veux dire qu'elles sortent sans voile. Ces filles sont très propres et jolies, et passent leur temps à leur métier, à l'ombre de leurs arbres. Je ne considère plus Théocrite comme un faiseur de romans; il n'a fait que donner une image sans fard du mode de vie des paysans de son pays qui, avant d'être réduits à la gêne par l'oppresseur, occupaient leur temps comme aujourd'hui les plus favorisés d'entre eux. Sans nul doute, s'il était né anglais, ses idylles se seraient remplies de descriptions de la manière de battre le blé et de baratter le beurre, qu'on ne connaît pas ici, car le blé est foulé aux pieds par des bœufs et le beurre (j'en parle avec regret) est inconnu.

J'ai relu ici votre Homère avec un plaisir infini; je trouve l'explication de plusieurs petits passages, dont je ne comprenais pas entièrement la beauté; car on conserve ici beaucoup de coutumes et une partie du costume d'autrefois; et je ne m'étonne plus de retrouver ici plus de souvenirs d'une époque si éloignée que dans aucun autre pays. Les Turcs ne se mettent pas en peine d'introduire leurs propres manières, comme le font généralement d'autres nations qui s'imaginent plus policées. Ce serait ennuyeux pour vous si je vous citais tous les passages qui ont un rapport avec les coutumes actuelles, mais je vous assure que les princesses et les grandes dames passent leur temps sur leur métier à broder des voiles et des robes, entourées par leurs suivantes, toujours très nombreuses, comme dans la description d'Hélène et d'Andromaque. La description de la ceinture de Ménélas rappelle exactement celle que portent maintenant les grands seigneurs : de grosses agrafes d'or les ferment par-devant, entourées de riches broderies. Le voile neigeux qu'Hélène laisse tomber sur son visage est encore à la mode, et quand je vois (ce qui m'arrive très souvent) une demi-douzaine de vieux pachas aux barbes vénérables, assis à somnoler au soleil, je me souviens du bon roi Priam avec ses conseillers. On danse ici de la même manière que Diane aux bords de l'Eurotas. La principale dame mène encore la danse; elle est suivie par une troupe de jeunes filles qui imitent ses pas et, si elle chante, reprennent en chœur. Les airs sont extrêmement vifs et gais, avec pourtant quelque chose de merveilleusement tendre. Les pas sont variés au gré de celle qui conduit la danse, mais toujours en mesure et infiniment plus agréables qu'aucune de nos danses, au moins à mon avis. Je me joins parfois à leur suite, mais je ne suis pas assez entraînée pour me mettre à leur tête. Ce sont des danses grecques, les turques sont très différentes.

J'aurais dû commencer par vous dire que les mœurs orientales éclairent beaucoup certains passages des Écritures qui nous paraissent bizarres, car elles comportent habituellement des tournures que nous appelons du langage biblique. Le turc courant est très différent de ce qui se parle à la cour ou chez les gens haut placés, qui mélangent tant d'arabe et de persan dans leurs discours qu'on pourrait appeler leur langue d'un autre nom, et c'est aussi ridicule d'utiliser les expressions vulgairement employées, en parlant à un seigneur ou à une grande dame, que ce le serait de parler le dialecte du Somerset ou du Yorkshire à la cour d'Angleterre. En outre, ils disposent de ce qu'ils appellent le style relevé pour la poésie, et c'est exactement le style des Écritures. Je pense que vous aimeriez en voir un exemple authentique, et suis très contente de pouvoir satisfaire votre curiosité en vous envoyant une fidèle copie des vers qu'Ibrahim Pacha, le favori au pouvoir, a écrits pour la jeune princesse, son épouse par contrat, qu'il n'a pas encore la permission de visiter sans témoin, bien qu'elle soit allée vivre dans sa maison. C'est un homme d'esprit et un fin lettré, mais, s'il n'avait pas été capable d'écrire de bons vers pour une telle occasion, il aurait facilement trouvé assistance auprès des meilleurs poètes de l'empire. Ainsi, vous pouvez considérer ces vers comme un échantillon de leur plus belle poésie, et vous trouverez certainement comme moi que cela ressemble de très près au chant de Salomon, adressé aussi à une épouse royale.

Vers turcs adressés à la sultane,
fille aînée du sultan Ahmet III

Première strophe

Le rossignol erre maintenant dans la vigne,
Sa passion est de chercher les roses.
Je suis descendu pour admirer la beauté des vignes,
La douceur de vos charmes a ravi mon âme.
Vos yeux sont noirs et beaux,
Mais sauvages et dédaigneux comme ceux d'une biche.

Deuxième strophe

La possession tant désirée est différée de jour en jour.
Le cruel sultan Ahmet ne me permet pas de voir ces joues plus vermeilles que les roses.
Je n'ose pas dérober un de vos baisers.
La douceur de vos charmes a ravi mon âme.
Vos yeux sont noirs et beaux,
Mais sauvages et dédaigneux comme ceux d'une biche.

Troisième strophe

L'infortuné Ibrahim Pacha soupire en ces vers.
Un trait de vos yeux a transpercé mon cœur.
Ah! quand arrivera l'heure de la possession?
Dois-je encore attendre longtemps?
La douceur de vos charmes a ravi mon âme.
Ah! sultane aux yeux de biche, ange parmi les anges,
Je désire et mon désir reste insatisfait.
Pouvez-vous prendre plaisir à vous jouer de mon cœur?

Quatrième strophe

Mes pleurs déchirent le ciel,
Mes yeux ne peuvent trouver le sommeil.
Tourne-toi vers moi, sultane, que je contemple ta beauté.
Adieu, je dois descendre à la tombe.
Si tu m'appelles, je me retourne.
Mon cœur est chaud comme le soufre; soupire et il s'enflammera.
Couronne de ma vie, belle lumière de mes yeux, ma sultane, ma princesse,
Je frotte mon visage contre la terre; je verse des larmes brûlantes.
Je délire! N'avez-vous pas de pitié? Ne vous retournerez-vous pas pour me regarder?

J'ai eu beaucoup de peine pour obtenir une traduction littérale de ces vers, et si vous connaissiez mes interprètes, je m'éviterais la peine de vous assurer qu'ils n'ont pas retouché la poésie. A mes yeux (une fois admises les erreurs inhérentes à une traduction en prose, dans une langue aussi différente), il y a là de grandes beautés. L'expression « aux yeux de biche », bien qu'elle ne sonne pas très agréablement en anglais, me plaît extrêmement; je pense que c'est une image très vivante de la flamme et de l'indifférence des yeux de sa maîtresse. M. Boileau a très justement remarqué que nous ne devons jamais juger de l'élévation d'une tournure chez un auteur ancien d'après la manière dont elle sonne à nos oreilles; elle peut avoir été très belle, et de nos jours être basse et grossière. Vous connaissez si bien Homère que vous avez dû faire la même remarque, et vous devez avoir la même indulgence pour la poésie orientale. Les répétitions à la fin des deux premières strophes forment une sorte de chœur très agréable; c'est le style ancien. La musique des vers apparemment change dans la troisième strophe, où le refrain est modifié, et je pense qu'il a l'art de paraître plus passionné vers la fin, car il est naturel que les gens s'enflamment à leurs propres discours, surtout quand le thème touche le cœur; c'est beaucoup plus émouvant que notre façon moderne de terminer un chant passionné par une expression qui ne cadre pas avec le reste. Le premier vers est une description de la saison, car tout le pays est alors plein de rossignols; leurs amours avec les roses font l'objet de contes arabes aussi célèbres que les poèmes d'Ovide parmi nous. C'est comme si un poème anglais commençait par ces mots : « Maintenant Philomèle chante... » Et si je redisais le tout en transposant à l'anglaise, pour voir ce que cela donnerait?

Première strophe

C'est maintenant que Philomèle renouvelle ses tendres accords,
Confiant à la nuit le plaisir de sa douleur.
J'ai fouillé les bosquets pour entendre la belle chanter.
Là j'ai vu un visage plus beau que le printemps,
Vos grands yeux de biche où se jouent mille charmes,
Même feu, même vivacité, mais aussi même sauvagerie.

Deuxième strophe

En vain on me promet une récompense céleste.
Oh! cruel sultan qui retarde ma joie!
Pendant que vos charmes transpercent mon cœur amoureux,
Je n'ose pas dérober un baiser pour soulager ma douleur cuisante.
Ces yeux ressemblent, etc.

Troisième strophe

Votre amant infortuné se plaint en ces lignes;
De cette beauté chérie lui vient sa douleur mortelle.
Quand viendra-t-elle, l'heure de la félicité tant désirée?
Dois-je encore attendre? Puis-je vivre dans l'attente?
Oh! sultane étincelante! Vierge divinement belle!
N'aurez-vous pas pitié du tourment que j'endure?

Quatrième strophe

Les Cieux s'attendrissent en entendant mes cris perçants.
Je hais la lumière et le sommeil délaisse ma paupière.
Tourne-toi vers moi, sultane, avant que ton amant ne meure.
Je descends dans la terre, un soupir est mon dernier adieu.
Rappelle-moi, ma déesse, et ma vie renaît,
Ma reine, mon ange, le désir de mon cœur amoureux.
Je délire, mon cœur brûle d'un feu céleste.
Laisse-toi attendrir par cette passion qu'inspirent tes charmes.

J'ai pris la liberté au deuxième vers d'abonder dans le sens de l'auteur – du moins je le suppose, car il ne l'exprime pas littéralement. Lorsqu'il dit qu'il admire la beauté de la treille et que ses charmes ont ravi son âme, j'entends par là une fiction poétique : il a vu sa bien-aimée seule dans un jardin où il admirait la beauté du printemps; mais je ne peux abandonner la comparaison des yeux avec ceux d'une biche, bien que peut-être cette expression trop nouvelle rende en notre langue un son burlesque. Je ne peux déterminer dans l'ensemble si j'ai réussi ma traduction.

Je pense que notre langue anglaise ne convient pas pour exprimer une passion si violente, qu'on ressent rarement chez nous, et il nous manque ces mots composés qui sont très fréquents et très expressifs en turc. Vous voyez que j'avance dans mes études orientales, et à dire vrai je travaille très dur. J'espère que mes études me donneront l'occasion d'alimenter votre curiosité, ce qui sera le principal avantage que, j'espère...

A Sarah Chisvell

Andrinople, le 1er avril 1717

D'après moi, chère Sarah, je devrais me quereller avec vous, plutôt que m'excuser de ne pas avoir encore écrit, car vous n'avez pas répondu à ma lettre d'août postée de Nimègue avant septembre. Je suis certaine, pour ma part, d'avoir de bonnes excuses à mon silence, après être passée par un voyage aussi fatigant, mais je n'en trouve pas le dénouement si pénible que vous semblez l'imaginer : le grand nombre de Grecs, de Français, d'Anglais et d'Italiens qui sont sous notre protection font leur cour chez moi du matin au soir, et je vous assure qu'il y a parmi eux des dames très aimables, car aucun chrétien ne peut vivre à l'aise sous ce gouvernement sans la protection d'un ambassadeur, et le danger est d'autant plus grand qu'on est plus riche.

Les histoires de peste bien effrayantes que vous avez entendues ont très peu de fondement en vérité. J'avoue avoir beaucoup de difficulté à me familiariser avec ce mot qui m'a toujours inspiré des idées terrifiantes, bien que je sois convaincue que ce n'est rien de plus qu'une fièvre. La preuve en est que nous avons traversé deux ou trois villes très atteintes par l'infection. Dans la maison voisine de celle où nous dormions, deux personnes en sont mortes. Par chance pour moi, on m'abusa si bien que je ne sus rien de cette affaire, et on me fit croire que notre aide-cuisinier, qui était tombé malade là-bas, n'avait qu'un gros rhume. Néanmoins, nous avons laissé notre médecin pour prendre soin de lui; hier ils sont arrivés ici en bonne santé, et je suis maintenant dans le secret : il avait la peste. Il y a beaucoup de gens qui en réchappent, car l'air n'est pas toujours infecté. Je suis persuadée qu'on pourrait extirper la peste ici aussi facilement qu'en Italie et en France, mais elle fait si peu de mal qu'on ne s'en préoccupe pas beaucoup, et on se contente de souffrir de cette maladie qui remplace toutes nos variantes qui leur sont complètement inconnues.

A propos de maladies, je vais vous raconter quelque chose qui vous donnera, j'en suis sûre, le désir d'être ici. La petite vérole, si fatale et si fréquente chez nous, est ici rendue inoffensive par la découverte de l'inoculation (c'est ainsi qu'on la nomme). Il y a un groupe de vieilles femmes spécialisées dans cette opération. A l'automne, en septembre, quand la grande chaleur est tombée, les gens se demandent entre eux qui est disposé à avoir la petite vérole. Ils se réunissent à cet effet, et quand ils sont rassemblés (habituellement à quinze ou seize), la vieille femme vient avec une coquille de noix remplie de la meilleure matière varioleuse. Elle demande quelle veine on a choisie. Elle pique aussitôt avec une grosse aiguille celle qu'on lui présente (cela ne fait pas plus de mal qu'une vulgaire écorchure), introduit dans la veine le venin qui peut tenir sur la pointe d'une aiguille et panse la petite blessure avec un morceau de la coquille vide; elle pique de cette manière quatre ou cinq veines. Les Grecs ont l'habitude, par superstition, de piquer une veine au milieu du front, une à chaque bras et une sur la poitrine, pour tracer le signe de la croix, mais cette pratique a un effet désastreux, car toutes ces plaies laissent de petites cicatrices, et ceux qui ne sont pas superstitieux préfèrent qu'on les pique au niveau des jambes ou sur une partie du corps qui soit couverte. Les enfants ou les jeunes patients jouent ensemble tout le reste de la journée et sont en parfaite santé jusqu'au huitième jour. Alors la fièvre les saisit et ils gardent le lit pendant deux jours, très rarement trois. Exceptionnellement, ils ont plus de vingt ou trente boutons sur le visage, qui ne laissent jamais de marque, et en huit jours ils vont aussi bien qu'avant leur maladie. Au niveau des scarifications, il persiste un écoulement pendant la durée de la maladie qui, sans aucun doute, facilite l'opération. Chaque année, des milliers de gens subissent cette opération, et l'ambassadeur de France dit plaisamment qu'on prend ici la petite vérole en manière de divertissement comme on prend les eaux dans d'autres pays. On ne connaît pas d'exemple de quelqu'un qui en soit mort, et vous pouvez croire que l'expérience me paraît assez inoffensive, puisque j'ai l'intention de la tenter sur la personne de mon cher petit enfant. Je suis assez patriote pour prendre la peine de mettre à la mode en Angleterre cette utile découverte, et je ne manquerais pas d'en donner tous les détails par écrit à certains de nos médecins si j'en connaissais qui aient assez de vertu pour faire disparaître une partie considérable de leur revenu pour le bien de l'humanité, mais cette maladie est trop lucrative pour eux : on risque d'exposer à leur ressentiment le hardi pionnier qui entreprendra d'y mettre fin. Peut-être, si je reviens vivante, aurai-je le courage de partir en guerre contre eux. A cette occasion, admirez l'héroïsme du cœur de votre amie...

A Anne Thistlethwayte

Andrinople, le 1er avril 1717

Je peux maintenant dire à ma chère Mrs. Thistlethwayte que je suis arrivée saine et sauve, au terme d'un très long voyage. Je ne vais pas vous ennuyer par le récit des nombreuses fatigues que j'ai endurées. Vous préférez entendre parler de ce que je vois ici et une lettre de Turquie qui ne contiendrait rien d'extraordinaire serait une déception aussi grande que celle de mes visiteurs à Londres si je revenais sans objets rares à leur montrer. De quoi vais-je vous parler? Vous n'avez jamais vu de chameaux de toute votre vie, leur description sera peut-être à vos yeux quelque chose de neuf. Ils m'ont beaucoup frappée, quand je les ai vus pour la première fois. J'avais beau avoir vu des centaines de dessins de ces animaux, je n'en avais jamais vu de ressemblant qui m'en donne une bonne idée. J'allais faire une observation hardie, probablement fausse, puisque personne ne l'a faite avant moi; je considère qu'ils sont de l'espèce des cerfs : leurs jambes, leur corps et leur cou ont exactement la même forme, et leur couleur s'en rapproche beaucoup. En fait, ils sont beaucoup plus gros, car ils sont beaucoup plus hauts qu'un cheval, et sont si rapides qu'après la défaite de Peterwaradin ils ont distancé les chevaux les plus rapides et ont apporté à Belgrade les premières nouvelles de la défaite. Ils ne sont jamais totalement domestiqués. Les conducteurs ont la précaution de les attacher les uns aux autres avec de solides cordes, à cinquante sur une file, conduits par un âne, sur lequel le conducteur est assis. J'en ai vu trois cents dans une caravane. Ils portent un fardeau supérieur d'un tiers à celui d'un cheval, mais c'est tout un art de les charger à cause de leur bosse. Ils me semblent très laids, car leur tête a une vilaine forme, et elle est disproportionnée par rapport au corps. Ce sont des chameaux qui portent tous les fardeaux, et les animaux de trait sont des buffles, un animal que vous ne connaissez pas non plus. Ils sont plus gros et plus patauds que nos bœufs. Ils ont de courtes cornes noires près de la tête, qui se recourbent vers l'arrière. On dit que ces cornes sont très belles quand elles sont bien polies. Ils sont tout noirs avec des poils très ras et de tout petits yeux blancs qui leur donnent l'air d'un diable. Les paysans de la campagne leur teignent la queue et le pelage en rouge comme ornement.

Les chevaux ne sont employés ici à aucun labeur; d'ailleurs, ils en sont incapables. Ils sont beaux et vifs, mais en général petits et moins vigoureux que la race des pays plus froids; ils sont très doux en dépit de leur vivacité, très rapides, avec le pied très sûr. J'ai ici un petit blanc que j'adore, et dont je ne voudrais à aucun prix me séparer. Quand je le monte, il piaffe avec tant d'ardeur que vous penseriez que je suis très courageuse; pourtant, je n'ai jamais monté un cheval aussi docile à mon commandement. Ma selle d'amazone est la première qu'on ait vue dans cette partie du monde, et on la regarde avec autant d'étonnement que le bateau de Christophe Colomb en Amérique.

On a ici une sorte de respect religieux pour certains oiseaux, qui se multiplient de manière prodigieuse pour cette raison : les tourterelles, à cause de leur innocence, et les cigognes parce qu'on suppose qu'elles font chaque hiver le pèlerinage de La Mecque. A dire vrai, ce sont les sujets les plus heureux du gouvernement turc, et ils sont si conscients de leurs privilèges qu'ils vont dans les rues sans peur et construisent leurs nids dans les parties basses des maisons. Heureux ceux qui sont ainsi élus : les Turcs du peuple sont parfaitement persuadés qu'ils ne seront pas de l'année éprouvés par le feu ou par la peste. J'ai le bonheur d'avoir un de leurs nids sacrés juste sous la fenêtre de ma chambre.

Comme j'en viens à parler de ma chambre, je me rappelle que la description des maisons serait ici pour vous aussi nouvelle que celle des oiseaux ou des animaux. Je suppose que vous avez lu dans la plupart des descriptions de la Turquie que leurs maisons sont les plus misérables bâtisses du monde. Je puis vous parler savamment sur ce sujet, car j'ai pénétré dans beaucoup d'entre elles, et je vous assure qu'il n'en est rien. Nous sommes maintenant logés dans un palais qui appartient au Grand Seigneur. Je pense vraiment que leur type de construction est très agréable et adapté au pays. Il est vrai qu'ils ne s'acharnent pas à embellir l'extérieur des maisons, et elles sont généralement en bois, ce qui, je le reconnais, est à la source de beaucoup d'inconvénients : il ne faut pas en accuser le mauvais goût du peuple, mais l'oppression du gouvernement. Chaque maison, à la mort de son propriétaire, revient à la disposition du Grand Seigneur, et c'est pour cela que personne ne se soucie de faire de grandes dépenses, puisqu'il n'est pas sûr que sa famille s'en trouvera mieux. Ils cherchent à construire une maison confortable et qui leur durera toute la vie, et il leur est indifférent qu'elle s'écroule l'année d'après. Chaque maison, qu'elle soit grande ou petite, est divisée en deux parties distinctes, réunies par un étroit passage. Il y a devant le premier corps de logis une grande cour, entourée par une galerie découverte, que je trouve très agréable. Cette galerie conduit aux chambres, qui sont en général vastes, avec deux rangées de fenêtres, la première en verre peint. Ils construisent rarement plus de deux étages, chacun avec une galerie. Les escaliers sont larges et ont souvent plus de trente marches. C'est l'appartement du seigneur, et la partie contiguë est appelée le harem, c'est-à-dire l'appartement des dames, car le nom de sérail ne s'applique qu'à celui du Grand Seigneur. Là aussi, on trouve une galerie tout autour, ouverte sur le jardin, sur lequel donnent toutes les fenêtres, et le même nombre de chambres que dans la première partie, mais plus gaies et plus magnifiques à la fois par les peintures et le mobilier. La deuxième rangée de fenêtres est très basse, avec des grilles, comme dans les couvents.

Les chambres sont toutes recouvertes de tapis persans, avec une estrade à l'extrémité (ma chambre en a deux) d'une hauteur de deux pieds. C'est le sofa, qui est tendu avec un tapis plus riche, et il y a tout autour une sorte de banquette d'un demi-pied, recouverte de soie dont la richesse varie selon l'imagination et la munificence du propriétaire. Ma tenture est un drap écarlate à frange d'or. Il y a, adossées au mur, deux rangées de coussins; les premiers sont très grands et les derniers très petits, et c'est là que les Turcs déploient tous leurs fastes. Les coussins sont brochés ou brodés de fils d'or sur satin. Rien de plus gai ou de plus somptueux. Ces sièges sont si confortables et si commodes que je ne veux plus supporter de chaises. Les pièces sont basses, ce qui à mon avis n'est pas un défaut; le plafond est en bois marqueté ou peint et doré. Ils n'utilisent pas de tentures, car les murs sont revêtus de lambris de cèdre, rehaussés de clous d'argent ou peints avec des fleurs, qui s'ouvrent en plusieurs endroits avec des portes articulées et qui servent de placards, beaucoup plus commodes que les nôtres, à mon avis. Entre les fenêtres, il y a de petites niches pour mettre des bouteilles de parfum ou des paniers de fleurs, mais ce qui me plaît par-dessus tout, c'est cette habitude d'avoir des fontaines de marbre dans la partie basse de la pièce, où jaillissent plusieurs jets d'eau qui donnent une agréable fraîcheur et font en même temps un bruit agréable de cascade, en tombant d'un bassin à l'autre. Certaines de ces fontaines sont magnifiques. Chaque demeure a un bain; il s'agit de deux ou trois petites pièces, couvertes en plomb, au pavage de marbre, avec des bassins, des robinets d'eau, et tout ce qu'il faut pour prendre un bain, froid ou chaud. Une telle description vous surprendra peut-être, si différente de celles dont vous ont régalée les écrivains voyageurs habituels, qui raffolent de parler de ce qu'ils ne connaissent pas, car il faut une fonction bien précise, ou une très grande occasion, pour qu'un chrétien soit admis dans la maison d'un homme de qualité, et les harems sont toujours terrain interdit. Dans ces conditions, ils ne peuvent parler que de l'extérieur, qui n'a pas bon aspect. Les appartements des femmes sont tous construits par-derrière, à l'écart des yeux, sans autre perspective que les jardins, enclos dans de très hauts murs. On n'y retrouve pas nos parterres, mais ils sont plantés de très grands arbres, qui donnent une ombre très agréable et, à mon goût, sont plaisants à voir. Au milieu du jardin se trouve le kiosque, c'est-à-dire une grande pièce habituellement ornée par une belle fontaine au milieu. Il est surélevé de neuf ou dix marches et entouré de treillis dorés que la vigne vierge, le jasmin et le chèvrefeuille en s'entrelaçant transforment en un mur de verdure. De grands arbres sont plantés tout autour du kiosque qui est le théâtre de leurs plus grands plaisirs et où les dames passent la plupart du temps à s'occuper de musique ou de broderie. Dans les jardins publics, il y a des kiosques publics où vont les gens qui ne sont pas si bien aménagés chez eux, pour boire du café, des sorbets, etc. Ils n'ignorent pas un mode de construction plus durable. Leurs mosquées sont tout en pierre de taille. Leurs *hans* ou auberges sont d'une extrême magnificence; beaucoup forment une grande place carrée, avec tout autour des boutiques sous des arcades de pierre, où les artisans pauvres sont logés gratis. Il y a toujours une mosquée à côté. L'édifice principal du han est une grande salle, capable de contenir trois à quatre cents personnes, avec une cour très spacieuse, et une sorte de cloître tout autour, qui rappelle nos collèges. Je l'avoue, je pense que ces fondations sont un acte de charité plus raisonnable que fonder des couvents.

A Lady Mar

Andrinople, le 18 avril 1717

Je vous ai écrit, chère sœur, ainsi qu'à mes autres correspondants anglais, par le dernier bateau, et Dieu seul sait quand j'aurai l'occasion d'expédier du courrier, mais je vous écris quand même, bien que ma lettre puisse me rester entre les mains pendant deux mois. Pour dire la vérité, j'ai la tête pleine de la fête d'hier, et il me faut absolument, pour mon repos, la laisser échapper. Sans autre préalable, je vais commencer mon histoire.

J'étais invitée à dîner par la femme du grand vizir, et c'est avec un grand plaisir que je me préparai pour un divertissement inconnu avant moi des chrétiens. Je pensai que je ne satisferais guère sa curiosité (qui sans aucun doute avait puissamment motivé son invitation) en allant habillée comme à l'accoutumée, aussi ai-je pris l'habit de cour de Vienne, beaucoup plus magnifique que le nôtre. Je choisis d'aller incognito pour éviter toute discussion de cérémonial, et je partis dans un carrosse turc accompagnée de la femme qui tenait ma traîne et de la dame grecque qui était mon interprète. Je fus accueillie à la porte de la cour par un eunuque noir qui m'aida à sortir de la voiture avec un grand respect et me conduisit à travers plusieurs pièces où les esclaves féminines, en tous leurs atours, étaient rangées de chaque côté. Dans la dernière, je trouvai la dame, assise sur son sofa, avec une cape de zibeline. Elle s'avança pour m'accueillir et me présenta une demi-douzaine de ses amies avec une grande courtoisie. Elle m'apparut une très belle femme, proche de la cinquantaine. Je fus surprise d'observer si peu de luxe dans sa maison; le mobilier était partout très modeste, et, sauf les habits et le nombre de ses esclaves, il n'y avait rien sur elle qui parût coûteux. Elle devina mes pensées et me dit qu'elle avait passé l'âge de dépenser son temps ou son argent en superflu, que ses dépenses passaient en charités et que son temps était consacré à prier Dieu. Il n'y avait aucune affectation dans son discours; elle et son mari s'adonnent entièrement à la dévotion. Il ne regarde jamais aucune autre femme et, ce qui est beaucoup plus extraordinaire, ne touche pas de pot-de-vin, au contraire de tous ses prédécesseurs. Il est si scrupuleux sur ce point qu'il n'a pas voulu accepter le présent de M. Wortley jusqu'à ce qu'il se soit assuré à plusieurs reprises que c'était un rituel établi à l'installation de chaque ambassadeur.

Elle me fit la conversation avec toute la courtoisie possible jusqu'à l'arrivée du dîner, qui fut servi, avec de nombreux plats, l'un après l'autre, accommodés à leur manière qui, je pense, vaut mieux que ce que vous avez peut-être entendu raconter. Je peux bien juger de leur nourriture, ayant vécu trois semaines dans la maison d'un efendi de Belgrade qui a donné pour nous de magnifiques soupers préparés par ses cuisiniers personnels; la première fois, ils me plurent infiniment, cependant, je l'avoue, je commençai ensuite à m'en lasser et je désirai que mon cuisinier ajoute un plat ou deux de notre cuisine, mais j'attribue cette réaction à l'habitude. J'ai tendance à croire qu'un Indien qui n'aurait jamais goûté aux deux cuisines préférerait la leur. Leurs sauces sont très relevées, et tous les rôtis sont très cuits. Ils utilisent une grande quantité d'épices. On sert la soupe en dernier; ils ont autant de variétés de ragoûts que nous. J'étais désolée de ne pouvoir manger de tout ce que m'offrait la bonne dame, très empressée à me servir. Le festin se termina par un café et des parfums : en signe de respect, deux esclaves à genoux vinrent encenser mes cheveux, mes vêtements et mon mouchoir. Après ce cérémonial, la dame ordonna à ses esclaves de danser et de jouer de la musique, ce qu'elles firent, la guitare à la main; et elle s'excusa auprès de moi de leur manque d'habileté, disant qu'elle ne se souciait pas de les perfectionner dans cet art. A mon tour, je lui rendis la politesse, et bientôt pris congé.

Je fus reconduite de la même manière qu'à l'aller, et je serais volontiers rentrée directement chez moi, mais la dame grecque qui était avec moi me pria ardemment de rendre visite à la femme du Kâhya, en disant qu'il était le second officier de l'empire, mais devait en fait être considéré comme le premier, car le grand vizir n'avait que le nom, et lui la réalité du pouvoir. Je m'étais si peu amusée dans ce harem que cela ne me disait rien d'aller dans un autre, mais ses instances l'emportèrent et je suis très contente d'avoir eu cette complaisance. Tout ici avait un air différent de chez le grand vizir, et la maison proclamait la différence entre une vieille dévote et une jeune beauté. C'était d'une netteté parfaite et d'un grand luxe. Je fus reçue à la porte par deux esclaves noirs qui me conduisirent par un long couloir, entre deux rangées de belles filles, avec des nattes dans le dos, toutes vêtues de beaux damas clairs brodés d'argent. Je déplorais que la décence ne me permît pas de m'arrêter pour les regarder de plus près, mais j'oubliai cette pensée à mon entrée dans une grande salle, ou plutôt un pavillon, entouré de fenêtres dorées, dont les persiennes étaient relevées. Les arbres plantés tout autour donnaient un ombrage agréable qui empêchait le soleil d'être importun; le jasmin et le chèvrefeuille qui s'enroulaient autour de leurs troncs répandaient un doux parfum qui s'associait aux jets d'eau d'une fontaine de marbre blanc dans la partie inférieure de la pièce, retombant dans trois ou quatre bassins avec un bruit agréable. Le plafond était peint avec toutes sortes de fleurs débordant de paniers dorés, comme prêtes à tomber.

Sur un sofa surélevé de trois marches, et couvert de beaux tapis persans, était assise la femme du Kâhya, appuyée à des coussins de satin blanc brodé; à ses pieds, deux fillettes, dont l'aînée avait douze ans, belles comme des anges, luxueusement habillées, et presque couvertes de bijoux. Mais on les remarquait à peine à côté de la belle Fatima (c'est son nom), tant sa beauté éclipsait toute chose. J'ai vu tout ce qu'on qualifie de beauté en Angleterre ou en Allemagne, et je dois dire que je n'ai jamais vu de femme aussi glorieusement belle, et je ne puis me rappeler un visage auquel on prêterait attention à côté du sien.

Elle se leva pour m'accueillir, me saluant selon leur coutume, en plaçant la main sur son cœur avec une douceur pleine de majesté qu'aucune éducation à la cour ne pourrait jamais donner. Elle ordonna qu'on me donne des coussins et prit soin de me placer dans l'encoignure qui est la place d'honneur. Je l'avoue, la Grecque avait beau par avance m'avoir donné une haute opinion de sa beauté, je fus tellement frappée d'admiration que je ne pus parler de quelque temps, absorbée par sa contemplation. Quelle surprise de trouver tant d'harmonie dans les traits! Quel charme émane d'elle tout entière! Quelle taille bien proportionnée! Quel éclat du teint, à l'abri de tout artifice! Oh! l'indicible enchantement de son sourire! Quels yeux! Grands et noirs avec la douce langueur des yeux bleus! Chaque mouvement de son visage découvrait un nouveau charme. Ma première surprise passée, j'essayai, par un examen soigneux, de découvrir en son visage quelque imperfection; vaine recherche : je suis convaincue de l'erreur du vulgaire qui veut qu'un visage parfaitement régulier ne puisse être agréable; la nature avait réussi chez elle ce qu'avait tenté le célèbre Apelle : réunir les traits les plus réguliers pour former un visage parfait. Ajoutez à cela une allure pleine de grâce et de douceur, des mouvements si gracieux, avec un air majestueux, et pourtant sans raideur ni affectation; je suis persuadée qu'on pourrait la transporter sur le trône de la nation la plus civilisée d'Europe, on ne verrait en elle qu'une dame née et élevée pour être reine, bien qu'elle ait été éduquée dans un pays que nous appelons barbare. En un mot, nos beautés anglaises les plus célèbres pâliraient à côté d'elle.

Elle était vêtue d'un caftan de brocart d'or parsemé de fleurs d'argent, bien ajusté à sa taille et montrant à son avantage la beauté de sa gorge, voilée seulement par la fine gaze de sa chemise. Ses pantalons étaient rose pâle, vert et argent; ses mules blanches richement brodées; ses beaux bras étaient ornés de bracelets de diamants, et sa large ceinture était couverte de diamants; sur la tête, elle avait un riche mouchoir rose et argent, à la mode turque; ses beaux cheveux noirs pendaient, en tresses multiples, avec, sur un côté, des épingles à cheveux ornées de pierreries. J'ai peur que vous ne m'accusiez d'extravagance dans cette description. Je crois avoir lu quelque part que les femmes tombent toujours en extase quand elles parlent de beauté, et je n'arrive pas à imaginer pourquoi elles ne pourraient pas se le permettre. Je pense plutôt que c'est de la vertu que d'admirer sans que la jalousie ou le dépit s'en mêlent. Les écrivains les plus graves ont parlé avec une grande chaleur de tableaux et de statues célèbres. La création divine dépasse certainement nos pâles imitations et a, je pense, des droits plus légitimes à notre louange. Pour moi, je n'ai pas honte de reconnaître que j'ai pris plus de plaisir à regarder la belle Fatima qu'avec la plus belle statue. Elle me dit que les deux filles à ses pieds étaient ses filles, bien qu'elle me semblât trop jeune pour être leur mère.

Ses jolies suivantes étaient alignées aux pieds du sofa, une vingtaine de jeunes filles, qui me remémoraient les tableaux des nymphes antiques. Je ne pensais pas que la nature pût offrir un si beau spectacle. Elle leur fit signe de jouer et de danser. Quatre d'entre elles aussitôt commencèrent de jouer des airs langoureux sur des instruments intermédiaires entre le luth et la guitare, et s'accompagnèrent de la voix, pendant que les autres dansaient chacune à leur tour. Cette danse était très différente de ce que j'avais déjà vu; rien de plus élaboré, de plus propre à faire naître certaines idées : des airs si tendres, des mouvements si languissants, puis des pauses, et des yeux mourants! Les danseuses à demi renversées, puis se reprenant, avec un tel savoir-faire que la prude la plus froide et la plus rigide ne les aurait pas regardées sans penser à des choses qui ne se disent pas! Vous avez peut-être lu que la musique turque n'est bonne qu'à écorcher les oreilles : c'est une affirmation de gens qui n'ont jamais entendu que ce qui se joue dans les rues, et ils ne peuvent pas mieux juger qu'un étranger parlant de la musique anglaise d'après des airs de musette et de violon, rythmés par un couperet qui claque sur un os creux! Je vous assure que leur musique touche très vivement la sensibilité. Bien sûr, je préfère celle des Italiens, mais peut-être suis-je partiale. J'ai fait connaissance d'une dame grecque qui chante mieux que Mrs. Robinson et qui maîtrise les deux styles : elle préfère celui des Turcs; il est sûr qu'ils ont naturellement de très jolies voix; celles-ci étaient très agréables.

La danse finie, vinrent quatre belles esclaves tenant des encensoirs d'argent; elles parfumèrent la pièce avec de l'ambre, du bois d'aloès, et d'autres essences capiteuses. Elles me servirent ensuite, à genoux, le café dans de superbes porcelaines du Japon, avec des soucoupes de vermeil. Pendant tout ce temps, la charmante Fatima me tenait une conversation aussi courtoise qu'agréable, m'appelant souvent *uzelle sultanam* [1], « belle sultane », me demandant mon amitié avec la meilleure grâce du monde et regrettant de ne pouvoir m'entretenir dans ma propre langue. Lorsque je pris congé, deux servantes apportèrent, dans une jolie corbeille d'argent, des mouchoirs brodés. Elle me pria de porter le plus riche en souvenir d'elle, puis donna les autres à ma suivante et à mon interprète. Je me retirai avec les mêmes cérémonies qu'à mon arrivée, et je croyais avoir passé quelques instants au paradis de Mahomet, tellement ce que j'avais vu m'avait charmée. Je ne sais quelle impression le récit vous en fait; puisse-t-il vous donner une part de mon plaisir! Je voudrais que ma chère sœur soit de toutes les distractions de...

En-tête de lettres, 18 avril 1717

Mrs. Hewett.

Mrs. Thistlethwayte. Espère qu'elle connaît trop bien mon cœur pour croire que mon silence peut venir de la négligence. Pressée. Toute ma famille à bon port et en bonne santé. Intérêt affectueux à son égard. Mauvaise fortune de Mrs. S. Aucun éloignement ne peut diminuer mes sentiments pour elle.

Mrs. West. Tout va bien. Pays bien mieux que je ne croyais. Compliments.

Mrs. Chiswell. Cérémonies. Pays agréable. Pas de détails. Hommages.

Lady Dowager Denbigh. Espère que Sa Bonté se réjouira d'apprendre que je vais bien. Famille à bon port. Souhaits de santé et de vie pour Elle.

Mr. William Fielding. Espère qu'il sera content d'apprendre que nous allons tous bien. Au sujet de mon argent.

Mlle Schulenburg. Je ne sais pas où elle est. S'il l'intéresse de recevoir de longues lettres, toujours à son service.

---

1. *Güzel sultanim.*

A l'abbé Conti

Andrinople, 17 mai [1717]

Je m'apprête à quitter Andrinople, et je ne voudrais pas en partir sans vous décrire un peu tout ce que la ville a de curieux, et que je me suis donné beaucoup de mal pour voir. Je ne vais pas vous ennuyer de savantes dissertations sur son nom antique : vous savez mieux que moi si c'était Orestesit ou Oreste. Elle porte maintenant le nom de l'empereur Hadrien et ce fut la première capitale européenne de l'Empire turc; elle a été la résidence favorite de nombreux sultans. Mahomet IV, le père, et Mustapha, le frère de l'empereur régnant, s'y plaisaient tellement qu'ils avaient complètement abandonné Constantinople. Cette préférence irrita les janissaires, au point de jouer un rôle important dans les révoltes qui ont renversé ces sultans. Pourtant, c'est ici que leur successeur semble aimer à tenir sa cour. Je ne vois pas les raisons de cette faveur. Il est vrai que le site est joli, la campagne alentour très belle, mais l'air est extrêmement malsain et le Sérail lui-même n'échappe pas à son influence pernicieuse. La ville, dit-on, a huit miles de tour; je suppose qu'on y inclut les jardins. Elle contient quelques demeures qui sont belles, je veux dire vastes, car l'architecture de leurs palais n'a jamais grande apparence. Elle est maintenant remplie de gens, mais la plupart d'entre eux suivent la cour ou le camp, et lorsqu'ils sont partis, il paraît qu'elle n'est pas très peuplée. Elle se trouve sur la rivière Maritza (l'Hèbre dans l'Antiquité) qui est à sec tous les étés, ce qui contribue beaucoup à l'insalubrité de ces lieux. En ce moment, c'est un cours d'eau très agréable, sur lequel on a jeté deux ponts superbes. J'ai eu la curiosité d'aller voir le Marché, dans mon habit turc, qui me fait un déguisement suffisant; pourtant, je reconnais que je n'étais pas très à mon aise lorsque je l'ai vu plein de janissaires; mais ils n'osent pas se montrer grossiers avec une femme, et ils me firent place avec autant de respect que si j'avais tenu mon véritable rôle. Ce Marché a un demi-mile de longueur; il est voûté, et tenu extrêmement propre. Il contient trois cent soixante-cinq boutiques, garnies de toutes sortes de riches marchandises exposées pour la vente, de la même manière qu'au New Exchange de Londres, mais le sol est tenu beaucoup plus propre, et les boutiques toutes si soignées qu'elles paraissent repeintes de frais. Des oisifs de tout genre s'y promènent pour leur distraction ou s'amusent à boire du café ou du sorbet que l'on propose à grands cris, tout comme on fait à nos spectacles pour oranges et douceurs.

J'ai remarqué que la plupart des commerçants riches étaient Juifs. Ce peuple a un pouvoir incroyable dans ce pays. Ils ont de nombreux privilèges, même sur les Turcs de naissance, et ils ont constitué ici une communauté très importante, régie par ses propres lois. Tout le commerce de l'empire est entre leurs mains, en partie à cause de l'étroite solidarité qui les unit, et aussi parce qu'ils l'emportent sur les Turcs, nonchalants et peu industrieux. Chaque pacha a son Juif qui est son *homme d'affaires;* il pénètre tous ses secrets, s'occupe de toutes ses affaires. Pas de marchandage, pas de pot-de-vin, pas de commerce qui ne passe par leurs mains. Ils sont les médecins, les intendants, les interprètes de tous les grands personnages. Vous pouvez juger quels avantages en retire un peuple qui sait toujours profiter de tout. Ils ont trouvé l'art de se rendre si nécessaires qu'ils sont assurés de la protection de la cour, quel que soit le gouvernement. Même les commerçants anglais, français et italiens, qui connaissent pourtant leurs tours, sont obligés de passer par leur intermédiaire. Aucun négoce ne se fait sans eux, et le plus humble d'entre eux est encore trop important pour qu'on l'offense, car tout leur corps défend ses intérêts avec autant d'énergie que s'il s'agissait du premier de ses membres. Beaucoup sont immensément riches, mais ils veillent à en faire peu d'étalage, bien qu'ils vivent chez eux dans un luxe et une magnificence extrêmes. Ce sujet copieux m'a éloignée de la description du Marché fondé par Ali Pacha, dont il porte le nom. Tout près se trouve le *Shershi*[1], une rue longue

1. *Shershi* = *Çarsi.*

d'un mile, pleine de boutiques avec le plus grand choix de beaux articles, mais excessivement chers, car rien n'est fabriqué sur place. Cette rue est recouverte de planches qui arrêtent la pluie, de sorte que les marchands peuvent se rassembler commodément par tous les temps. A côté, le *Bisisten* [1] est une bourse bâtie sur des piliers, où l'on vend tout ce qu'il faut pour harnacher les chevaux; partout y scintillent l'or, les riches broderies et les pierreries, ce qui fait un spectacle fort agréable.

De là je suis allée dans mon carrosse turc au camp, que l'on va lever dans quelques jours, en direction de la frontière. Le sultan, avec la cour, est déjà sous ses tentes. L'aspect de celles-ci est vraiment magnifique. Celles des grands personnages sont plutôt des palais que des tentes; elles occupent un vaste terrain et sont divisées en une quantité d'appartements. Elle sont tout en vert, et les pachas à trois queues ont l'insigne de leur fonction planté bien en vue devant leurs tentes, qui ont le faîte orné de boules dorées dont le nombre varie selon le rang du propriétaire. Les dames vont voir le camp en voiture avec autant d'intérêt que les nôtres se rendaient à celui de Hyde Park; mais on voit bien que les soldats se mettent en campagne sans grand enthousiasme. La guerre, qui est un fardeau pour l'ensemble du peuple, pèse particulièrement lourd sur les artisans. En ce moment, le Grand Seigneur est décidé à conduire son armée en personne; chaque corps de métier, à cette occasion, doit lui faire un présent selon ses capacités. J'ai fait l'effort de me lever à six heures du matin pour voir cette cérémonie, qui pourtant n'a pas commencé avant huit heures. Le Grand Seigneur était à la fenêtre du Sérail pour voir la procession, qui a traversé toutes les rues principales. Elle était précédée d'un efendi monté sur un chameau richement harnaché; il lisait à voix haute un Coran bien relié posé sur un coussin, et il était entouré d'un chœur d'enfants vêtus de blanc, qui en chantaient des versets. Suivait un bel homme portant des rameaux verts, qui représentait un laboureur en train de semer; après lui,

1. *Bisisten* = *bedesten.*

plusieurs moissonneurs avec des guirlandes d'épis de blé, comme Cérès dans les tableaux, faucille en main, faisant le geste de moissonner; puis, sur un petit char tiré par des bœufs, il y avait un moulin à vent avec des enfants en train de moudre; il était suivi d'un autre char tiré par des buffles, avec un four et deux enfants, dont l'un pétrissait le pain et l'autre le tirait du four. Ces garçons lançaient à droite et à gauche des petits gâteaux à la foule; derrière eux venait toute la corporation des boulangers, à pied, deux par deux dans leurs plus beaux habits, portant sur la tête gâteaux, pains, pâtisseries et pâtés de toutes sortes; puis deux bouffons de carnaval, la figure et les vêtements enfarinés, amusaient la foule avec leurs mimiques grotesques; ensuite défilaient dans le même style tous les corps de métiers de l'empire, les plus nobles, bijoutiers, merciers, etc., sur de belles montures, et plusieurs des cortèges étaient somptueux; les fourreurs donnaient l'un des plus beaux spectacles : un très grand char garni de peaux d'hermines, de renards, etc., si bien empaillés que les animaux paraissaient vivants. Suivaient un orchestre et des danseurs. Je pense qu'il y avait au total au moins vingt mille hommes, tous prêts à suivre Son Altesse si Elle leur en donnait l'ordre.

Les volontaires, venus solliciter l'honneur de mourir à Son service, fermaient la marche. Cette partie du spectacle me parut si barbare que je me détournai de la fenêtre dès que je la vis. Tous étaient nus jusqu'à la taille, les bras percés de flèches qu'ils avaient laissées enfoncées dans leur chair; d'autres se les étaient plantées dans la tête, et le sang leur coulait sur le visage; il y en avait qui se lacéraient les bras avec des couteaux tranchants, faisant rejaillir le sang sur leurs voisins; et on considère ce geste comme une preuve de leur désir de gloire. A ce qu'on me dit, certains l'exploitent pour faire avancer leurs amours; lorsqu'ils arrivent à la fenêtre où se tient leur maîtresse (toutes les femmes de la ville assistent à ce spectacle, voilées), ils se plantent une flèche de plus pour l'amour d'elle, et elle répond à cette galanterie par un signe d'approbation et d'encouragement. Le spectacle a duré en tout près de huit heures, à mon grand regret car j'étais très fatiguée, bien que je fusse chez la veuve du *capitan bassa*[1] (amiral), qui m'offrit café, douceurs, sorbets, etc., avec la plus grande courtoisie.

Deux jours après, je suis allée voir la mosquée du sultan Selim II; c'est un édifice qui vaut bien la visite. Je portais mon habit turc et j'y fus admise sans difficulté, bien qu'ils aient deviné qui j'étais, à ce que je crois d'après l'empressement du portier à tout me montrer. Cette mosquée jouit d'une situation très avantageuse, au cœur de la ville et sur une éminence, ce qui lui donne très noble allure. La première cour a quatre portes, et la cour intérieure trois. Toutes sont entourées de galeries avec des colonnes ioniques en marbre, bien polies et de couleurs très vives; le sol est tout dallé de marbre blanc, et le toit des galeries fait d'une suite de coupoles ou de dômes recouverts de plomb, avec des boules dorées au sommet; au milieu de chaque cour, cinq fontaines de marbre blanc, et avant la grande porte de la mosquée, un portique avec des colonnes de marbre vert.

La mosquée a cinq portes; son élément principal est une coupole prodigieuse. Je suis trop ignorante en architecture pour parler de ses proportions, mais elles m'ont paru très harmonieuses. Ce dont je suis sûre, c'est qu'elle est extrêmement haute, et c'est le bâtiment le plus noble que j'aie jamais vu. Ses colonnes portent deux rangées de galeries avec des balustrades de marbre; le dallage de marbre est recouvert de tapis persans; et à mon avis, ce qui ajoute beaucoup à sa beauté, c'est qu'elle n'est pas divisée par des stalles ni encombrée de bancs et de sièges comme nos églises; les colonnes (la plupart de marbre blanc et rouge) ne sont pas défigurées par ces petites images et ces tableaux criards qui donnent aux églises catholiques romaines l'air de magasins de jouets. Je voyais sur les murs une marqueterie de petites fleurs, dans des couleurs si vivantes que je n'arrivais pas à imaginer de quelles pierres on s'était servi. En m'approchant, je vis qu'ils étaient revêtus de porcelaine du Japon qui fait un effet magnifique[2]. Au milieu pendait

1. *Kapudan pacha.*
2. Il s'agit de faïence turque.

un énorme lustre en argent doré, et il devait bien y en avoir au moins deux mille autres plus petits. Lorsque tout est allumé, le coup d'œil doit être splendide, mais, comme c'est la nuit, aucune femme n'est autorisée à entrer. Sous le grand lustre, il y a une haute chaire en bois sculpté et doré, et tout à côté une fontaine pour se laver – vous savez que c'est là une partie essentielle de leurs dévotions. Dans un coin, il y a une petite galerie entourée d'un treillis doré pour le Grand Seigneur; tout au fond, une grande niche surélevée par deux marches, recouverte de brocart d'or, ressemble tout à fait à un autel; devant se dressent deux chandeliers de vermeil avec des cierges de cire blanche, aussi hauts et larges qu'un homme.

Extérieurement, quatre très hautes tours ornent la mosquée; leur sommet est doré, et c'est de là que les imams appellent les gens à la prière. J'ai eu la curiosité de monter en haut de l'une d'elles, dont la disposition ingénieuse étonne tous les visiteurs. Il n'y a qu'une porte, mais elle donne sur trois escaliers, menant aux trois étages de la tour, de telle sorte que trois prêtres peuvent monter en tournant sans jamais se rencontrer; c'est une disposition très admirée.

Derrière la mosquée, il y a un marché plein de boutiques où les artisans pauvres sont logés gratis. J'ai vu ici plusieurs derviches à leurs prières. Ils sont vêtus d'une simple pièce de laine, bras nus, et sur la tête une coiffure en laine, comme un chapeau très haut sans bords. Je suis allée voir d'autres mosquées bâties dans le même style, mais elles ne se comparent pas en somptuosité avec celle que j'ai décrite, et qui dépasse de loin n'importe quelle église d'Allemagne ou d'Angleterre – je ne veux pas parler des pays que je n'ai pas vus. Le Sérail n'a pas l'air d'un palais très somptueux, mais ses jardins sont très vastes, abondamment fournis d'eau, et pleins d'arbres : c'est tout ce que j'en connais, car je n'y suis jamais entrée.

Je ne vous parle pas de l'ordonnance de l'entrée et de l'audience de Milord Wortley. C'est toujours la même chose, et cela a été décrit si souvent que je ne vous ennuierais pas en le répétant. Le jeune prince, qui paraît onze ans, est assis près de son père lorsque celui-ci donne une audience. C'est un joli garçon, mais il ne sera probablement pas le successeur immédiat du sultan, car il subsiste deux fils du sultan Mustapha (frère aîné de l'actuel); c'est l'aîné, qui paraît vingt ans, qui porte les espérances du peuple. Ce règne a été sanglant et avare. Je crois volontiers qu'on est impatient d'en voir la fin. Je suis, M., votre...

Je vous récrirai de Constantinople.

A l'abbé Conti

Constantinople, 29 mai 1717

J'ai profité d'un temps splendide durant mon voyage, et comme nous sommes maintenant en plein dans la belle saison, j'ai goûté le charme de jolis paysages; les prairies sont couvertes de mille espèces de fleurs et d'herbes odorantes; ma berline, en les écrasant, parfumait l'atmosphère. Le Grand Seigneur nous a fourni trente chariots bâchés pour nos bagages, et cinq voitures du pays pour mes femmes. La route était encombrée de grands spahis avec leur équipage, venus d'Asie pour faire la guerre. On voyage ici toujours avec des tentes, mais j'ai préféré m'arrêter dans des maisons sur tout le trajet. Je vous épargne les noms des villages que nous avons traversés et qui n'avaient rien de remarquable, sinon Ciorlu[1], où nous avons logé dans un *konak,* ou petit sérail, bâti pour le Grand Seigneur lorsqu'il suit cette route. J'ai eu la curiosité de visiter tous les appartements destinés aux dames de sa cour. Ils sont au cœur d'un bosquet épais, rafraîchi par des fontaines; mais j'ai été surprise de voir les murs presque recouverts de petits distiques de poésie turque, écrits à la plume. Je me les suis fait expliquer par mon interprète, et plusieurs m'ont paru très bien tournés; je crois sans peine que la traduction leur enlevait pourtant beaucoup de leur beauté. L'un dit littéralement ceci :

1. Çorlu.

Nous venons en ce monde, y logeons, et le quittons.
Jamais il ne s'en va, celui qui est logé en mon cœur.

Le reste de notre trajet nous a fait traverser des prairies aux jolies couleurs, le long de la mer de Marmara, la Propontide des anciens. Nous avons passé la nuit suivante à Selivrea, ville illustre dans l'Antiquité [1]. C'est maintenant un excellent port de mer, assez proprement bâti, avec un pont de trente-deux arches. Il y a ici une ancienne église grecque qui est célèbre. J'avais donné l'une de mes voitures à une dame grecque qui trouvait commode de voyager avec moi. Elle projetait d'aller y faire ses dévotions, et j'ai saisi avec joie l'occasion de l'accompagner. J'ai trouvé cette église mal bâtie, garnie du même genre d'ornements que les églises catholiques romaines, mais en moins riche. On m'y a montré le corps d'un saint, pour qui j'ai jeté une pièce de monnaie, et une image de la Vierge Marie dessinée de la main de saint Luc : elle donne piètre idée des talents de peintre du saint, mais il n'empêche, la plus belle madone de l'Italie n'est pas plus célèbre pour ses miracles. Les Grecs ont en peinture un goût monstrueux; pour plus d'élégance, les figures se détachent toujours sur un fond d'or. Vous imaginez le bel effet! Ils ne connaissent ni ombres portées ni proportions. Ils ont ici un évêque, qui officiait en robe pourpre et m'a fait porter en présent à mon logement un cierge presque aussi gros que moi.

Nous avons passé la nuit suivante dans la ville de Bujuk Cekmege, ou Grand Pont, et celle d'après à Kujuk Cekmege, Petit Pont [2], dans un logement très plaisant, qui était autrefois un monastère de derviches; il est précédé d'une vaste cour entourée de galeries en marbre, avec une fontaine abondante au milieu. La vue, de cet endroit, avec les jardins alentour, est des plus agréable : elle montre que les moines de toutes les religions savent comment choisir leur retraite. Il appartient maintenant à un *hodja* ou maître d'école qui y instruit les garçons; comme je lui demandais de me montrer son appartement, à ma surprise, il me dési-

1. Selymbria (nom antique) : Silivri.
2. Büyük Çekmece et Küçük Çekmece.

gna un grand cyprès dans le jardin, au faîte duquel il y avait une place pour son propre lit et, un peu plus bas, une autre pour sa femme et ses deux enfants qui dormaient là chaque nuit. Cette fantaisie m'amusa tellement que je décidai d'examiner son nid de plus près. Mais, après avoir monté cinquante marches, comme il m'en restait cinquante autres et que je devais ensuite grimper de branche en branche, au risque de me rompre le cou, je pensai que le mieux était de revenir à terre.

Nous sommes arrivés à Constantinople le soir suivant. Je ne puis guère vous parler de la ville, car tout mon temps a été occupé à recevoir des visites, ce qui au moins divertit la vue, car les jeunes femmes sont toutes des beautés, et d'une beauté fort rehaussée par le bon goût de leurs vêtements. Notre palais est à Péra; ce n'est pas plus un faubourg de Constantinople que Westminster n'en est un de Londres. Tous les ambassadeurs sont très proches voisins. D'un côté de notre demeure, nous avons vue sur le port, la cité et le Sérail, et dans le lointain les collines d'Asie. L'ensemble forme peut-être le paysage le plus magnifique du monde. Un auteur français dit que Constantinople est deux fois plus grande que Paris. Milord Wortley ne veut pas reconnaître qu'elle est plus grande que Londres, bien que ce soit aussi mon impression; mais je ne pense pas qu'elle soit aussi peuplée. Les cimetières qui l'entourent sont certainement beaucoup plus grands que la ville entière. On est étonné des étendues de terrain perdues de cette façon en Turquie. J'ai vu parfois des cimetières de plusieurs miles appartenant à des villages sans importance qui avaient été de grandes villes et ne conservaient pas d'autres marques de leur splendeur passée. En aucun cas on n'enlèverait ici une pierre qui est employée comme monument funéraire. Certaines sont fort coûteuses, d'un excellent marbre. A la mémoire d'un homme, on dresse une colonne terminée par un turban sculpté, et comme les différentes formes de turban indiquent la qualité ou la profession, c'est une manière d'arborer les armes du défunt. En outre, la colonne porte en général une grande inscription en lettres d'or. Les dames ont une colonne simple, sans ornement, sauf celles qui meurent non mariées : la leur se termine par une rose. Les monuments propres à une famille sont fermés de grilles et environnés d'arbres; dans ceux des sultans et des grands personnages, des lampes brûlent continuellement.

Lorsque j'ai parlé de leur religion, j'ai oublié de mentionner deux particularités; je connaissais l'une d'elles par mes lectures, mais elle me paraissait si étrange que je ne pouvais pas y croire. Pourtant, il doit être vrai que lorsqu'un homme s'est séparé de sa femme de la manière la plus solennelle, il ne peut la reprendre s'il ne permet pas à un autre homme de passer une nuit avec elle; on a des exemples de personnes qui se sont soumises à cette loi plutôt que de ne pas reprendre leur bien-aimée. L'autre point de leur doctrine est très extraordinaire : toute femme qui meurt non mariée est considérée comme damnée. Ils appuient cette croyance par la raison que la femme a été créée afin de croître et de multiplier; elle n'est employée selon sa vocation que lorsqu'elle met au monde des enfants ou s'en occupe, et ce sont là toutes les vertus que Dieu attend d'elle. Et réellement leur genre de vie, qui leur ferme toute activité publique, ne leur laisse rien d'autre à faire. L'opinion courante chez nous qu'ils n'accordent pas d'âme aux femmes est une erreur. Il est vrai qu'ils disent qu'elles ont des âmes d'un genre moins élevé, qui ne doivent donc pas espérer être reçues dans le paradis réservé aux hommes qui seront en la compagnie de beautés célestes; mais il y a des lieux de félicité destinés aux âmes de l'ordre inférieur, où toutes les femmes de bien jouiront du bonheur éternel. Beaucoup de femmes sont très superstitieuses, et ne resteraient pas veuves dix jours, de peur de mourir dans l'état réprouvé d'une créature inutile. Mais celles qui aiment leur liberté et ne sont pas esclaves de leur religion se bornent à se marier lorsqu'elles ont peur de mourir. Voilà un chapitre de théologie bien différent de celui qui nous prêche que pour Dieu rien n'est préférable à un vœu de virginité perpétuelle! Je vous laisse à décider quelle est la divinité la plus rationnelle des deux.

J'ai déjà bien avancé une collection de médailles grecques. Il y a ici plusieurs antiquaires de profession, prêts à servir quiconque le souhaite, mais vous n'imagineriez pas comme ils me dévisagent lorsque je leur pose des questions, comme si on ne pouvait rechercher des médailles sans être devenu soi-même une antiquité! J'en ai trouvé quelques-unes de valeur : des rois de Macédoine, et en particulier de Persée, si vivante que je crois voir tous ses défauts sur son visage. J'ai une tête en porphyre joliment travaillée, de la sculpture grecque authentique; qui elle représente, les savants devront le deviner à mon retour, car vous ne pensez pas que ces antiquaires (ce sont tous des Grecs) sachent quoi que ce soit. Leur affaire est de vendre. Ils ont des correspondants à Alep, au Caire, en Arabie, en Palestine, qui leur envoient tout ce qu'ils peuvent trouver, et souvent des monceaux d'objets tout juste bons à fondre pour faire des casseroles et des marmites. Ils demandent le plus cher possible de chaque article, sans reconnaître ce qui a de la valeur et ce qui n'en a pas. Ceux qui ont des prétentions d'experts découvrent en général l'image d'un saint sur les médailles des villes grecques. L'un d'eux, qui me montrait sur un revers Pallas une Victoire à la main, me soutenait que c'était la Vierge tenant un crucifix. Le même m'a offert la tête de Socrate sur une sardoine, et pour en rehausser la valeur lui donnait le titre de saint Augustin. J'ai commandé une momie, et j'espère qu'elle parviendra à bon port entre mes mains, malgré la mésaventure subie par une autre, très belle, destinée au roi de Suède. Comme il en avait donné un grand prix, les Turcs se mirent en tête qu'il devait bien avoir un projet d'importance la concernant. Ils s'imaginèrent que c'était le corps de Dieu sait qui, et que le destin de leur empire dépendait mystérieusement de sa conservation. On se rappela à cette occasion de vieilles prophéties, et la momie fut emprisonnée aux Sept Tours, où elle est restée strictement enfermée depuis lors. Je n'ose essayer mon crédit dans une affaire aussi grave que son élargissement, mais j'espère que la mienne passera sans enquête. Je n'ai pour l'instant rien de plus à vous dire sur cette ville célèbre. Lorsque j'aurai regardé un peu autour de moi, vous aurez d'autres nouvelles. Je suis, Monsieur...

A Alexander Pope

Village de Belgrade, 17 juin [1717]

J'espère que vous avez reçu deux ou trois lettres de moi avant celle-ci. Je n'ai eu la vôtre qu'hier, bien qu'elle soit datée du 3 février. C'est celle où vous me supposez morte et enterrée. Je vous ai déjà fait savoir que je suis encore en vie, mais à vrai dire ma situation actuelle me paraît être exactement celle des âmes de l'au-delà. Les chaleurs de Constantinople m'ont amenée à cet endroit, qui répond parfaitement à la description des Champs-Élysées. Je suis au milieu d'un bois, composé principalement d'arbres fruitiers, arrosé par une quantité de fontaines célèbres pour l'excellence de leur eau, et parcouru de multiples allées ombragées, dont le gazon me semblait artificiel, mais on m'assure que c'est l'ouvrage de la seule nature; de là on voit la mer Noire d'où nous viennent perpétuellement des brises fraîches qui écartent de nous les chaleurs de l'été. Le village est exclusivement habité par les plus riches des chrétiens qui se réunissent chaque soir à une fontaine, à quarante pas de ma maison, pour chanter et danser; le physique et les costumes des femmes ressemblent trait pour trait à l'image que poètes et peintres nous donnent des nymphes antiques. Ce qui achève de me persuader de mon trépas, c'est la situation de mon esprit, l'ignorance profonde où je me trouve de ce qui se passe chez les vivants, et dont le bruit ne me parvient que par hasard, et la profonde quiétude avec laquelle je l'apprends. Il me reste pourtant une certaine nostalgie de mes amis et connaissances laissés dans le monde, car, suivant l'autorité de cet auteur admirable,

les âmes en allées ont une merveilleuse tendresse
pour amis et parents qu'elles ont laissés,
et cela, personne ne peut le nier.

Mon trépas illustre la vérité solennelle de ces vers. Je pense que Virgile partageait cette opinion. Pour lui aussi, il doit rester dans les âmes humaines quelque trace des passions humaines.

Leur passion les poursuit jusque dans la mort.

Et, pour faire un Élysée parfait, une rivière Léthé serait indispensable; mais je n'ai pas la chance de la découvrir. A vrai dire, ces chansons, ces danses et ces couchers de soleil m'ennuient parfois profondément, et je regrette alors la fumée et les occupations absurdes dans lesquelles vous peinez, bien que je cherche à me persuader que je vis dans une diversité plus agréable que vous, et que chasser la perdrix le lundi, lire en anglais le mardi, étudier le turc le mercredi (j'en sais déjà beaucoup, soit dit au passage), des auteurs classiques le jeudi, passer le vendredi à écrire, le samedi aux travaux d'aiguille, enfin recevoir des visites et écouter de la musique le dimanche, constitue un emploi du temps plus agréable que de tenir salon le lundi, aller chez Lady Mohun le mardi, à l'opéra le mercredi, au théâtre le jeudi, chez Mrs. Chetwynd le vendredi, etc., une ronde perpétuelle pour entendre parler des mêmes scandales et voir se répéter les mêmes folies, qui ici ne m'affectent pas plus que le reste du peuple des morts. Maintenant je puis apprendre des choses déplaisantes avec pitié et sans indignation. La pensée du vaste abîme qui nous sépare refroidit toutes les nouvelles qui arrivent. Je ne puis éprouver ni joie ni douleur si je réfléchis qu'il est fort possible que la cause de l'une ou de l'autre ait disparu avant que la lettre vienne entre mes mains. Mais (comme je l'ai dit) cette indolence ne s'étend pas au petit nombre de mes amitiés. J'ai encore un intérêt ardent pour la vôtre et pour celle de M. Congreve, et le désir de vivre dans votre souvenir, bien que morte au reste du monde.

A Lady...

Village de Belgrade, 17 juin [1717]

Je vous demande bien pardon, Madame, mais je n'ai pu m'empêcher de rire de bon cœur de votre lettre et des commissions dont il vous a plu de m'honorer. Vous désirez que je vous achète une esclave grecque, qui doit posséder mille qualités. Les Grecs sont des sujets et non des esclaves. Les personnes que l'on peut acheter ont été prises à la guerre ou enlevées par les Tartares en Russie, Circassie ou Géorgie, et ce sont de pauvres épaves si lamentables que vous n'en jugeriez aucune digne d'être votre servante. Il est vrai que des milliers de captifs ont été faits en Morée, mais le plus grand nombre a été racheté par les contributions charitables des chrétiens; ou bien leurs parents à Venise ont payé leur rançon. Les jolies esclaves qui entourent les grandes dames ou servent au plaisir des grands personnages sont toutes achetées à l'âge de huit ou neuf ans et reçoivent une éducation soignée, de sorte qu'elles chantent, dansent, brodent, etc., à la perfection. Ce sont en général des Circassiennes, que leur propriétaire ne vend jamais, sinon pour les punir d'une faute très grave. S'ils arrivent à s'en lasser, ils les offrent à un ami ou leur donnent la liberté. Celles qui sont exposées à la vente dans les marchés sont, sans exception, ou bien coupables de quelque délit ou bien tellement dépourvues de valeur qu'elles ne sont bonnes à rien. Je crains que vous ne croyiez pas mes explications : elles ont beau être différentes des idées reçues en Angleterre, elles n'en sont pas moins véridiques.

Toute votre lettre est pleine d'erreurs d'un bout à l'autre. Vous avez tiré vos opinions sur les Turcs de Dumont, cet auteur de mérite qui écrit avec autant d'ignorance que d'aplomb. Je prends un plaisir tout spécial à lire ici les récits de voyages au Levant. Ils sont en général si loin du vrai, si pleins d'absurdités qu'ils me divertissent fort. Ils ne manquent jamais de décrire la condition des femmes, qu'aucun auteur assurément n'a pu voir, et de parler en experts du caractère des hommes, dans la société desquels ils ne sont jamais admis; très souvent ils décrivent des mosquées où ils n'osent pas seulement glisser un regard. Les Turcs sont très hautains, et ne consentent à converser avec un étranger que s'ils ont la certitude qu'il a un certain rang dans son pays. Je parle des gens de qualité; quant aux individus du commun, figurez-vous quelle idée leur entretien peut donner du caractère général de ce peuple!

Quant au baume de La Mecque, je vous en enverrai certainement; mais il n'est pas si facile que vous le croyez de s'en procurer, et en conscience je ne puis vous en recommander l'usage. Je ne sais pas d'où lui est venue une réputation aussi universelle. Toutes les dames de ma connaissance à Londres et à Vienne m'ont priée de leur en envoyer des pots; on m'en a offert une petite quantité de la meilleure sorte (et elle a, je vous le certifie, une grande valeur), et je me la suis appliquée sur le visage avec beaucoup de joie, dans l'attente d'un effet merveilleux à mon avantage. Le lendemain matin, le changement était en effet merveilleux : mon visage était enflé à un point extraordinaire et d'un rouge uniforme comme celui de My lady... Il est resté dans cet état lamentable trois jours qui ont été pénibles à passer, croyez-moi! Je pensais que c'était définitif, et pour me mortifier davantage, M. Wortley ne cessait de me reprocher mon imprudence. Cependant, mon visage est depuis lors revenu au *statu quo*. Mieux, les dames d'ici me disent que cette opération l'a grandement amélioré, bien que je ne m'en aperçoive pas dans mon miroir. Si on devait juger de ce baume d'après leurs visages à elles, on en aurait effectivement une excellente opinion. Toutes s'en servent et ont le teint le plus frais du monde. Pour moi, je n'ai nulle intention de supporter à nouveau cette torture; que mon teint évolue selon la nature, et s'abîme lorsque viendra le moment! J'ai fort peu d'estime pour ce genre de remèdes. Faites comme il vous plaira, Madame; rappelez-vous seulement avant d'appliquer le baume que pendant quelques jours vous n'aurez pas envie de montrer votre visage dans un salon...

S'il fallait en croire les femmes de ce pays, il y a une manière d'être aimée aussi sûre que de se faire belle (c'est là notre méthode). Elles prétendent connaître des secrets de magie qui leur donnent un empire absolu sur qui elles veulent. Comme je ne crois guère aux miracles, je ne puis leur ajouter foi. J'ai discuté de cette question hier au soir avec une dame qui est pleine de bon sens sur tout autre sujet, mais qui était irritée de mon incrédulité devant quarante histoires de ce genre qu'elle m'avait racontées; pour finir, elle mentionna plusieurs mariages ridicules auxquels on ne pouvait trouver d'autre raison. Je lui ai certifié qu'en Angleterre où nous ignorons tout de la magie, où le climat n'est pas moitié aussi chaud ni les femmes moitié aussi belles, nous ne manquions pas de mariages ridicules, et que nous ne voyions rien de surnaturel à ce qu'un homme perde la tête pour une femme. Mais mes arguments n'ont pu triompher d'un savoir qu'elle disait certain, encore que (ajoutait-elle) elle-même eût scrupule à user des enchantements; mais elle pouvait le faire lorsqu'il lui plairait et, en me regardant bien en face, elle me dit d'un air très docte qu'ils n'auraient aucun effet sur moi; il y avait des personnes qui échappaient à leur pouvoir, mais elles étaient très rares. Vous imaginez comme j'ai ri à ces propos – toutes les femmes d'ici partagent ces croyances. Elles ne prétendent pas avoir commerce avec le diable, seulement inspirer l'amour par certaines préparations. Si on pouvait en exporter une cargaison, ce serait un moyen rapide de bâtir une fortune. Que ne donneraient pas certaines dames de notre connaissance pour pareille marchandise! Adieu, ma chère Lady; je ne puis conclure ma lettre sur un sujet qui présente à l'imagination des scènes plus délicieuses. Je vous laisse à vous représenter comme je serais entourée à mon retour, si mes voyages m'avaient procuré un savoir aussi utile. Je suis, chère Madame...

A Anne Thistlethwayte

Constantinople, Péra, 4 janvier [1718]

Je vous sais un gré infini, chère Mrs. Thistlethwayte, de votre lettre si distrayante. Vous êtes la seule de mes correspondants qui ayez l'esprit assez juste pour penser que des nouvelles de ce qui se passe de votre côté me feraient plaisir. Tous les autres me disent à peu près dans les mêmes termes qu'ils supposent que je suis au courant de tout. Pourquoi leur plaît-il de le supposer? Je n'y vois qu'une seule raison, ils sont persuadés que la race du pigeon de Mahomet existe encore dans ce pays et que j'en reçois des informations surnaturelles. Je voudrais donner en retour à votre bonté des récits divertissants de ce qui se passe ici, mais je ne sais quels sujets vous plairaient, ni même si vous avez de l'intérêt pour des choses aussi lointaines. A vrai dire, en ce moment, je n'ai pas l'esprit très porté à me rappeler ce qui est divertissant, car ma tête est remplie des préparatifs en vue de l'accroissement de ma famille, que j'attends tous les jours. Vous devinez sans peine l'inconfort de ma situation; mais il est en partie compensé par la gloire qui m'en vient, et par la pensée du dédain que je m'attirerais autrement.

Vous ne voyez pas où va ce discours? C'est qu'il est plus méprisable dans ce pays d'être mariée sans enfant que chez nous d'avoir des enfants avant d'être mariée. Leur idée est que, si une femme cesse de porter des enfants, c'est qu'elle est trop âgée pour cela, quoique son visage dise le contraire; le résultat, c'est que les dames d'ici sont si disposées à prouver leur jeunesse (et c'est tout aussi nécessaire pour être reçue parmi les beautés que de faire ses preuves de noblesse pour être admis chevalier de Malte) qu'elles ne se contentent pas des ressources de la nature : elles ont recours à toutes sortes de subterfuges pour éviter le scandale d'avoir passé l'âge de faire des enfants, et souvent elles en meurent. Sans exagérer, toutes les femmes que je connais qui ont été mariées dix ans ont eu douze ou treize enfants, et les vieilles se vantent d'en avoir eu vingt-cinq ou trente, et sont respectées en fonction de la quantité produite. Lorsqu'elles sont grosses, elles disent couramment qu'elles espèrent que Dieu, cette fois, leur fera la grâce de leur en envoyer deux, et lorsque je leur demande comment elles comptent subvenir aux besoins de la progéniture qu'elles désirent, elles répondent que les épidémies leur en tueront bien la moitié, et c'est effectivement ce qui se passe sans affecter beaucoup les parents, auxquels suffit la vanité d'avoir donné le jour avec une telle profusion. L'ambassadrice de France doit comme moi se plier à la mode. Il n'y a guère plus d'un an qu'elle est ici; elle a accouché une fois et elle est grosse à nouveau. Le plus merveilleux, c'est que ces femmes paraissent échapper à la malédiction qui pèse sur le sexe. Le jour de leur délivrance, elles reçoivent toute la société, et après une quinzaine rendent les visites, en habits neufs et parées de tous leurs bijoux. J'aimerais que le climat fasse sentir ses effets sur moi aussi; mais dans cette affaire, je crains de rester tout aussi anglaise que dans ma terreur des incendies et des épidémies, deux fléaux que l'on ne craint guère ici, où la plupart des familles ont vu leur maison détruite par le feu une ou deux fois. Ces incendies sont provoqués par leur manière extraordinaire de se chauffer; ils n'utilisent ni cheminées ni poêles, mais un appareil appelé *tandour,* de deux pieds de haut, en forme de table, recouvert d'un beau tapis ou d'une nappe brodée. Il est tout en bois; on met à l'intérieur un peu de cendre chaude, et on s'assied, les jambes sous le tapis. C'est à cette table qu'ils travaillent, qu'ils lisent, et très souvent qu'ils dorment. Leur arrive-t-il de rêver, un coup de pied renverse le tandour, et les cendres chaudes mettent en général le feu à la maison. Il y a une quinzaine, cinq cents maisons ont brûlé de cette manière; j'ai vu depuis plusieurs de leurs propriétaires, qui ne semblent absolument pas émus par un malheur aussi courant. Ils mettent leurs biens sur une barque, et voient brûler leurs demeures avec grande philosophie; il est très rare que leurs personnes soient en danger, car il n'y a pas d'escaliers à descendre.

Après vous avoir entretenue de ce que je n'apprécie pas, il n'est que juste que je vous parle de ce qui me plaît. Le climat est délicieux au plus extrême degré. Me voici assise, aujourd'hui 4 janvier, fenêtres ouvertes, à profiter de la chaude lumière du soleil, tandis que vous gelez sur un triste feu de charbon; des œillets, des roses et des jonquilles frais cueillis dans mon jardin embellissent ma chambre. Jé suis ravie aussi par de nombreux points des lois turques qui, soit dit à notre honte, sont mieux conçues et mieux appliquées que les nôtres, en particulier la punition de ceux qui sont convaincus de mensonge. Dieu sait que chez nous ce sont des criminels triomphants! On les marque au fer rouge au front, si leur fausseté est prouvée. Combien de fronts verrions-nous défigurés? Combien de beaux messieurs seraient contraints de porter perruque enfoncée jusqu'aux sourcils, si cette loi était appliquée chez nous? Je continuerais bien à vous décrire d'autres aspects de leur justice, mais je dois faire venir ma sage-femme.

A Lady Mar

Péra, le 10 mars 1718

Je ne vous ai pas écrit, chère sœur, depuis de longs mois; c'est me renier moi-même, mais je ne savais pas où m'adresser ni dans quelle partie du monde vous étiez. Je n'ai pas reçu de lettre de vous depuis votre court billet d'avril dernier, dans lequel vous me tenez que vous êtes sur le point de quitter l'Angleterre, et vous me promettez l'adresse de votre future résidence, mais je l'ai en vain attendue jusqu'à maintenant, et voici que je viens d'apprendre par la gazette que vous êtes de retour, ce qui me pousse à tout hasard à envoyer cette lettre à votre maison de Londres. Je préfère perdre dix de mes lettres plutôt que vous voir imaginer que je n'écris pas, et je pense que le destin serait bien dur si l'une au moins ne vous atteignait pas. Cependant, je suis résolue à en garder les copies, comme preuve de mon désir de vous communiquer de mon mieux toute la partie divertissante de mes voyages, sans que vous en ayez la fatigue et les inconvénients.

Tout d'abord, je vous félicite d'avoir une nièce, car j'ai accouché d'une fille il y a cinq semaines. Je n'en parle pas comme d'une joyeuse aventure, bien que ce soit beaucoup moins éprouvant ici qu'en Angleterre : il y a autant de différence entre un petit rhume de cerveau, qui arrive souvent ici, et les quintes meurtrières, si fréquentes à Londres. Personne ne garde la chambre un mois après ses couches et je ne suis pas attachée à nos coutumes au point de les suivre quand elles ne sont pas utiles. Je rendais les visites au bout de trois semaines, et il y a quatre jours, j'ai traversé la mer qui nous sépare de Constantinople pour voir la ville, où j'ai eu la chance de découvrir beaucoup de choses curieuses.

Je suis allée voir la sultane Hafiza, la favorite du dernier sultan Mustafa qui, vous le savez ou peut-être vous ne le savez pas, a été déposé par son frère, le sultan actuel, et qui est mort, quelques semaines après, empoisonné, à ce qu'on croit généralement. La dame, après sa mort, a reçu l'ordre formel de quitter le Sérail et de se choisir un mari parmi les grands de la Sublime Porte. Je suppose que vous l'imaginez transportée de joie à cette proposition. Tout à fait le contraire : ces femmes, qu'on appelle reines et qui se considèrent comme telles, regardent cette liberté comme la plus grande disgrâce et le plus grand affront qui puissent leur arriver. Elle s'est jetée aux pieds du sultan et lui a demandé de poignarder la femme de son frère plutôt que d'en user avec ce mépris avec la veuve de son frère. Dans la douleur de ses tourments, elle lui représenta qu'elle devait être protégée de ce coup du sort parce qu'elle avait donné cinq princes à la dynastie ottomane, mais, comme les garçons étaient tous morts et que seule une fille avait survécu, cette excuse ne fut pas acceptée, et elle fut contrainte à faire son choix. Elle choisit Bekir efendi, alors secrétaire d'État, vieillard octogénaire, pour convaincre le monde de la fermeté de ses intentions : elle a fait vœu de ne pas souffrir qu'un second mari approche de sa couche et, puisqu'elle devait faire à un sujet l'honneur d'être appelée sa femme, elle le choisissait en signe de gratitude, car c'était lui qui l'avait présentée à l'âge de dix ans à son défunt seigneur. Mais elle ne lui a jamais permis de lui rendre visite, bien que cela fasse quinze ans maintenant qu'elle est dans sa maison, où elle passe le temps toujours plongée dans le deuil, avec une constance très rare chez les chrétiens, surtout de la part d'une veuve de vingt et un ans, car elle n'en a maintenant que trente-six. Elle n'a pas d'eunuques noirs pour la garder, son mari est obligé de la respecter comme une reine et ne peut demander ce qui se fait dans ses appartements.

Je fus introduite dans une grande salle, dont un sofa occupait toute la longueur, orné de colonnes de marbre blanc à la manière d'une « ruelle », couvert de velours bleu pâle avec des motifs sur fond argent et de coussins de la même étoffe; on m'invita à m'y reposer jusqu'à l'apparition de la sultane. C'était elle qui avait imaginé ce style de réception pour éviter de se lever à mon entrée, mais elle me fit un signe de tête quand je me levai à mon tour. J'étais très heureuse de voir une dame distinguée par la faveur d'un empereur à qui on présentait chaque jour des beautés venant de tous les points de l'empire. Mais il me sembla qu'elle n'avait jamais atteint la beauté de la belle Fatima que j'avais vue à Andrinople; il lui restait seulement un beau visage, flétri par le chagrin plus que par les années.

Son costume était d'une richesse si surprenante que je ne vais pas laisser passer l'occasion de vous le décrire. Elle portait une veste appelée *dualma* [1] et qui diffère du caftan par de plus longues manches et un revers tout en bas. Cette veste était en drap pourpre, bien ajustée et bordée de chaque côté, de haut en bas et sur les manches, d'un rang serré de perles de la plus belle eau, de la grosseur d'un bouton ordinaire. Pas si grosses que les boutons de Monseigneur..., mais de la grosseur d'un pois, avec des brandebourgs en diamants rappelant les brandebourgs en or si fréquents sur les manteaux de cour, les jours anniversaires de la naissance des princes. Ce vêtement était attaché à la taille avec deux glands de perles plus petites et brodé sur les bras de gros diamants. Sa chemise était fermée sur son sein par un gros diamant en forme de losange; sa ceinture, de la largeur du ruban anglais le plus large, était constellée de diamants. Elle portait à son cou trois colliers qui lui descendaient aux genoux : l'un était fait de grosses perles, et au bout pendait une émeraude de la grosseur d'un œuf de dinde; le second se composait de deux cents émeraudes, toutes du plus beau vert, parfaitement assorties, chacune de la grosseur d'une pièce d'une demi-couronne et de l'épaisseur d'une pièce de trois couronnes; le troisième, c'était encore des petites émeraudes, d'une rondeur parfaite. Mais ses boucles d'oreilles éclipsaient tout le reste : c'était deux diamants en forme de poires, de la grosseur d'une belle noisette. Autour de son talpock, elle avait quatre cordons de perles, les plus blanches et les plus parfaites qui soient, de taille à faire quatre colliers comme celui de la duchesse de Marlborough, attachés par deux roses, composées d'un gros rubis, entouré de vingt diamants superbes. En outre, sa coiffure était couverte d'épingles à tête d'émeraude et de diamant. Elle

1. *Dolama.*

portait de grands bracelets de diamants et cinq bagues aux doigts avec des solitaires, les plus gros que j'aie jamais vus (à l'exception de celui de M. Pitt [1]). Ce sont les joailliers qui pourraient apprécier la valeur de tout cela, mais, suivant l'estimation courante dans notre partie du monde, son costume devrait s'élever à plus de cent mille livres. Je puis affirmer qu'aucune reine d'Europe n'en possède la moitié, et les joyaux de l'impératrice, pourtant beaux, paraîtraient mesquins à côté des siens.

Elle me fit servir un festin avec cinquante plats de viande, présentés l'un après l'autre, selon la mode du pays : ce fut très ennuyeux, mais la magnificence de sa table s'accordait bien avec celle de ses habits. Les couteaux étaient en or, les manches incrustés de diamants, mais le comble du luxe, ce qui me choqua, ce fut la nappe et les serviettes en dentelle avec des fleurs brodées en fils d'or et de soie; c'était de toute beauté. Ce fut à regret que j'utilisai ces coûteuses serviettes; leur travail avait la finesse des plus beaux mouchoirs sortis de ce pays. Bien sûr, elles furent complètement abîmées avant la fin du dîner. Le sorbet (la liqueur qu'ils boivent pendant les repas) fut servi dans des bols en porcelaine de Chine, mais les couvercles et les soucoupes étaient en or massif. Après le dîner, on apporta de l'eau dans un bassin en or, avec des essuie-mains identiques aux serviettes, que j'utilisai à contrecœur, et le café fut servi dans de la porcelaine avec des soucoupes en or.

La sultane semblait d'humeur agréable et m'adressa la parole avec une grande courtoisie. Je saisis l'occasion pour apprendre le plus de choses possible sur le Sérail, qui est totalement inconnu de nous. Elle m'assura que l'histoire du sultan lançant son mouchoir était une légende; à cette occasion, il envoie tout simplement le chef des eunuques noirs signifier à la dame l'honneur qu'il veut lui faire. Les autres font alors assaut de compliments, on la conduit au bain où elle est parfumée et vêtue de la façon la plus somptueuse et la plus seyante. L'empereur se fait précéder par un cadeau royal et entre alors dans ses appartements. Légende aussi l'histoire qui veut qu'elle se glisse par le

1. Il s'agit du « Régent ».

pied du lit. Elle dit aussi que celle qu'il choisit la première garde ensuite la première place, elle et non la mère du premier garçon, comme d'autres auteurs voudraient nous le faire croire. Quelquefois, le sultan se divertit en compagnie de toutes ses dames qui font cercle autour de lui. Elle m'avoua qu'elles défaillaient de jalousie et d'envie en voyant l'heureuse créature distinguée par une ombre de préférence. Cela ne me sembla ni meilleur ni pire que les réunions de la plupart des cours, où on épie le regard du maître et où chaque sourire est guetté avec impatience et envié par ceux qui n'arrivent pas à en obtenir un.

Elle ne parlait jamais du sultan sans avoir les larmes aux yeux; cependant, le sujet semblait lui plaire. « Mon passé heureux, me dit-elle, m'apparaît comme un rêve, mais je ne puis oublier que j'ai été aimée par le plus grand et le plus beau des hommes. J'ai été choisie parmi toutes les autres pour le suivre dans ses campagnes. Je ne lui survivrais pas, n'était mon attachement passionné à la princesse ma fille; ma tendresse pour elle ne fut pas de trop pour me retenir à la vie quand je le perdis. Je passai douze mois entiers sans revoir la lumière. Le temps a adouci mon désespoir; pourtant je passe quelques jours chaque semaine à pleurer sur le souvenir de mon sultan. » Il n'y avait aucune affectation dans ses paroles. On voyait aisément qu'elle était en proie à une grande mélancolie, bien qu'elle fît de grands efforts pour me divertir.

Elle me proposa une promenade dans son jardin, et une de ses esclaves lui apporta aussitôt une pelisse de riche brocart fourrée de zibeline. Je l'accompagnai dans le jardin, où il n'y avait rien de remarquable en dehors des fontaines, et elle me montra ensuite ses appartements. Dans sa chambre à coucher, ses affaires de toilette étaient étalées, deux miroirs aux cadres couverts de perles, son talpock de nuit constellé de diamants, à côté trois vestes de belle zibeline, chacune valant au moins mille dollars, soit deux cents livres en bon argent anglais. Sans aucun doute, on avait placé ces riches habits bien en vue à dessein, mais ils avaient l'air négligemment jetés sur le sofa. Quand je pris congé d'elle, on me fit l'honneur de me parfumer comme chez le grand vizir, et on me fit don d'un très beau mouchoir brodé. Ses esclaves étaient au nombre de trente, plus dix petites filles, dont l'aînée avait moins de sept ans. C'étaient les plus jolies filles que j'aie jamais vues, elles étaient toutes richement vêtues; je constatai que la sultane trouvait un grand plaisir à ces belles enfants, qui représentent une grosse dépense, car on ne trouve pas une jolie fille de cet âge pour moins de cent livres. Elles portaient de petites guirlandes de fleurs avec leurs cheveux nattés pour toute coiffure, mais leurs habits étaient en drap d'or. Elles lui servaient son café à genoux, lui apportaient l'eau pour se laver, etc. C'est en partie le travail des esclaves plus âgées de veiller sur ces fillettes, de leur apprendre à broder et de s'occuper d'elles avec autant de soin que si elles étaient des enfants de la famille.

Maintenant vous imaginez, je suppose, que je vous ai amusée tout ce temps avec un récit considérablement embelli. Cela ressemble un peu trop, direz-vous, aux contes des Mille et Une Nuits : ces serviettes en dentelle, un bijou de la grosseur d'un œuf de dinde...! Vous oubliez, chère sœur, que ces contes furent écrits par un homme du pays et, en dehors de l'élément féerique, reflètent les manières d'ici. Nous autres voyageurs sommes dans une situation bien difficile. Si nous nous tenons à ce qui a été dit avant nous, nous sommes des raseurs et nous n'avons rien vu. Si nous racontons quelque chose de nouveau, on se moque de nous en nous traitant d'esprits romanesques et d'amateurs de fables, sans réfléchir que les différences de rang social donnent accès à des milieux plus élevés et ouvrent l'esprit, ni que les coutumes changent à chaque nouvelle génération dans un pays. Les gens jugent des voyageurs avec la même candeur, la même naïveté et la même impartialité que de leurs voisins, à la première occasion. Si je retourne parmi vous, je connais si bien mes chers amis et connaissances que je suis résolue à ne rien leur dire du tout pour éviter le reproche (que leur esprit charitable ne manquerait pas de faire) d'en dire trop. Mais vous me connaissez assez pour croire ce que je vous certifie vrai; je vous permets seulement d'être surprise d'une description si nouvelle pour vous. Mais qu'allez-vous dire si je vous raconte que j'ai été dans un harem où les appartements d'hiver étaient revêtus de lambris marquetés en nacre, ivoire de différentes couleurs et bois d'olivier, comme les coffrets que vous avez vus et que le pays exporte? Dans les appartements d'été, les murs sont recouverts de faïence, les plafonds sont dorés et les planchers recouverts des plus beaux tapis persans. Et pourtant il n'y a rien de plus vrai : c'est le palais de ma belle amie, la charmante Fatima, dont j'ai fait la connaissance à Andrinople. Je suis allée hier lui rendre visite et, si c'est possible, elle m'a paru encore plus belle qu'avant. Elle m'a accueillie à la porte de sa chambre et, en me donnant la main avec la meilleure grâce du monde : « Vous autres, chrétiennes, m'a-t-elle dit avec un sourire, belle comme un ange, vous avez la réputation d'être inconstantes; je ne m'attendais plus, malgré vos bontés pour moi à Andrinople, à vous revoir. Je suis maintenant convaincue que j'ai vraiment le bonheur de vous plaire, et si vous saviez comme je parle de vous à nos dames, vous seriez certaine de me rendre justice en pensant que je suis votre amie. » Elle me donna la place d'honneur sur le sofa, et je passai l'après-midi à converser avec elle, avec le plus grand plaisir.

La sultane Hafiza est telle qu'on s'attend à trouver une noble dame turque, obligeante, mais sans bien savoir comment s'y prendre. Il est aisé de voir à ses manières qu'elle a vécu à l'écart du monde. Mais Fatima a la politesse et la bonne éducation de la cour, avec un air qui inspire à la fois respect et tendresse, et maintenant que je comprends son langage, je trouve son esprit aussi attirant que sa beauté. Elle est très curieuse de connaître les manières des autres pays et n'est pas partiale en faveur des siennes, travers courant des petits esprits. Une dame grecque que j'emmenai avec moi et qui ne l'avait jamais vue auparavant (elle n'aurait pas été admise si elle n'avait pas fait partie de ma suite) montra sa surprise – inévitable la première fois – devant sa beauté et son allure et me dit en italien : « Ce n'est pas une Turque, elle doit être un peu chrétienne. » Fatima devinait qu'on parlait d'elle et demanda ce qu'elle avait dit. Je ne voulais pas, pensant que ce compliment lui ferait aussi peu plaisir que si on disait à une beauté de notre cour qu'elle a l'air d'une Turque. Mais la dame grecque le lui dit, et elle sourit en disant : « Ce n'est pas la première fois que je l'entends dire. Ma mère était une Polonaise, faite prisonnière au siège de Kaminiec, et mon père avait l'habitude de se moquer, en disant qu'il croyait que sa chrétienne de femme avait trouvé un amant chrétien, car je ne ressemblais pas à une Turque. » Je l'assurai que, si toutes les dames turques lui ressemblaient, il faudrait absolument les soustraire à tous les yeux pour le repos du genre humain, et je lui racontai quel tapage un visage comme le sien ferait à Londres ou à Paris. « Je ne vous crois pas, répliqua-t-elle gentiment : si on faisait dans votre pays aussi grand cas de la beauté que vous le dites, on ne vous aurait jamais laissée partir. »

Peut-être, chère sœur, rirez-vous de ma vanité quand je répète ce compliment, mais je le fais parce qu'il était très bien tourné, et je vous le donne comme preuve de sa conversation spirituelle. Sa maison était magnifiquement meublée et d'un très bon goût, ses appartements d'hiver étaient tapissés de velours à motifs sur fond d'or. Les maisons des grandes dames turques sont tenues avec la même propreté qu'en Hollande. Celle-ci était située sur les hauteurs de la ville et, des fenêtres de ses appartements d'été, nous avions vue sur la mer et les îles et les montagnes d'Asie.

Ma lettre s'est allongée insensiblement, j'en ai honte. C'est un très mauvais signe. Tout ira bien si je ne tourne pas au conteur d'histoires. Le proverbe dit que « le savoir ne pèse pas », mais si c'est vrai pour soi-même, en savoir trop pourrait nous rendre insupportable aux autres.

A Lady X...

Péra, Constantinople, le 16 mars 1718

Je suis charmée, ma chère Lady, que vous ayez enfin trouvé une commission dont je puisse m'acquitter sans décevoir votre attente. Je dois vous dire que ce n'est pas si facile que peut-être vous le pensez et que, si ma curiosité n'avait pas été plus active que celle des autres étrangers, je me serais excusée pour toute réponse, comme j'étais forcée de le faire quand vous vouliez que je vous achète une esclave grecque. Je vous ai trouvé, selon votre désir, une lettre d'amour en turc que j'ai mise dans une petite boîte, et j'ai ordonné au capitaine du *Smyrniote* de vous la remettre avec cette lettre. La traduction qui suit est littérale. La première chose que vous tirerez de la bourse est une petite perle, appelée en turc *ingi,* et on doit comprendre de cette manière :

Ingi	*Sensin uzellerin gingi.*
Perle	Ô la plus belle des jeunes filles.
Caremfil	*Caremfilsen cararen yok*
Clou de girofle	*conge gulsun timarin yok*
	benseny chok tan severim
	senin benden haberin yok.
	Vous êtes aussi mince que ce clou de girofle.
	Ayez pitié de mon amour
	Vous êtes une rose épanouie.
	Je vous aime depuis longtemps, et vous n'avez pas voulu le savoir.
Pul	*Derdime derman bul*
Jonquille	Prends pitié de mes souffrances
Kihat	*Biïlerum sahat sahat*
Du papier	Je languis à chaque instant.
Ermut	*Ver bize bir umut*
Une poire	Donnez-moi un espoir.
Sabun	*Derdinden oldum sabun*
Du savon	Je suis malade d'amour.
Chemur	*Ben oliyim size umur*
Du charbon	Puissé-je mourir, pour que mes années s'ajoutent aux vôtres!
Gul	*Ben aglarum sen gul*
Une rose	Puissiez-vous être heureuse, et je prendrai vos peines en échange!
Hazir	*Oliïm sana yazir*
Une paille	Daignez faire de moi votre esclave!
Jo ha	*Ustune bulunmaz paha*
Du tissu	Vous n'avez pas de prix.
Tartsin	*Sen ghel ben chekeim senin hargin*
De la cannelle	Mes biens sont à vous.

Gira	*Esking-ilen oldum ghira*
Une allumette	Je brûle, je brûle, ma flamme me consume.
Sirma	*Uzun benden ayirma*
Un fil d'or	Ne détournez pas le visage.
Satch	*Bazmazun tatch*
Un cheveu	Couronne de ma tête.
Uzum	*Benim iki guzum*
Une grappe de raisin	Mes yeux.
Tel	*Uluyorum tez ghel*
Une ficelle d'or	Je meurs, venez vite.

Et le *post-scriptum :*

Biber	*Bize bir dogru haber*
Du poivre	Envoyez-moi une réponse.

Vous voyez que cette lettre est tout en vers, et je peux vous assurer qu'il entre beaucoup d'imagination dans leur choix, comme pour les expressions les plus recherchées de nos lettres; il y a, je crois, un million de vers servant à cet usage. Il n'y a pas de couleur, de fleur, de plante, de fruit, d'herbe, de pierre ou de plume qui n'ait son vers, et vous pouvez quereller, blâmer ou envoyer des lettres de passion, d'amitié ou de simple politesse, ou même donner des nouvelles, sans tacher d'encre le bout de vos doigts.

Je vous imagine admirative de ma grande culture, mais hélas, chère Madame, il m'est arrivé une infortune familière aux ambitieux : pendant qu'ils s'emploient à des conquêtes lointaines et au fond insignifiantes, à l'étranger, la rébellion commence chez eux. Je suis en grand danger de perdre mon anglais. Il ne vient pas si aisément qu'il y a douze mois. Je suis forcée de chercher mes expressions, et je dois renoncer aux langues étrangères et revenir à l'étude de ma langue maternelle. L'entendement humain est aussi limité que la puissance humaine ou que la force humaine. La mémoire ne peut conserver qu'un certain nombre d'images, et il est impossible à une seule créature de maîtriser dix langues étrangères, comme il est impossible de soumettre dix royaumes différents ou de combattre cent hommes en même temps. J'ai peur de ne finalement connaître aucune langue à fond. Je vis dans un monde qui évoque bien la tour de Babel : à Péra, on parle turc, grec, hébreu, arménien, arabe, persan, russe, esclavon, valaque, allemand, hollandais, français, anglais, italien et hongrois; ce qui est pire, c'est que, sur ces dix langues, il y en a dix que l'on parle dans ma propre maison. Mes palefreniers sont arabes, mes valets français, anglais et allemands, ma nourrice arménienne, mes femmes de chambre russes, j'ai six serviteurs grecs, mon maître d'hôtel est italien, mes janissaires turcs. Je vis en entendant perpétuellement ce mélange de sons qui produit un effet très extraordinaire sur les gens nés ici. Ils apprennent toutes ces langues en même temps, sans les connaître assez pour les écrire ou les lire. Il y a très peu d'hommes, de femmes ou d'enfants ici qui ne puissent s'exprimer en cinq ou six langues. Je connais personnellement plusieurs enfants de trois ou quatre ans qui parlent italien, français, grec, turc et russe (langue qu'ils apprennent par leur nourrice qui vient souvent de ce pays). Cela vous paraît presque incroyable; c'est une des curiosités de ce pays, et cela enlève bien du mérite à nos dames, qui se prennent pour des génies quand elles ont une teinture de français et d'italien. Comme je préfère l'anglais à tout, je suis très mortifiée de son déclin quotidien dans ma tête, où il se réduit (je le dis à ma honte) à un petit nombre de mots. Je n'arrive pas à trouver une phrase qui me permette de terminer convenablement ma lettre, et suis forcée de dire gauchement à Votre Seigneurie que je suis votre fidèle et dévouée servante.

A M. Wortley

Le 23 mars 1718

Ce jour, nous avons eu des nouvelles de l'accostage du *Lévrier* à Smyrne. Avec le navire sont arrivés le chapelain qui regagne son poste et l'argent de mon oncle qui m'est destiné. Le capitaine a écrit qu'il a rencontré le vaisseau de guerre le *Preston* à Cadix, en partance pour la Berbérie : il n'appareillera pas pour cette partie du monde avant juillet au plus tôt. La Hollandaise est folle à lier. J'ai envoyé un bijoutier lui offrir de l'argent pour ses perles et elle n'a pas voulu le prendre, ce qu'elle est en droit de faire, car elles valent plus... mais c'est très bizarre qu'en réalisant une bonne affaire elle se plaigne autant. Elle trompe l'ambassadeur : c'est sa vanité qui a entraîné la découverte du pot aux roses, car j'avais gardé le secret, et il est (je suppose) maintenant furieux contre elle parce qu'elle dépense son argent en toilettes. Elle voulait lui faire croire que c'était pour me faire honneur, et avait l'air contente de s'en débarrasser, et en même temps elle ne veut pas s'en séparer.

Mon fils a été inoculé mardi dernier; à cette heure, il chante et joue et réclame son souper. Je prie Dieu que ma prochaine lettre vous donne encore de ses bonnes nouvelles. Vous êtes au courant, je suppose, de la rente que le roi a accordée à la Compagnie du Levant. Je pense que vous pouvez justement réclamer l'indemnisation « extraordinaire » qu'on n'a refusée ni à Sir Robert Sutton ni à aucun autre ambassadeur.

Je ne peux faire inoculer ma fille; la nourrice n'a jamais eu la petite vérole.

A M. Wortley

Le 1er avril 1718

Votre fils va aussi bien qu'on pouvait l'espérer; il est, j'espère, hors de danger. Le navire qui a apporté mes pièces de huit est bien arrivé au port. C'est adressé à M. Lethuilère, et j'ai pensé que c'était à lui qu'il fallait demander de veiller à bord sur mon argent : je l'ai envoyé chercher et lui ai demandé de le garder dans l'entrepôt en me donnant un reçu. Il me dit que le cours est très bas. La ville en est remplie, et il en a lui-même seize mille sur les bras, mais je sais que tout ce qu'il dit ne doit pas être pris à la lettre. Cependant, j'ai reçu en même temps une lettre de Sir John Williams qui m'offre de me rembourser mes mille six cents livres en Angleterre. Je ne sais pas si je ne ferais pas mieux d'accepter, et je serais contente d'avoir votre avis, car vous comprenez les affaires mieux que moi. Vous n'avez pas répondu à ma question, si vous pouvez emporter d'ici des marchandises détaxées. Auquel cas je pourrais changer le dollar à quatre shillings. Je souhaite que vous m'écriviez sur ce point dès que possible, parce que Sir John Williams désire une réponse rapide.

S'il vous plaît, expédiez-moi mon courrier.

A M. Wortley

Le 9 avril 1718

J'ai le papier de M. Barker pour les deux mille dollars. Je n'ai parlé à personne de votre projet de devancer le vaisseau de guerre, mais on l'a écrit à plusieurs personnes à Andrinople. On m'a posé la question, et j'ai répondu (comme je fais toujours quand il s'agit de vos affaires) que je n'en savais rien. Je sens dans la lettre de mon père qu'il désire être bien avec nous et je pense (si mon opinion compte pour vous) que vous devriez lui écrire une lettre courtoise. La naissance de votre fille est une bonne occasion, et vous pouvez antidater votre lettre, comme si elle avait été écrite pendant mes couches. Je le connais très bien, et suis sûre que cette petite marque de respect lui fera grande impression. Vous n'avez pas besoin d'appréhender mes démonstrations de joie pour le rappel. J'espère que vous êtes moins bouleversé que moi, qui ai souffert dans ma santé des désagréments qu'il m'a donnés, mais je prends soin de le cacher de tout mon possible. Votre fils va très bien, je ne peux m'empêcher de vous le dire, bien que vous ne preniez pas souvent de ses nouvelles.

S'il vous plaît, expédiez-moi le reste de mon courrier.

J'apprends que l'ambassadeur de France s'occupe à Andrinople à acheter la Terre Sainte, et qu'il sert d'intermédiaire pour une offre de la valeur de mille bourses. Je crois qu'il ne laisse passer aucune bonne occasion.

J'ai envoyé chercher M. Lethuilère il y a deux jours pour lui parler de mes pièces de huit, et il m'a fait force compliments et offres de service; il m'a dit que, si vous laissiez l'argent en consigne chez lui et si vous aviez la patience d'attendre, il s'engagerait à vous le rendre en Angleterre au taux de quatre shillings, quatre shillings six pence exactement pour un dollar. Je lui ai dit que je vous en toucherais deux mots. Je suppose que vous allez le remercier, mais il faut bien y penser avant d'accepter. Vous me dites de me préparer pour notre voyage, sans me dire comment. Si vous avez des projets, question argent, je vous en prie, soyez précis dans vos exigences.

Il y a ici une table en argent qu'on m'a offerte au poids. Ce n'est pas du massif, mais cela fait le même effet. Si vous pensez que vous voulez des choses de ce genre, cela vaut la peine.

A Lady Bristol

Le 10 avril 1718

Enfin, j'ai des nouvelles, pour la première fois, de ma chère Lady Bristol, ce 10 avril 1718. Je suis persuadée que vous avez eu la bonté de m'écrire auparavant, mais par malheur les lettres se perdent. Depuis la dernière, j'habite bien tranquillement à Constantinople; et, en conscience, je me dois de donner à Votre Seigneurie une idée de la ville, puisque je sais que vous êtes obligée d'en passer par les erreurs et les préjugés qu'on trouve chez les voyageurs. Il est certain qu'il y a beaucoup de gens qui séjournent des années à Péra sans avoir jamais vu la capitale, et qui prétendent pourtant la décrire.

Péra, Tophana et Galata, entièrement habitées par des chrétiens d'origine « franque » (l'ensemble donne une très belle ville), sont séparées de Constantinople par un bras de mer pas moitié aussi large que la Tamise dans sa partie la plus large, mais les chrétiens répugnent à courir l'aventure; ils rencontrent quelquefois les *levents* [1], monstres pires que nos matelots, et les femmes doivent se voiler pour se rendre en ville, ce qu'elles détestent cordialement. Il est vrai qu'elles portent un voile dans Péra, mais il ne sert qu'à rehausser leur beauté à leur avantage, ce qui ne

1. Soldats de marine.

serait pas permis à Constantinople. Ces raisons suffisent à retenir tout le monde, et l'ambassadrice de France s'en retournera dans son pays (je crois) sans y avoir été. Vous serez étonnée d'apprendre que j'y suis allée très souvent. L'*asmak,* le voile turc [1], m'est devenu non seulement familier, mais agréable, et même dans le cas contraire, je serais contente de supporter de petits inconvénients pour contenter une passion aussi violente en moi que la curiosité; le plaisir de venir en barque à Chelsea ne se compare pas avec celui de ramer sur le canal : là, sur vingt miles en descendant le Bosphore, se déroulent les paysages les plus beaux et les plus variés. La rive asiatique est couverte d'arbres fruitiers et de villages; partout la nature offre les plus ravissantes perspectives. Sur la rive européenne s'étend Constantinople, située sur sept collines. Le relief tourmenté donne une impression de grandeur (et c'est une des plus grandes villes du monde) avec son agréable mélange de jardins, de bois de pins et de cyprès, de palais, de mosquées et d'édifices publics, étagés avec la beauté et la symétrie apparente que vous pourriez trouver dans une vitrine décorée par les mains les plus habiles : vases sur vases, mélangés à des coffrets, des colifichets et des chandeliers. C'est une comparaison bizarre, mais elle donne une idée exacte du paysage.

J'ai cherché à voir du Sérail tout ce qu'on peut en voir. C'est un coin de terre qui s'enfonce dans la mer : un palais d'une étendue prodigieuse, très désordonné. Les jardins sont un immense terrain plein de grands cyprès, c'est tout ce que j'en sais. Les constructions sont toutes en pierre blanche, avec un toit de plomb, des murs et des flèches dorées, d'allure somptueuse. Il n'y a pas, je crois, de palais chrétien aussi vaste. Il y a six grandes cours, toutes entourées de pavillons et plantées d'arbres, avec des arcades en pierre; l'une pour la garde, une autre pour les esclaves, une troisième pour les officiers de la cuisine, une autre pour les écuries, la cinquième pour le Divan; la sixième pour la salle des audiences. Il y en a autant du côté des dames, avec des cours distinctes pour les eunuques, les serviteurs, la cuisine...

---

1. Voir note p. 207.

L'édifice le plus remarquable est ensuite celui de Sainte-Sophie, qui est très difficile à voir. J'ai dû présenter trois fois ma requête au *kaymakam,* le gouverneur de la ville, et il a réuni les principaux efendis ou chefs de la loi, et demandé au mufti si la loi l'autorisait. Ils passèrent plusieurs jours à débattre de cette importante question et, comme j'insistais, permission me fut accordée. Je ne sais pas bien pourquoi les Turcs sont plus regardants pour cette mosquée que pour les autres où n'importe quel chrétien peut entrer sans hésiter. Je pense qu'ils imaginent que cette ancienne église consacrée, sous le prétexte de la curiosité, pourrait être profanée par les prières adressées à ces saints qu'on voit encore sur les mosaïques, dont le visage n'a subi d'autre mutilation que les ravages du temps; car l'assertion universellement répandue est totalement fausse que les Turcs mutilèrent toutes les images qu'ils trouvèrent dans la cité. On dit que le dôme de Sainte-Sophie a cent treize pieds de diamètre; il est bâti sur des arcades soutenues par d'énormes piliers de marbre, le pavement et l'escalier sont en marbre. Il y a deux rangées de galeries supportées par des piliers de marbre de toutes les couleurs et tout le toit est couvert de mosaïques qui menacent ruine et qui se détachent de temps en temps. Les Turcs m'en ont montré de pleines poignées. Elles sont faites avec cette pâte de verre qui sert à fabriquer des fausses pierres. Ils m'ont montré la tombe de l'empereur Constantin, pour qui ils ont une grande vénération. Voici une description bien terne et imparfaite de cet édifice célèbre, mais j'entends si peu l'architecture que j'ai peur de dire des bêtises en essayant d'entrer dans le détail.

Peut-être ai-je tort, mais certaines mosquées turques me plaisent mieux. Celle du sultan Soliman est d'un carré parfait, avec quatre belles tours d'angle; au milieu, une fière coupole portée par de beaux piliers de marbre, flanquée de deux coupoles plus petites, de même facture. Le pavement et la galerie autour de la mosquée sont en marbre; sous la grande coupole, il y a une fontaine ornée de colonnades de couleurs si belles qu'on ne dirait pas du marbre naturel. D'un côté, il y a la chaire, en marbre blanc, et de l'autre côté la petite galerie destinée au Grand Seigneur, où l'on accède par un bel escalier entouré d'un treillis doré.

Au fond, il y a une sorte d'autel où est écrit le nom de Dieu; devant, deux chandeliers de la hauteur d'un homme avec des bougies en cire, grosses comme trois flambeaux. Le dallage est recouvert de beaux tapis, et la mosquée illuminée par de très nombreuses lampes. La cour qui y conduit est très spacieuse, avec des galeries aux colonnades de marbre, surmontées de vingt-huit coupoles de plomb sur deux côtés, et une belle fontaine avec trois bassins au milieu. La description vaut pour toutes les mosquées de Constantinople; le modèle est exactement le même, elles ne diffèrent que par les dimensions et la richesse des matériaux. Celle de la Validé est la plus grande de toutes, construite entièrement en marbre; c'est la plus prodigieuse et, je pense, le plus bel édifice que j'aie vu, tout à l'honneur de notre sexe, car elle a été fondée par la mère de Mehmet IV (soit dit entre nous); Saint-Paul ferait piètre figure à côté, comme toutes nos places à côté de l'Atmeydan ou place des Chevaux : *at* signifie cheval en turc.

L'Atmeydan était l'Hippodrome sous le règne des empereurs byzantins. Au milieu s'élève une colonne de bronze avec trois serpents entrelacés, aux gueules béantes. Il est impossible de savoir pourquoi ils ont édifié une colonne aussi bizarre; les Grecs ne savent que dire des fables, quand on leur demande sa signification, et il n'y a aucune trace d'inscription. Tout en haut de la place, il y a un obélisque de porphyre, probablement rapporté d'Égypte; les hiéroglyphes ne sont pas abîmés, je considère que ce sont tout simplement des rébus des temps jadis. L'obélisque repose par quatre piliers de bronze sur un piédestal de pierre de taille, avec des bas-reliefs chargés de personnages sur deux côtés : l'un représente une bataille, l'autre une assemblée. Sur les autres côtés, des inscriptions grecques et latines. J'ai noté la dernière sur mon petit carnet, elle disait littéralement :

> Difficilis quondam dominis parere serenis
> iussus et extinctis palmam portare tyrannis
> Omnia Theodosio cedunt subolique perenni [1].

1. C'est l'obélisque qui parle : « Naguère difficile [à dresser], lorsqu'on m'a ordonné d'obéir à des maîtres paisibles et de

Lord Bristol interprétera ces lignes. N'imaginez pas que c'est une lettre d'amour pour lui! Toutes les statues ont leur tête sur les épaules; je médite sur l'impudence des auteurs qui disent tous qu'elles n'en ont plus, alors que, j'en jurerais, la plupart ne les ont jamais vues et tiennent l'histoire des Grecs, qui sont incroyablement doués pour résister à un démenti oculaire, quand ils inventent des mensonges pour déshonorer leurs ennemis. A les entendre, il n'y a rien à voir à Constantinople, en dehors de Sainte-Sophie, bien que plusieurs mosquées soient plus grandes. Celle du sultan Ahmed a cette particularité que ses portails sont en bronze. Dans toutes ces mosquées, il y a de petites chapelles, où se trouvent les tombes des fondateurs et de leurs familles, avec de grands cierges allumés au pied.

Les bourses sont toutes de belles constructions avec beaucoup d'allées, la plupart du temps voûtées et tenues remarquablement propres. Chaque commerce a sa rue, les marchandises y sont disposées dans le même ordre qu'à la nouvelle bourse de Londres. Le Bezisten, ou quartier des joailliers, déploie tant de richesses, tant de diamants et de variétés de pierres précieuses qu'elles éblouissent. Celui de la broderie étincelle aussi, et les gens y vont pour le spectacle autant que pour affaires. Les marchés sont en général de très belles places carrées et sont bien pourvus de tout, peut-être mieux que nulle part au monde. Je sais que vous attendez des détails sur le marché aux esclaves; vous allez me croire à moitié turque quand j'en parlerai avec moins d'horreur que les chrétiens avant moi; comment ne pas applaudir à l'humanité dont les Turcs font preuve envers ces créatures? Elles ne sont jamais maltraitées, et leur esclavage à mes yeux vaut bien la servitude du reste du monde. Il est vrai, ils ne touchent aucun salaire, mais on leur donne tous les ans des vêtements qui reviennent plus cher que les gages de nos domestiques. Vous allez dire que les hommes achètent les femmes avec de vilaines pensées. A mon avis, elles sont vendues et achetées publiquement dans toutes nos grandes villes chrétiennes, et

---

porter la palme pour la chute des tyrans — tout cède à Théodose et à sa descendance éternelle [vaincu et maîtrisé en trois fois dix jours, sous la direction de Proclos, j'ai été élevé vers le ciel]. »

avec plus d'infamie. Je dois ajouter à la description de Constantinople que la colonne historique n'existe plus : elle est tombée deux ans avant mon arrivée. Je n'ai rien vu d'autre qui remonte à l'Antiquité, sauf les aqueducs, si imposants que je suis prête à en reculer la date au-delà de l'Empire byzantin, bien que les Turcs aient glissé quelques pierres avec des inscriptions turques pour reporter sur leur peuple l'honneur d'un si grand ouvrage; mais on évente rapidement la supercherie.

Les autres édifices publics sont les hans et les monastères. Les premiers sont très nombreux et très vastes, les seconds sont très peu nombreux et très austères. J'ai eu la curiosité d'en visiter un et d'assister aux dévotions des derviches qui sont aussi fous que les moines romains. Ils ont la permission de se marier, mais doivent porter un habit bizarre, fait d'une seule pièce d'étoffe grossière, de couleur blanche, dont ils s'enveloppent, en laissant nus les bras et les jambes. Leur ordre a peu de règles, à l'exception de celle qui prescrit leurs fantastiques cérémonies le mardi et le vendredi. Elles se déroulent de la manière suivante : ils se réunissent dans une grande salle, où ils se tiennent debout, les yeux fixés au sol et les bras croisés, pendant que l'imam, ou prêcheur, lit des passages du Coran sur une chaire placée au milieu; quand il a fini, huit ou dix derviches font un concert mélancolique à la flûte, instrument très musical. Il reprend la lecture et disserte brièvement de ce qu'il a lu, après quoi ils chantent et jouent de la musique, jusqu'à ce que leur supérieur (le seul à être habillé en vert) se lève et commence une sorte de danse solennelle. Debout, ils dessinent autour de lui une figure régulière, et pendant que quelques-uns jouent, les autres attachent leur robe qui est très ample autour de la taille et se mettent à tourner avec une étonnante rapidité, tout en gardant la mesure avec la musique, plus lentement ou plus rapidement selon le rythme. Cela dure plus d'une heure, sans que personne éprouve l'ombre d'un vertige, ce qui n'est pas étonnant, si l'on réfléchit qu'ils en ont l'habitude depuis l'enfance. La plupart sont voués à cette vie dès la naissance et fils de derviches. Parmi eux tournaient de petits derviches de six à sept ans qui ne semblaient pas plus affectés par l'exercice que les autres. A la fin de la cérémonie, ils s'écrient en chœur : « Il n'y a pas d'autre dieu que Dieu, et Mahomet est son prophète », sur quoi ils baisent la main du supérieur et se retirent. Le tout s'accomplit avec la plus solennelle gravité. Rien de plus austère que le mode de vie de ces gens. Ils ne lèvent jamais les yeux et semblent voués à la contemplation. Bien que ce soit ridicule à décrire, il y a quelque chose de touchant dans leur air d'humilité et de mortification. Cette lettre est horriblement longue, mais vous aurez tout loisir de la brûler quand vous en aurez lu assez.

M. Wortley n'est pas encore ici, mais je puis assurer Votre Seigneurie en son nom de tout le respect qu'il a pour vous. Je suis l'humble servante de Milord B. et de M. Hervey...

À madame...

Avril 1718

Je suis si aise de vous retrouver, ma chère Madame, que je ne puis plus me plaindre de vous avoir perdue; et le plaisir que me donne cette lettre que je viens de recevoir aujourd'hui me fait entièrement oublier les inquiétudes des dix mois passés.

L'oisiveté est la mère des vices (comme vous savez) et, n'ayant rien de meilleur à faire, j'ai fait une fille. Je sais que vous m'allez dire que j'ai fort mal fait; mais si vous aviez été à ma place, je crois (Dieu me pardonne) que vous en auriez fait deux ou trois. Dans ce pays-ci, il est tout aussi nécessaire de faire voir des preuves de jeunesse, pour être reçue parmi les beautés, que de montrer des preuves de noblesse pour être reçu parmi les chevaliers de Malte. J'étais très fâchée de cette nécessité; mais, remarquant qu'on me regardait avec un grand air de mépris, je me suis mise enfin à la mode, et je suis accouchée comme les autres. Pour cette raison-là, entre une infinité d'autres, je voudrais de tout mon cœur hâter mon retour, parce que je suis obligée absolument d'accoucher tous les ans, tant que je resterai ici. L'ambassadrice de France s'en est donné à cœur joie; elle est accouchée et encore grosse. Les dames du pays n'estiment les femmes que selon la quantité de leurs productions; et j'ai peine à leur persuader que c'est une excuse légitime d'être trois mois sans grossesse, parce que mon mari est à cent lieues de moi.

Je fais tous les jours des vœux pour revoir mon roi, ma patrie et mes amis. Je suis fort diligente de tout voir; je parle passablement la langue, et j'ai eu l'avantage de faire amitié avec des dames turques, et de leur être agréable; et je puis me vanter d'être la première étrangère qui ait jamais eu ce plaisir. J'ai visité une sultane veuve du feu empereur; et par ce moyen je suis instruite de tout le manège du Sérail; elle m'a assuré que l'histoire du mouchoir si bien crue chez nous n'a pas un mot de vrai.

J'ai attrapé un billet doux turc que je vous porterai, et qui est véritablement si curieux que je ne puis assez admirer la stupidité des voyageurs de n'en avoir pas encore apporté en Europe. Ma chère Madame, Dieu vous donne (selon l'expression turque) le plaisir qui vous contenterait, et à moi celui de vous revoir.

A la comtesse de...

Mai 1718

Votre Seigneurie peut être assurée que j'ai reçu sa lettre avec un très grand plaisir. Je suis très contente d'apprendre que nos amis sont en très bonne santé, en particulier M. Congreve; j'avais appris qu'il souffrait de la goutte. Je me prépare maintenant à quitter Constantinople, et vous allez peut-être m'accuser d'hypocrisie quand je vous dirai que c'est à regret, mais je suis habituée à l'air, et j'ai appris la langue. Je suis bien ici, et je suis partagée entre mon amour des voyages et ma frayeur devant les ennuis inévitables d'une telle expédition, avec une nombreuse famille et un nourrisson encore au sein. Malgré tout, j'essaie en cette occasion de faire comme j'ai toujours fait jusqu'ici avec les mauvais tours que m'a joués la vie : en tirer parti, s'il est possible, pour me divertir. Dans ce but, je vagabonde chaque jour, enveloppée de mon *ferigee* et de mon *asmak*[1] dans Constantinople pour m'amuser en voyant ce qu'il y a de curieux. Vous espérez que cette déclaration sera suivie d'une description... mais je ne suis pas en humeur de recopier ce qui a été répété tant de fois. A quoi bon vous dire que Constantinople est l'ancienne Byzance, qu'elle est maintenant conquise par un peuple qui est peut-être les Scythes; qu'il y a cinq ou six mille mosquées, que Sainte-Sophie a été fondée par Justinien? Je vous l'assure, ce n'est pas par manque d'érudition que je passe sous silence tous ces brillants détails. Je pourrais tout aussi facilement feuilleter Knolles et Sir Paul Rykaut pour vous donner la liste des empereurs turcs, mais je ne veux pas vous raconter ce que vous pouvez trouver dans tous les bons auteurs qui ont écrit sur ce pays.

J'aurais plutôt tendance, par un esprit de contradiction bien féminin, à vous dire la fausseté d'une grande partie des récits; par exemple, l'admirable M. Hill affirme gravement qu'il a vu à Sainte-Sophie une colonne qui exsude un baume pour les esprits dérangés. Il n'y a pas la moindre tradition à ce sujet; je pense qu'il a eu cette révélation au cours d'une vision pendant son merveilleux séjour dans les catacombes d'Égypte, car je suis sûre qu'ici il n'a pas entendu parler d'un tel miracle. C'est également très plaisant de voir avec quelle tendresse lui et ses confrères écrivains-voyageurs se lamentent sur la réclusion malheureuse des Turques qui sont (peut-être) plus libres qu'aucune femme au monde, et sont les seules à couler une vie de plaisirs ininterrompus, exempte de soucis; tout leur temps se passe en visites, bains ou amusements agréables comme dépenser de l'argent et inventer de nouvelles modes. On considérerait comme fou un mari qui exigerait un peu d'économie de la part de sa femme, dont la seule imagination limite les dépenses. C'est son rôle à lui de gagner de l'argent, et son rôle à elle de le dépenser, et cette noble prérogative s'étend aux personnes les plus modestes de notre sexe. Il y a ici un pauvre diable qui porte sur son dos des mouchoirs brodés à vendre; vous l'imaginez sans peine

---

1. *Ferigee :* voir note p. 146; *asmak* = *yasmak,* voile de tête (l'autre est plus proche d'une cape).

avec son misérable commerce; je peux vous assurer que sa femme ne porte que des vêtements en drap d'or, a ses fourrures d'hermine et une très belle parure de pierreries pour sa tête. Elles vont à l'extérieur quand et où il leur plaît. Il est vrai qu'elles n'ont pas d'autre lieu public que les bains, et ne peuvent être vues que par les personnes de leur sexe : cela leur fournit une distraction qu'elles apprécient fort.

J'ai été, il y a trois jours, dans l'un des bains les plus beaux de la ville, et j'ai eu l'occasion de voir la réception d'une mariée turque, avec toutes les cérémonies qu'il y a à cette occasion; elles m'ont rappelé l'épithalame d'Hélène par Théocrite, les coutumes se sont perpétuées. Toutes les amies, les relations et connaissances des deux familles qui viennent de s'allier se retrouvent au bain. Plusieurs viennent par curiosité; je crois qu'il y avait ce jour-là au moins deux cents femmes. Celles qui étaient ou avaient été mariées se placèrent autour de la pièce, sur les sofas de marbre, mais les jeunes filles rejetèrent prestement leurs vêtements et apparurent sans autre voile ni ornement que leur longue chevelure nattée avec des perles et des rubans; deux d'entre elles accueillirent la mariée à la porte, conduite par sa mère et une autre parente respectable. C'était une belle jeune fille d'environ dix-sept ans, très richement habillée et étincelante de pierreries, mais elles la ramenèrent aussitôt à l'état de nature; deux autres remplirent de parfum des pots de vermeil et commencèrent la procession, les autres suivaient deux par deux, trente en tout. Celles qui conduisaient chantèrent un épithalame, repris par les autres en chœur, et les deux dernières conduisirent la belle mariée, les yeux baissés avec une charmante affectation de modestie. C'est dans cet ordre qu'elles firent le tour des trois grandes salles du bain. Il est difficile de vous représenter la beauté de la scène; la plupart des femmes étaient bien proportionnées et avaient la peau très blanche, d'une douceur et d'un brillant parfaits, grâce à l'usage fréquent des bains. Après avoir fait le tour, la mariée fut présentée à chaque matrone, qui la saluait d'un compliment et d'un présent : bijoux, pièce d'étoffe, mouchoirs, babioles de ce genre, pour lesquelles elle les remerciait en leur baisant la main.

J'étais très contente d'avoir vu cette cérémonie et, vous pouvez m'en croire, les dames turques ont autant d'esprit, de politesse et, disons le mot, de liberté que les dames chez nous. Il est vrai... la coutume qui leur donne tant d'occasions de satisfaire leurs mauvais penchants (si elles en ont) les abandonne au pouvoir discrétionnaire de leur mari, qui se venge s'il les découvre; et, je n'en doute pas, elles payent parfois chèrement leurs incartades. Il y a environ deux mois, on a trouvé à l'aube, pas très loin de ma maison, le corps sanglant d'une jeune femme, nue, enveloppée seulement dans un drap grossier, avec deux coups de couteau, un dans le côté et l'autre en pleine poitrine. Elle n'était pas encore froide, et si étonnamment belle que presque tous les hommes de Péra vinrent la contempler, mais il fut impossible de la reconnaître, puisque aucun visage de femme n'est connu. On supposa qu'on l'avait apportée, morte, la nuit, du côté de Constantinople, et déposée là. Il y eut une enquête très brève pour découvrir le meurtrier, et le corps fut enterré discrètement et sans bruit. Les officiers du roi ne poursuivent jamais pour meurtre, comme chez nous. C'est aux proches parents qu'il revient de venger le mort; et s'ils préfèrent arranger l'affaire pour de l'argent (c'est ce qu'ils font en général), on n'en parle plus. On imagine volontiers que l'abstention du gouvernement rend fréquentes de pareilles tragédies; en fait, elles sont extrêmement rares, ce qui suffit à prouver que ce peuple n'est pas naturellement cruel et, à beaucoup d'égards, je ne pense pas qu'il mérite la réputation de barbarie que nous lui faisons.

Je connais bien une dame de qualité qui est chrétienne et qui a choisi de vivre volontairement avec un époux turc : c'est une dame pleine de sagesse et d'agrément. Son histoire est si extraordinaire que je dois absolument vous la raconter, mais je vous promets d'être aussi brève que possible. Elle est espagnole, et elle était à Naples avec sa famille quand ce royaume était encore sous la domination espagnole. Elle était partie à bord d'une felouque, accompagnée de son frère, quand ils furent attaqués, pris à l'abordage et capturés par l'amiral turc; et maintenant, comment puis-je vous narrer le reste de son aventure sans choquer la pudeur? Il lui arriva ce qui arriva jadis à la belle Lucrèce, tant d'années avant elle, mais elle était trop bonne chrétienne pour se suicider comme cette païenne de Romaine. L'amiral fut séduit par la beauté et les longues souffrances de la belle captive, et sa première galanterie fut de rendre immédiatement la liberté à son frère et à toute sa suite; celui-ci gagna l'Espagne en toute hâte, et réunit en quelques mois la somme de quatre mille livres sterling qu'il envoya comme rançon pour sa sœur. Le Turc reçut l'argent, le lui offrit et lui dit qu'elle était libre, mais la dame avec sagesse fit la comparaison avec le traitement qu'elle pouvait attendre de son pays d'origine. Sa famille catholique, considérant que dans sa situation c'était faire preuve d'une extrême bonté à son égard, allait certainement l'enfermer dans un monastère pour le reste de ses jours. Son amant infidèle était très beau, très tendre, amoureux d'elle et déployait à ses pieds toute la magnificence turque. Elle lui répondit avec résolution que sa liberté lui était moins précieuse que son honneur, qu'il ne pouvait réparer qu'en l'épousant. Elle désirait qu'il considère la rançon comme sa dot, et qu'il lui donne la satisfaction de se dire qu'aucun homme ne se vanterait d'avoir eu ses faveurs sans être son époux. L'amiral fut transporté de joie à cette noble proposition et renvoya l'argent à sa famille en disant qu'il était trop heureux qu'elle lui appartînt. Il l'épousa et ne prit jamais d'autre femme et (elle le dit elle-même) elle n'eut jamais de raison de se repentir du choix qu'elle avait fait. Il la laissa veuve au bout de quelques années, et parmi les plus riches à Constantinople, mais il n'est pas possible ici de rester seule sans forfaire à l'honneur, et ces considérations l'ont amenée à épouser l'actuel capitaine pacha (c'est-à-dire l'amiral), son successeur. Vous allez penser, j'en ai peur, que mon amie était tombée amoureuse de son ravisseur, mais, je veux bien la croire sur parole, elle a fondé entièrement sa conduite sur le principe de l'honneur; pourtant, à mon avis, elle aurait eu des raisons d'être touchée par cette générosité qu'on rencontre très souvent chez les Turcs de haut rang.

C'est une grande preuve de générosité que de reconnaître la vérité, et il est très rare qu'un Turc affirme solennellement un mensonge. Je ne parle pas de la racaille, chez qui il y a beaucoup d'ignorance, et par conséquent très peu de vertu. Les faux témoignages ne coûtent pas cher, encore moins qu'en chrétienté, car ces pauvres hères ne sont pas punis (même quand on les confond publiquement) avec la rigueur avec laquelle ils devraient l'être. Puisque j'en suis à parler de leurs lois, je ne sais pas si je vous ai parlé d'une coutume particulière à ce pays. Je parle de l'adoption, très fréquente chez les Turcs et encore plus chez les Grecs et les Arméniens. Ils n'ont pas la possibilité de donner leurs biens à un ami ou à un parent éloigné pour éviter qu'ils ne tombent dans le trésor du Grand Seigneur; lorsqu'il est peu probable qu'ils puissent avoir des enfants, ils choisissent un bel enfant de l'un ou l'autre sexe chez des gens très misérables et amènent l'enfant et ses parents devant le cadi, et là déclarent qu'ils le prennent comme héritier. Les parents en même temps renoncent à tout droit sur l'enfant dans l'avenir; on met tout cela par écrit, devant témoins, et l'enfant adopté de cette manière ne peut pas être déshérité. Eh bien, j'ai vu de simples mendiants refuser de se séparer de leurs enfants pour les céder de cette manière à de très riches Grecs. Telle est la puissance de l'amour, instinct naturel des parents, bien que les pères adoptifs soient généralement très affectueux avec ces « enfants de leur âme », comme ils les appellent. J'avoue que cette coutume m'agrée beaucoup plus que notre absurde attachement à notre nom. A mon sens, il est plus raisonnable de faire le bonheur et la fortune d'un enfant qu'on éduque à sa manière, qu'on élève (c'est l'expression turque) sur ses genoux, et qui apprend à nous considérer avec un respect filial, que de donner ses biens à une créature dont le seul mérite à nos yeux, la seule relation avec nous tiennent dans les quelques lettres de son nom. C'est une absurdité que nous voyons partout répandue.

Je viens de toucher un mot des Arméniens; il vous sera peut-être agréable que je vous parle un peu de cette nation que, j'en suis sûre, vous ignorez complètement. Je ne vais pas vous ennuyer avec un exposé de géographie sur la situation de leur pays, vous pouvez regarder sur la carte, ou avec une histoire de leur ancienne grandeur, vous la trouverez dans l'histoire de Rome. Ils sont maintenant sujets des Turcs et, commerçants très habiles, ils croissent et multiplient et sont dispersés en grand nombre dans toutes les possessions turques. Ils ont été, disent-ils, convertis à la religion chrétienne par saint Grégoire, et sont (peut-être) les chrétiens les plus dévots du monde entier. Les préceptes de leurs prêtres enjoignent avant tout le respect strict des jeûnes, qui durent au moins sept mois par an, et dont on ne peut se dispenser qu'en cas d'urgente nécessité. Sous aucun prétexte ils ne peuvent toucher autre chose que des herbes, des racines (sans huile) et du pain sec. C'est leur régime de Carême. M. Wortley a un interprète qui appartient à cette nation, et le pauvre homme a été si affaibli par la sévérité de ses jeûnes qu'on a désespéré de le maintenir en vie; cependant, ni les ordres de son maître ni les instances du docteur (qui déclarait ne pas pouvoir le sauver autrement) n'eurent assez de pouvoir pour le décider à prendre deux ou trois cuillerées de bouillon. A cette exception près, du ressort des coutumes plus que des articles de foi, je ne vois pas grand-chose dans leur religion qui diffère de la nôtre. Il est vrai qu'ils ont tendance à suivre la doctrine ancienne de M. Whiston; je ne pense pas d'ailleurs que l'Église grecque en soit très éloignée; il est certain qu'en insistant sur le fait que le Saint-Esprit procède du Père seul on donne au Fils un rôle subordonné. Mais les Arméniens n'ont aucune idée de la transsubstantiation, quels que soient les racontars de Sir Paul Rykaut (racontars que je crois destinés à lui permettre de faire sa cour chez nous, en 1679), et ils ont en exécration ceux d'entre eux qui se convertissent à la religion romaine.

Ce qu'il y a de plus extraordinaire dans leurs coutumes, c'est leur façon de se marier, un cérémonial que je crois sans pareil de par le monde. Les époux sont toujours promis l'un à l'autre très jeunes, mais ils ne peuvent se voir que le troisième jour du mariage. La mariée est conduite à l'église, avec une sorte de bonnet carré sur la tête, surmonté d'un voile de soie rouge, qui la recouvre jusqu'aux pieds. Le prêtre demande au mari s'il est content d'épouser cette femme, « fût-elle aveugle, fût-elle sourde » : ce sont littéralement ses mots. Il répond oui, sur quoi elle est conduite chez lui, accompagnée des amis et relations des deux familles qui chantent et dansent; elle est placée sur un coussin, au coin du sofa, mais son voile n'est pas levé, pas même par son mari, jusqu'au troisième jour après le mariage. Ces façons ont quelque chose de si bizarre et de si monstrueux que je ne pouvais y croire, jusqu'à ce que je me sois personnellement renseignée auprès de plusieurs Arméniens, qui tous m'assurèrent que c'était la vérité, en particulier un jeune homme qui pleura en en parlant, parce qu'il était promis par sa mère à une jeune fille qu'il devait épouser selon cette coutume, et il protestait qu'il préférait mourir que se soumettre à cet esclavage : il imaginait déjà son épouse avec toutes les difformités possibles.

Je vous vois frémir à cette évocation terrible. Je ne saurais conclure ma lettre avec une histoire plus surprenante, et cependant véridique, autant que je suis, chère madame...

A l'abbé Conti

Constantinople, le 19 mai 1718

Je suis très contente d'avoir de vos nouvelles, et ma vanité (point faible de l'humanité) n'est pas peu flattée des questions hors du commun que vous me posez, bien que je sois totalement incapable d'y répondre, et vraiment, même si j'étais aussi bon mathématicien qu'Euclide, il me faudrait un séjour d'un siècle pour faire des observations exactes sur l'air et les vapeurs.

Je n'ai pas terminé l'année, et je suis sur le point de m'en aller : telle est ma destinée d'errante. Cela va vous surprendre et ne saurait vous surprendre plus que moi. Vous m'accuserez peut-être de paresse ou d'incurie, ou des deux, puisque je vais quitter cet endroit sans vous avoir décrit la cour turque. En confidence, si vous voulez lire Sir Paul Rykaut, vous y trouverez une description exhaustive et fidèle des vizirs, des beylerbeys, du gouvernement civil et religieux, des officiers du Sérail; il est très facile de s'en procurer la liste, et on peut s'y fier, tandis qu'avec certaines histoires, Dieu sait, je n'en dis pas plus, chacun en prend à son aise pour faire ses commentaires.

Les mœurs peuvent changer, ou échapper partiellement à l'observation des voyageurs, mais il n'en va pas de même du gouvernement, et pour cette raison, puisque je n'ai pas d'innovation à vous raconter, je ne vous en raconterai rien du tout. Je passerai sous silence de la même façon l'Arsenal et les Sept Tours; pour les mosquées, je vous ai déjà décrit la plus belle en détail; mais je vous signale au passage une erreur de Gemelli (bien que je lui rende hommage, parmi les auteurs de voyages). Il dit qu'il ne reste rien de l'ancienne Chalcédoine. C'est certainement une erreur. J'y suis allée hier et j'ai traversé sur ma galère le détroit qui est très resserré entre cette cité et Constantinople. C'est encore une grande ville et qui contient plusieurs mosquées. Les chrétiens l'appellent toujours Chalcédoine, et les Turcs lui donnent un nom que j'ai oublié, et qui n'est qu'une corruption de ce nom. Je suppose que c'est une erreur de son guide, que la brièveté de son séjour l'a empêché de rectifier, car je le tiens en haute estime (en d'autres occasions) pour la véracité de ses dires.

Le détroit est vraiment très agréable, et les Turcs sont si sensibles à sa beauté que toutes leurs maisons de plaisance sont situées sur ses rives, où ils jouissent à la fois des plus belles perspectives sur l'Europe et l'Asie. On y trouve côte à côte des centaines de magnifiques palais; cependant, comme les grandeurs humaines y sont plus instables qu'ailleurs, il est fréquent que les héritiers d'un grand pacha à trois queues ne soient pas assez riches pour réparer la maison qu'il a construite, et en quelques années, les demeures tombent complètement en ruine. J'ai été voir hier celle de feu le grand vizir qui fut tué à Peterwaradin. Elle avait été construite pour recevoir son épouse royale, la fille du sultan actuel, mais il ne vécut pas assez longtemps pour la voir dans les murs. J'ai dans l'idée de vous la décrire, mais je me retiens, car je sais très bien qu'avec la meilleure description je ne vous en donnerai qu'une idée très insuffisante. Elle est située dans un des coins les plus agréables du Bosphore, à flanc de coteau, entourée d'une belle forêt. Elle est immense, le gardien m'assura qu'il y avait huit cents pièces. Je ne réponds pas du nombre, je ne les ai pas comptées, mais il est certain qu'il y en a beaucoup, et que le tout est décoré avec marbre, dorures à profusion et des peintures de fruits et de fleurs d'une extrême délicatesse. Les fenêtres sont en cristal de toute beauté, importé d'Angleterre; bref, on trouve toutes les richesses coûteuses auxquelles on peut s'attendre dans un palais construit par un jeune aristocrate voluptueux qui détient toutes les richesses d'un vaste empire. Ce qui m'a le plus séduite, ce sont les appartements prévus pour les bains. Il y en a deux exactement semblables, qui se correspondent : les bains, les fontaines et le pavement sont de marbre blanc, les toits dorés et les murs couverts de faïence; il y a à côté deux salles; une partie surélevée constitue le sofa; aux quatre coins, des chutes d'eau tombent du toit d'une vasque de marbre blanc à une autre vasque, en cascade jusqu'en bas, dans un grand bassin, d'où partent des jets d'eau de la hauteur de la pièce. Les murs sont en treillis et, à l'extérieur, des vignes vierges et des chèvrefeuilles forment une sorte de tapisserie verte qui laisse dans une délicieuse obscurité ce séjour enchanteur. Je devrais continuer et vous introduire dans d'autres appartements, tous dignes de votre curiosité, mais il est encore plus difficile de décrire un palais turc qu'un autre palais, car l'architecture défie toutes les règles. Il n'y a rien qu'on puisse appeler à proprement parler façade ou aile et, bien que ce désordre soit plaisant à voir, il est inintelligible par lettre. J'ajouterai seulement que la chambre destinée au sultan, quand il rend visite à sa fille, est lambrissée de nacre fixée par des émeraudes en guise de clous. Il y a des murs en marqueterie de nacre et bois d'olivier, et d'autres en faïence. De vastes galeries ont un décor peint, vases de fleurs et plats vernissés couverts de fruits de toutes sortes, si bien imités sur le plâtre, avec des couleurs si vivantes qu'ils ont un effet enchanteur [1]. Le jardin est en accord avec la maison : des tonnelles, des fontaines et des allées, dans un adorable fouillis. Le seul ornement qui manque est celui des statues.

Vous le voyez, ce peuple n'est pas aussi dépourvu de raffinement que nous nous le représentons. Il est vrai que leurs richesses témoignent d'un goût différent du nôtre, et

1. C'est le décor de la « salle des fruits » d'Ahmet III au harem de Topkapi.

peut-être plus délicat. Je suis tentée de croire qu'ils se font une meilleure idée de la vie, ils la passent à s'occuper de musique, de jardins, de vins et de mets délicats, pendant que nous nous torturons la cervelle avec des plans de haute politique ou des études scientifiques que nous ne terminons jamais, incapables, si nous les menons à bien, de persuader autrui de leur valeur. Tout ce que nous sentons, tout ce que nous voyons, est certes bien à nous (si jamais ce terme est justifié), mais les douceurs de la renommée, la folie de la gloire, nous les payons bien chèrement, et quand nous les obtenons, elles ne sont qu'une pauvre récompense pour avoir perdu notre temps et notre santé. Nous mourons, nous vieillissons avant d'avoir récolté le fruit de nos peines. Si l'on considère comme les animaux-hommes ont une vie courte et sont des êtres faibles, y a-t-il une étude aussi bénéfique que celle du plaisir présent? Je n'ose poursuivre sur ce thème, j'en ai peut-être dit trop long, je compte sur la connaissance véritable que vous avez de mon cœur. Je n'attends pas de vous les insipides plaisanteries que j'aurais pu subir avec quelqu'un d'autre, en guise de réponse. Vous savez distinguer l'idée du plaisir et celle du vice, qui ne sont confondues que dans la tête des sots, mais je vous permets de vous moquer de moi, quand je déclare, à la réflexion, que je préfère être un riche efendi avec toute son ignorance que Sir Isaac Newton avec tout son savoir. Je suis, M...

A l'abbé Conti

Tunis, le 31 juillet 1718

J'ai quitté Constantinople le six du mois dernier, et Tunis est le premier port d'où je peux enfin poster une lettre, malgré tous mes désirs de vous faire participer aux plaisirs du voyage à travers la partie la plus agréable du monde, où chaque scène évoque une idée poétique :

Tout enflammée d'un transport poétique, je contemple
Les îles immortelles et la mer illustre

Ici, la Muse a fait vibrer si souvent sa harpe
Que toutes les montagnes qui se dressent ont été chantées.

Je vous demande pardon de cette incartade poétique. Je continuerai (si je peux) le reste de ma description en prose. Le deuxième jour, après avoir mis la voile, nous passâmes devant Gallipoli, une belle cité, située dans la baie de Chersonèse et que les Turcs révèrent, car elle fut leur première conquête en Europe. Le 5, le matin suivant, nous avons jeté l'ancre dans l'Hellespont, entre les châteaux de Sestos et d'Abydos, maintenant appelés les Dardanelles. Il y a deux petits châteaux, anciens, mais sans intérêt stratégique, car ils sont dominés par les hauteurs. Je n'aurais jamais fait attention à ce détail si je n'avais entendu notre capitaine et les officiers en faire la remarque; mon imagination était tout occupée de la tragique histoire que vous connaissez bien.

L'amant qui nage, et l'épousée nocturne,
Les amours de Héro, et la mort de Léandre.

Encore des vers! Je suis certainement contaminée par l'air poétique que j'ai traversé. Celui d'Abydos est sans aucun doute un air chargé d'amour, c'est cette douce passion qui mit par trahison le château entre les mains des Turcs, sous le règne d'Orchanes qui l'assiégea [1]. La fille du gouverneur se figura qu'elle avait vu en rêve son futur mari (je n'ai pas su si elle avait mis sous son oreiller un gâteau de mariage ou si elle avait jeûné le jour de la fête de sainte Agnès) et qu'elle reconnaissait la forme chérie dans la silhouette d'un des assaillants; voulant obéir à sa destinée, elle lui jeta par-dessus la muraille un billet où elle s'offrait à lui avec la reddition du château. Il montra la lettre au général, qui consentit à éprouver sa sincérité et retira son armée, en ordonnant au jeune homme de revenir à minuit, avec une troupe d'élite. Elle l'introduisit à l'heure prévue; il massacra la garnison, fit prisonnier son père et l'épousa. Cette ville est en Asie, elle fut fondée par les

1. Orchanes : Orhan Gazi (1324-1359).

habitants de Milet. Sestos est en Europe, c'était autrefois la principale cité de Chersonèse. Depuis que j'ai vu le détroit, je ne trouve plus aussi invraisemblables les aventures de Léandre, ni aussi extraordinaire le pont de bateaux de Xerxès. Il est si étroit qu'il n'est pas étonnant qu'un jeune homme amoureux tente de le traverser à la nage ou qu'un roi ambitieux essaie de le faire franchir à son armée. Quand on sait la fréquence des orages, on ne s'étonne plus que l'amoureux périsse et que le pont soit détruit. De là, nous avons un beau point de vue sur le mont Ida,

> Où Junon caressa jadis l'amoureux Jupiter,
> Où le maître du monde se soumit à l'amour.

A quelques milles, je vis le coin de terre où on enterra la pauvre vieille Hécube, et une lieue plus loin, il y a le cap des Janissaires, le fameux promontoire de Sigée, où nous jetâmes l'ancre, et ma curiosité me donna la force de grimper au sommet pour voir l'emplacement de la tombe d'Achille. Alexandre en fit le tour en courant complètement nu, pour lui rendre hommage, ce qui, sans nul doute, consola son ombre. Je vis les ruines d'une très grande ville et trouvai une pierre sur laquelle M. Wortley distingua très clairement les mots « ville de Sigée ». Nous donnâmes l'ordre de l'apporter à bord du bateau, mais d'autres encore, plus curieuses, nous furent indiquées par un prêtre grec, malgré sa totale ignorance qui le rendait incapable de donner une explication. De chaque côté de la porte de sa petite église, il y a une grosse pierre d'environ dix pieds de long, cinq de large et trois de haut. Celle de droite est en très beau marbre : sur une face, il y a une belle sculpture qui forme un bas-relief. Elle représente une femme, sans doute une divinité, assise sur un siège avec un piédestal; une femme éplorée lui présente un jeune enfant qu'elle tient dans ses bras, suivie d'une procession de femmes portant des enfants de la même manière. Cela fait certainement partie d'une tombe très ancienne, mais je n'ose prétendre donner la bonne explication. Sur la pierre de gauche, il y a une très belle inscription, que j'ai relevée très exactement, j'en suis sûre, mais le grec est trop ancien pour que

M. Wortley puisse traduire[1]. [...] Je suis navrée de ne pas en posséder l'original, que nous aurions pu acheter aux pauvres habitants à peu de frais, mais notre capitaine nous assura que sans machines faites exprès il était impossible de transporter la pierre au bord de la mer, et qu'elle ne tiendrait pas dans sa chaloupe.

Les ruines de cette grande cité sont maintenant habitées par de pauvres paysans grecs qui portent l'habit de Chio; les femmes portent des jupons courts tenus par des bretelles; elles ont de grandes manches de linon blanc, avec des chaussures et des bas bien propres, et sur la tête un grand voile de mousseline qui tombe à gros plis sur les épaules. Un de nos compatriotes, M. Sands (je suis sûre que vous avez lu son livre, c'est un des meilleurs du genre), en parlant de ces ruines suppose qu'elles sont les fondations d'une cité commencée par Constantin avant de construire Byzance, mais je ne vois pas pourquoi et je tends à croire qu'elles sont plus anciennes. Nous voyions très clairement de ce promontoire la rivière du Simoïs, qui descend du mont Ida et coule à travers une large vallée. C'est maintenant un cours d'eau important que l'on appelle le Simores; dans la vallée, il se réunit avec le Scamandre, qui avait l'air d'une petite rivière boueuse, mais qui grossit peut-être au printemps. C'était le Xanthus pour les dieux, dit Homère, et c'est par ce nom céleste que la nymphe Œnone l'invoque dans son épître à Pâris. Les vierges de Troie avaient la coutume de lui faire don de leurs premières faveurs sous le nom de Scamandre, jusqu'à ce que l'aventure narrée si agréablement par M. de La Fontaine ait fait disparaître ce cérémonial païen. Après la réunion de cette rivière avec le Simoïs, elles se jettent ensemble dans la mer.

Tout ce qui reste de Troie, c'est le sol sur lequel elle s'étendait, car je suis fermement persuadée que toutes les antiquités qu'on trouve aux alentours sont beaucoup plus récentes; Strabon le dit, je crois. Cependant, j'ai eu plaisir

1. Nous ne reproduisons pas, ici et plus loin, les inscriptions antiques copiées par l'auteur. Celle que les Montagu ont rapportée est à Trinity College, Cambridge. L'autre, rapportée par Lord Elgin, se trouve au British Museum.

à imaginer dans la vallée le duel fameux de Pâris et de Ménélas, devant le site de la plus grande cité du monde; c'est certainement le plus beau que l'on puisse trouver pour la capitale d'un grand empire, de loin supérieur à celui de Constantinople, car le port peut recevoir les bateaux en toute saison, de quelque coin du monde qu'ils viennent, tandis que celui de Constantinople est inaccessible six mois de l'année, quand souffle le vent du nord.

Au nord du promontoire de Sigée, nous avons vu celui de Rhoetos, célèbre par le tombeau d'Ajax. Devant ces campagnes et ces rivières célèbres, j'admirais l'exactitude de la géographie d'Homère que j'avais en main. Presque toutes les épithètes dont il qualifie les montagnes et les plaines sont encore exactes – et je passai deux heures ici en agréables rêveries, comme Don Quichotte sur le mont Martesinos. Nous fîmes voile la nuit suivante vers le rivage où l'on situe communément l'emplacement de Troie, et je pris la peine de me lever à deux heures du matin pour contempler à la fraîche ces ruines que l'on montre habituellement aux étrangers et que les Turcs appellent Eski Stamboul – ou « la Vieille Constantinople ». Pour cette raison, et pour quelques autres, je pense qu'il s'agit des ruines d'une cité commencée par Constantin. Je louai un âne (c'est tout ce qu'on a ici pour se déplacer) pour faire quelques miles à l'intérieur des terres et me promener autour des anciennes murailles qui sont très étendues. Nous avons trouvé au milieu les ruines d'un château sur une colline, et d'un autre château dans une vallée, des colonnes brisées et deux piédestaux sur lesquels je relevai ces inscriptions latines[1]. [...]

A coup sûr, les ruines toutes proches sont celles d'un temple consacré à Auguste, et je ne sais pas pourquoi M. Sands l'appelle un temple chrétien, puisque les Romains ont construit par là. Il y a aussi plusieurs tombeaux en beau marbre, qui fondent de jour en jour, servant à faire d'énormes boulets pour les canons des Turcs. Nous sommes passés ce soir devant l'île de Ténédos, jadis sous la protection d'Apollon, comme il le laisse entendre quand

1. Voir note 1, p. 219. – « Eski Stamboul » : Alexandrie de Troade.

il énumère ses domaines pour faire sa cour à Daphné. Elle ne mesure que dix miles de circonférence, mais elle est actuellement très riche et très peuplée, encore célèbre par son excellent vin. Je ne dirai rien de Tennès, qui lui a donné son nom; mais en nommant Mytilène, que nous avons longée, je dois parler de Lesbos où chanta Sapho, où régna Pittacos, et qu'illustrèrent les naissances d'Alcée, de Théophraste et d'Arion, ces grands maîtres en poésie, philosophie et musique. Ce fut une des dernières îles à rester sous domination chrétienne après la conquête de Constantinople par les Turcs. Ai-je besoin de vous parler des Cantacuzène, etc.? Ce sont des princes que vous connaissez aussi bien que moi. C'est avec respect que je vis s'éloigner cette île; nous avons traversé la mer Égée, aujourd'hui l'archipel, laissant sur la gauche Scio (l'ancienne Chio), qui est la plus riche et la plus peuplée de ces îles; elle produit du coton, du blé et de la soie; elle est couverte de vergers d'orangers et de citronniers, et encore réputée pour le nectar du mont Arvisium que Virgile mentionne. Les meilleures manufactures de soie de Turquie se trouvent là; la ville est bien bâtie, les femmes célèbres pour leur beauté; elles montrent leurs visages, comme dans les pays chrétiens. Les familles riches sont nombreuses, bien qu'elles limitent leur richesse à la décoration de leur intérieur pour éviter la jalousie des Turcs, qui ont ici un pacha. Cependant ces Grecs jouissent d'une liberté raisonnable et s'abandonnent à leur génie naturel pour

faire s'écouler le temps à festoyer, chanter, danser,
dans la fraîcheur des bosquets, dans le bonheur de leur ciel.

Les chaînes leur sont légères, bien qu'ils les portent depuis peu : ils sont sous domination turque depuis 1566; mais il est peut-être plus facile d'obéir au Grand Seigneur qu'à l'État génois, à qui l'empereur de Byzance les avait vendus. Mais je m'oublie à ces rappels historiques, c'est une impertinence quand je m'adresse à vous.

En passant le détroit entre l'île d'Andros et l'Achaïe (maintenant Libadia), nous vîmes le cap Sounion (qu'on appelle le cap des Colonnes), où s'élèvent encore les énormes colonnes d'un temple de Minerve. Ce spectacle vénérable me fit penser avec un redoublement de regret à ce beau temple de Thésée, qui était intact, paraît-il, jusqu'à la dernière campagne de Morée, où les Turcs le remplirent de poudre et où il sauta par accident [1]. Vous pouvez croire que j'avais à cœur d'aborder sur la rive célèbre du Péloponnèse, ne serait-ce que pour voir les rivières de l'Asopos, du Pénée, de l'Inachos et de l'Eurotas, les plaines d'Arcadie et autres sites de la mythologie antique. Mais en fait de dieux et de héros, selon des personnes dignes de foi, le pays est maintenant infesté de brigands, et j'aurais couru grand risque de tomber entre leurs mains en entreprenant un voyage à travers des contrées désertes. J'ai tant de vénération pour ce pays que je dois me tenir à quatre pour ne pas vous ennuyer avec toute son histoire, depuis la fondation de Mycènes et de Corinthe jusqu'à la dernière campagne qui s'est déroulée là [2]. Mais je refoule cette envie comme je fis pour celle de descendre à terre; nous avons doublé par beau temps le cap Angelo, autrefois Malée, où je ne vis aucun reste du fameux temple d'Apollon. Nous sommes arrivés ce soir en vue de Candie. C'est très montagneux : on distingue facilement le mont Ida. Au témoignage de Virgile, il y avait là cent cités :

Ils habitent cent vastes cités.

La principale, Cnossos, fut témoin des passions du monstre. Métellus fut le premier à conquérir la ville natale de son dieu Jupiter. Elle tomba ensuite entre les mains de... Je passe sur le siège de Candie, et je suis si fâchée contre moi-même que je vais expédier les autres îles avec cette généralité : on ne peut imaginer rien de plus agréable que ce voyage – mais il aurait fallu le faire il y a deux ou trois mille ans; alors j'aurais pu, après avoir pris une tasse de thé avec Sapho, visiter dans le même après-midi le temple d'Homère à Chio, et j'aurais passé ce voyage à relever les plans de temples magnifiques, à dessiner les chefs-d'œuvre de la statuaire, à converser avec les plus raffinés et les plus gais des hommes. Hélas! l'art s'est éteint ici. Seules

1. Le Parthénon (dédié à Athéna) sauta en 1687.
2. En 1715 (voir p. 241).

demeurent les splendeurs de la nature, et c'est avec un plaisir immense que j'ai observé l'Etna, dont les flammes brillent dans la nuit, visibles à des milles et des milles au large, et soulèvent une foule d'hypothèses dans la tête. Je respecte trop la philosophie pour croire qu'elle ait pu tourner la tête d'Empédocle, et Lucien ne me fera jamais croire au suicide scandaleux de l'homme dont Lucrèce a dit :

Il semblait impossible qu'il fût de souche humaine.

Nous avons dépassé la Trinacrie sans entendre les Sirènes décrites par Homère et, sans être rejetés ni sur Charybde ni sur Scylla, nous sommes arrivés sains et saufs à Malte, appelée autrefois Melita pour l'abondance de son miel. Ce n'est que du rocher, avec un peu de terre par-dessus. Le grand maître y vit comme un prince souverain, mais sa puissance navale est maintenant dérisoire. Les fortifications ont la réputation d'être les plus solides du monde, taillées dans le roc au prix de beaucoup de peines et d'argent. Au large de l'île, nous fûmes ballottés par un violent orage et très contents après huit jours de jeter l'ancre à Porto-Farina sur le rivage africain, où nous sommes mouillés à l'heure qu'il est.

Nous avons été accueillis par le consul d'Angleterre qui réside à Tunis. J'ai volontiers accepté son offre d'hospitalité pour quelques jours, car j'étais très curieuse de voir cette partie du monde, et en particulier les ruines de Carthage. Je me suis donc mise en route dans sa chaise à porteurs, à neuf heures du soir; comme la lune était pleine, je voyais le paysage aussi bien qu'à la lumière du jour – la chaleur du soleil est si insupportable maintenant qu'il n'y a que ce moment pour voyager. Le sol est surtout sablonneux, mais partout poussent des arbres fruitiers, dattiers, figuiers, oliviers, qui viennent sans être soignés et donnent pourtant les fruits les plus délicieux. Leurs vignobles et leurs champs de melons sont enclos par des haies de cette plante que nous appelons « figuier d'Inde », et qui fait une barrière admirable : aucune bête sauvage ne peut la traverser. Cette plante atteint une très grande hauteur, elle est très touffue, et ses épines longues et piquantes sont de véritables épingles. Elle donne un fruit que mangent les paysans et qui n'a pas mauvais goût.

C'est maintenant l'époque du Ramadan turc (leur Carême), et comme tous ici professent la religion mahométane, ils jeûnent jusqu'au coucher du soleil et passent la nuit à festoyer. Nous avons vu sous les arbres, un peu partout, des groupes de gens du pays en train de manger, de chanter, de danser, au son d'une musique sauvage. Ils ne sont pas complètement noirs, ce sont plutôt des mulâtres, avec une figure effrayante à voir. Ils sont presque nus, et ne portent qu'une étoffe de serge grossière drapée sur eux; les femmes ont les bras jusqu'aux épaules, le cou et la figure ornés de fleurs et d'étoiles et de toutes sortes de dessins, tatoués avec de la poudre à canon, ce qui ajoute à leur difformité naturelle. Ils considèrent cela comme un ornement, et je crois que l'opération est très douloureuse pour eux. A six miles de Tunis, nous avons vu les restes de ce noble aqueduc qui amenait l'eau à Carthage en franchissant de hautes montagnes sur une longueur de quarante miles. Beaucoup de ses arches sont encore intactes. Nous avons passé deux heures à l'examiner très attentivement, et M. Wortley m'assura que celui de Rome lui est très inférieur. Les pierres sont de taille prodigieuse, et cependant si bien polies et jointives qu'il a fallu très peu de ciment pour les sceller. Elles peuvent encore durer mille ans, si la main de l'homme ne vient pas les détruire.

Peu après le lever du soleil, je suis arrivée à Tunis; c'est une belle ville bâtie en pierre très blanche, mais complètement dépourvue de jardins, qui ont tous été détruits, ainsi que leurs beaux ombrages, quand les Turcs ont pris la ville pour la première fois. Rien n'a été replanté depuis, le sable aride donne un paysage désagréable, et le manque d'ombre, ajouté à la chaleur du climat, la rend si excessive que j'ai du mal à la supporter. Il faut dire qu'à midi la brise de mer est rafraîchissante; sans elle il serait impossible de vivre; il n'y a pas d'eau fraîche, seulement celle des citernes qu'alimentent les pluies de septembre. Les femmes en ville sont voilées de la tête aux pieds avec un crêpe noir; comme elles ont du sang mêlé avec les descendants des renégats, beaucoup sont, paraît-il, belles et bien faites. La cité a été assiégée en 1270 par Louis, roi de France, qui est mort de la peste sous ses murs. Après sa mort, son fils Philippe, et notre prince Édouard, fils de Henri III, ont levé le siège à des conditions honorables. Elle est restée à ses rois naturels, des Africains, jusqu'à ce que, par trahison, elle tombe entre les mains de Barberousse, amiral de Soliman le Magnifique. L'empereur Charles Quint a chassé Barberousse, mais les Turcs l'ont reconquise sous la conduite de Sinan Pacha, pendant le règne de Selim II. Depuis cette époque, elle est restée tributaire du Grand Seigneur, gouvernée par un bey, qui est bien obligé de garder le nom de sujet turc, mais qui s'est débarrassé de la soumission; il exerce un pouvoir absolu et paie très rarement le tribut. La grande cité de Bagdad en est aujourd'hui au même point, et le Grand Seigneur ferme les yeux sur la perte de ses possessions, par peur d'en perdre aussi le titre.

Je suis allée très tôt hier matin, après une nuit de repos, pour voir les ruines de Carthage. J'étais grillée par le soleil et ravie d'être conduite dans des pièces souterraines, qu'ils appellent les écuries des éléphants, mais qui, à mon avis, n'ont jamais été destinées à cet usage. J'y ai trouvé des fragments de colonnes d'un très beau marbre, quelques-unes en porphyre. Il est impensable qu'on ait pris la peine de les porter ici en pure perte, et il est inimaginable qu'on ait prévu des piliers d'une telle beauté pour orner une écurie. Je pense qu'il s'agissait d'appartements d'été, sous le palais, que la chaleur du climat rendait nécessaires. Les paysans les utilisent maintenant comme greniers. Pendant que j'étais assise là affluèrent des tentes toutes proches des femmes pour me voir, et nous nous donnâmes mutuellement le spectacle. Par leur façon de s'asseoir, la couleur de leur peau, leurs longs cheveux noirs et plats leur encadrant le visage, leurs traits et leur conformation, ils diffèrent ici si peu de leurs compatriotes les bédouins qu'on a peine à distinguer les races, et j'allai jusqu'à penser qu'il y avait eu jadis des alliances entre eux. Une fois reposée à la fraîcheur, restaurée avec du lait et des fruits délicieux qu'on m'apporta, je grimpai sur la petite colline où il y avait autrefois le château de Byrsa. De là, je pouvais bien voir l'emplacement de la fameuse ville de Carthage, située sur un isthme baigné de deux côtés par la mer. C'est maintenant un terrain vague avec des marais salants. Strabon dit que Carthage faisait quarante miles de tour. Il n'en reste rien de plus que ce que je vous ai décrit, et l'histoire de la ville est assez connue pour qu'il ne soit pas nécessaire de la rappeler.

Vous le voyez, je vous obéis et ne vous fais guère de compliments; n'est-ce pas ce que vous attendez de moi? J'ai répondu à votre lettre en vous faisant les descriptions que vous souhaitiez, et j'ai gardé mes politesses pour la fin. Je dois partir d'ici demain et poursuivre mon voyage par l'Italie et la France. J'espère que dans un de ces pays je vous dirai de vive voix que je suis votre humble servante.

A Lady Mar

Gênes, 28 août 1718

Pardonnez-moi, ma chère sœur, de ne pas vous avoir écrit de Tunis; c'est le seul endroit où j'aurais eu l'occasion de le faire depuis que j'ai quitté Constantinople, mais la chaleur y était tellement forte, la lumière faisait tellement mal aux yeux, qu'après avoir écrit une seule lettre, à l'abbé Conti, j'étais à moitié aveuglée, et je n'ai pas eu le courage d'écrire toutes les autres que j'avais en projet; de toute manière, je n'aurais rien eu de très distrayant à vous dire depuis ce pays barbare. Maintenant le plaisir est partout dans ce qui m'entoure, et les beautés de l'Italie me charment tant que je serais bien ingrate si je ne leur offrais quelques éloges pour le divertissement que j'ai eu ici. Je séjourne chez Mrs. Davenant à Saint-Pierre-l'Arène, et sous peine d'injustice elle doit avoir sa part des éloges dont je vous parle : son entrain et sa compagnie ont fait beaucoup pour me rendre cet endroit agréable. Gênes se trouve dans une très jolie baie; elle est bâtie sur les pentes d'une colline, aérée par des jardins, embellie par une architecture parfaite; la vue sur la mer y est très belle, et me le paraîtrait davantage si mes yeux ne s'étaient habitués à celle de Constantinople.

Les Génois étaient jadis les maîtres de plusieurs îles de l'archipel et du quartier de Constantinople qui s'appelle maintenant Galata. En trahissant la cause chrétienne, ils ont aidé les Turcs à prendre Constantinople, et mérité ce qui leur est arrivé depuis : ils ont perdu tout ce qu'ils possédaient là-bas au bénéfice des infidèles. Maintenant, ils sont loin d'être riches, et les Français les méprisent depuis que le feu roi a obligé leur doge à venir en personne à Paris, pour une vétille : les armes de France, au-dessus de l'ambassade, avaient été souillées de fumier, de nuit (je suppose), par des partisans de l'Espagne, qui sont encore ici en majorité, bien qu'ils n'osent pas se déclarer ouvertement.

Les dames affectionnent le costume français et ont plus de grâce que leurs modèles. Je ne doute pas que la coutume des *sigisbées* n'ait considérablement amélioré leur allure. Je ne sais si vous avez entendu parler de ces créatures. Je vous jure qu'il a fallu que je les voie pour croire qu'il en existe sur terre! C'est une mode partie d'ici, et maintenant suivie par toute l'Italie, pays où les maris ne sont pas ces êtres terribles que nous nous figurons. Il n'y en a aucun chez eux d'assez rustre pour oser voir malice dans une coutume si bien établie, et si bien fondée en politique : car à l'origine c'était, m'assure-t-on, un expédient imaginé par le Sénat pour mettre fin aux haines de familles qui déchiraient l'État, et pour trouver un emploi à des jeunes gens que le désœuvrement obligeait à se couper mutuellement la gorge. Cet expédient a si bien réussi que depuis l'institution des sigisbées seules la paix et la bonne humeur règnent parmi eux. Les sigisbées sont des jeunes gens qui se vouent au service d'une dame (je veux dire une dame mariée : les jeunes filles sont toutes invisibles, recluses dans leurs couvents). Ils sont obligés de la suivre dans tous les lieux publics, théâtres, opéras, cercles (que l'on appelle ici *conversations*), où ils se tiennent derrière sa chaise, prennent soin de son éventail et de ses gants si elle joue, ont le privilège de lui parler à l'oreille, etc. Lorsqu'elle sort, ils font office de laquais, trottant gravement à côté de sa chaise. Ils lui doivent un cadeau pour chaque jour de gala, sans oublier celui de sa fête. Bref, ils sont là pour consacrer à son service tout leur temps et tout leur argent; elle les récompense selon son goût (quant aux occasions, ils n'en manquent pas), mais le mari ne doit pas avoir l'impudence de supposer qu'il y ait entre eux autre chose que le plus platonique des amours. Ils s'efforcent, il est vrai, de donner à leur femme un sigisbée de leur choix, mais s'il arrive à la dame d'avoir un goût différent (et cela lui arrive souvent) elle réussit toujours à en avoir un de sa fantaisie. Naguère, une seule beauté avait souvent huit ou dix de ces humbles admirateurs, mais ces jours d'abondance et d'humilité ne sont plus; les hommes se font plus rares et plus infatués d'eux-mêmes, et chaque dame doit se contenter d'un seul à la fois. Vous voyez dans sa gloire la liberté d'une république, ou plutôt d'un régime aristocratique, car les gens du commun sont ici aussi esclaves qu'en France. Mais la vieille noblesse montre peu de respect envers le doge; celui-ci ne reste en poste que deux ans, et même à ce moment sa femme n'a aucune prééminence sur les autres dames nobles. Seule la famille d'Andréa Doria, ce grand homme qui leur a rendu la liberté dont ils jouissent maintenant, a quelques privilèges; lorsque le Sénat a cru devoir donner un coup d'arrêt au luxe vestimentaire, en interdisant que l'on porte bijoux et brocarts, il leur a laissé la liberté de faire les dépenses qui leur plairaient. J'ai regardé avec grand plaisir la statue de ce héros; elle est dans la cour de la maison du duc Doria.

Cela me fait songer à leurs palais, que je n'arriverai pas à décrire comme je le devrais. Ne suffit-il pas de dire que la plupart d'entre eux ont été dessinés par Palladio? La rue dite *Strada Nova* forme peut-être la plus belle suite d'édifices du monde. Je dois mentionner en particulier le vaste palais de Durazzo, ceux des deux Balbi que réunit une magnifique colonnade, celui des Imperiali au village de Saint-Pierre-l'Arène, et un autre aux Doria. Il faut voir la perfection de leur architecture, la profusion de riche mobilier disposé avec le goût le plus élégant et une somptuosité sans limites; mais ce qui me charme par-dessus tout, c'est la collection de tableaux sortis des pinceaux de Raphaël, de Véronèse, de Titien, de Carrache, de Michel-Ange, du Guide et du Corrège; je mentionne ces deux-là en dernier parce qu'ils sont mes favoris. J'avoue que les objets d'horreur ne me donnent aucun plaisir, et pour moi, plus une Crucifixion est représentée avec naturel, plus elle est déplaisante. Mais eux, mes peintres bien-aimés, ont montré la nature, et l'ont montrée sous son jour le plus charmant. J'ai aimé une Lucrèce, entre toutes, au palais Balbi. La beauté expressive de son visage et de son sein inspire une pitié et une admiration tout aussi passionnées que celles que pourrait faire naître dans l'âme le plus beau poème sur ce sujet. Une Cléopâtre de la même main mérite mention, et j'en parlerais davantage si la Lucrèce n'avait pas la première accaparé mes regards. Il y a aussi quelques bustes anciens inestimables. L'église Saint-Laurent est tout en marbre blanc et noir; on y conserve ce plat fameux taillé dans une seule émeraude, que l'on ne peut plus toucher depuis la découverte d'un complot pour (dit-on) le jeter sur le dallage et le briser; cette malice puérile est attribuée au roi de Sicile, à qui on avait refusé de vendre le joyau et qui voulait se venger. L'église de l'*Anunciata* est joliment ornée de marbre, avec des piliers de marbre rouge et blanc, celui de Saint-Ambroise ayant été abondamment décoré par les jésuites; mais je confesse que toutes ces églises me sont apparues si mesquines après Sainte-Sophie que j'ai du mal à leur faire l'honneur de noter leurs noms; j'espère du moins que vous reconnaîtrez que j'ai fait bon usage de mon temps à voir tant de choses, car cela fait peu de jours que nous avons quitté la quarantaine à laquelle personne n'échappe en venant du Levant. Mais la nôtre a été très écourtée et s'est passée de façon très agréable en compagnie de Mrs. Davenant au village de Saint-Pierre-l'Arène, à environ un mile de Gênes, dans une maison bâtie par Palladio, si bien dessinée, de si nobles proportions, que c'est un plaisir de la parcourir. Pour toute visite ici nous avons reçu celle d'un noble génois commis pour voir que nous ne nous touchions pas les uns les autres. Je resterai ici quelques jours de plus, et souhaiterais presque y rester toute une vie; mais la mienne, je le crains, n'est pas promise à tant de tranquillité.

A Lady Mar

Turin, le 12 septembre 1718

Je suis venue en deux jours de Gênes ici sur de bonnes routes. J'ai déjà vu tout ce qu'on montre aux étrangers dans la ville; à soi seul, cela ne mérite vraiment pas une description, et je n'ai pas assez de respect pour le Saint Suaire pour en parler longtemps. L'église est une réussite, comme le palais royal; mais j'ai vu il y a peu tant de perfection architecturale que je n'ai pas donné beaucoup d'attention à ces œuvres. La ville elle-même est joliment bâtie, située dans une plaine agréable, sur les rives du Pô. A peu de distance, nous avons vu les palais de la Vénerie et de Valentin, deux retraites charmantes. Nous étions logés sur la *Piazza Royale*[1], qui est une des plus nobles places que j'aie vues, entourée d'un beau portique de pierre blanche. Nous avons reçu aussitôt la visite du chevalier... que vous connaissiez en Angleterre; avec grande civilité, il nous offrit de nous présenter à la cour, qui se tient à présent à Rivoli, à une lieue environ de Turin. Je suis allée hier jusque-là, et j'ai eu l'honneur de rendre mes devoirs à la reine, après lui avoir été présentée par sa première dame d'honneur. J'ai trouvé Sa Majesté dans un appartement splendide, avec une suite de belles dames toutes en robes longues, parmi lesquelles on distinguait aisément la jolie princesse de Carignan. La reine m'a adressé des paroles douces et affables, et semble posséder beaucoup de bon sens. Elle n'oublia pas de me rappeler qu'elle a du sang anglais, et ajouta qu'elle avait toujours senti en elle une inclination particulière à aimer les Anglais. Je lui rendis sa politesse en lui donnant le titre de Majesté aussi souvent que je pouvais : avant peu de mois, elle n'aura peut-être plus le plaisir de se l'entendre donner. Le roi a beaucoup de vivacité dans le regard, et le jeune prince de Piémont est un très beau jeune homme, mais la dévotion où cette cour est maintenant tombée ne lui autorise aucun des divertissements de son âge. Processions et messes sont toutes les splendeurs en vogue ici, et la galanterie y est un crime, au point que le pauvre comte de..., que nous connaissions à Londres, y est en disgrâce très sérieuse pour quelques menues avances qu'il a osé faire à une dame d'honneur.

Nous devons partir demain pour franchir ces Alpes redoutables dont on parle tant. Si j'en redescends en vie, vous recevrez de mes nouvelles.

---

1. *Sic.*

A Anne Thistlethwayte

Lyon, 25 septembre 1718

J'ai reçu vos deux lettres si agréables à mon arrivée ici, et de nombreuses autres de mes amis, adressées à Constantinople et réexpédiées de Marseille à Lyon par notre commis là-bas, qui savait que nous étions sur le retour. Je suis surprise d'apprendre que ma sœur a quitté l'Angleterre. Je suppose que ce que je lui ai écrit de Turin sera perdu; où lui expédier du courrier? Je ne sais, n'ayant de sa main aucun récit de ses affaires. Pour ma part, je dois garder la chambre, étant restée alitée depuis notre arrivée à Lyon le 17 jusqu'à hier; j'ai eu une fièvre si terrible que j'ai cru quelque temps que tous mes voyages s'étaient terminés ici et, après des fatigues comme celles que j'ai endurées, un résultat comme celui-ci ne me paraît pas du tout étonnant. La première journée du voyage, de Turin à Novalese, se déroule dans un très beau pays, avec des bois magnifiques, enrichi par l'art et par la nature. Le jour suivant, nous avons commencé l'ascension du mont Cenis, portés dans de petits sièges d'osier tressé fixés à des perches, celles-ci sur les épaules de porteurs; nos chaises avaient été démontées et chargées sur des mules. Le spectacle prodigieux des montagnes couvertes de neiges éternelles, les nuages suspendus bien au-dessous de nos pieds, les immenses cascades qui se précipitent du haut des rochers avec un mugissement confus m'auraient donné un plaisir solennel si j'avais moins souffert du froid extrême qui règne ici; mais la bruine incessante avait pénétré même la fourrure épaisse dont je m'étais enveloppée, et j'étais à demi morte de froid avant d'avoir redescendu la montagne; nous ne sommes arrivés en bas que deux heures après la tombée de la nuit. Ces hauteurs portent un vaste plateau avec un joli lac; mais la descente est si raide et glissante qu'on est surpris de voir ces porteurs aller avec une telle sûreté; je n'avais pas moitié aussi peur de me rompre le cou que de tomber malade, et l'événement m'a montré que c'était bien ce qu'il fallait redouter. Toutes les montagnes après celle-ci se passent en chaise, et sont couvertes de vignes et de pâturages. On y élève les plus belles chèvres du monde. La dernière est celle d'Aiguebellete; bientôt après nous sommes entrés à Pont-Beauvoisin, ville-frontière française, dont le pont sépare ce royaume et le duché de Savoie. La même nuit nous sommes arrivés tard à Lyon, où je n'avais rien d'autre à faire que de m'occuper de ma santé. Je pense être désormais tirée de tout danger, et bien décidée à ce que le mal de gorge qui me reste ne me tienne pas longtemps enfermée. Je suis impatiente de voir les antiquités de cette ville fameuse, et plus encore de continuer mon voyage vers Paris; j'espère vous écrire de là une lettre plus divertissante que je ne puis le faire maintenant, où mon cerveau est affaibli par la maladie et ma tête brouillée par les idées noires, depuis une mauvaise auberge, et dans une chambre encombrée d'un matériel d'apothicaire, fioles et bouteilles, bien déprimant.

A Alexandre Pope

Lyon, 28 septembre 1718

J'ai reçu ici votre lettre et veux vous remercier pour le plaisir que vous exprimez de mon retour; mais je ne puis retenir un mouvement d'irritation à voir que vous vous réjouissez de ce qui me déplaît si fort. Vous allez penser que c'est un méchant compliment de ma part. Soyez sûr que je ne suis pas insensible à la joie de revoir mes amis, mais lorsque je réfléchis qu'il faudra en même temps voir et entendre mille importuns, que je devrai recevoir et rendre des visites, faire des révérences et assister à des thés où l'on va m'assommer de questions; que d'autre part je suis une créature incapable d'être utile à quiconque, sinon par de bonnes intentions sans conséquence, et que ma présence n'est un bien nécessaire à aucun des habitants de mon pays natal, je pense que j'aurais beaucoup mieux fait de rester là où facilité et repos faisaient le bonheur de ma vie indolente – je tomberais certainement dans l'humeur noire, si je poursuivais sur ce thème une ligne de plus. Je préfère remplir le reste de ce papier avec les inscriptions sur les tables de bronze qui sont placées ici de chaque côté de l'hôtel de ville. [...]

Je ne puis prendre avec la deuxième table la peine que je me suis donnée avec la première. Vous pouvez aisément l'imaginer dans les mêmes caractères, et pointée de la même manière. En voici les termes [1]. [...]

On m'a montré à l'extérieur de la porte de Saint-Justin les restes d'un aqueduc romain, et derrière le monastère de Sainte-Marie sont les ruines du palais impérial, où naquit l'empereur Claude et où vécut Septime Sévère. La grande cathédrale Saint-Jean n'est pas mal pour un bâtiment gothique, et son horloge est très admirée par les Allemands. Dans un des endroits les plus en vue de la ville a été dressée la statue du feu roi, foulant aux pieds le genre humain. Il faut que je dise un mot ici des statues françaises (je ne veux plus y revenir) avec leurs perruques dorées tombant sur les épaules. Si leur roi avait voulu exprimer dans une seule œuvre l'ignorance, le mauvais goût et la vanité, ses sculpteurs n'auraient pu mieux représenter ce mélange bizarre d'un vieux beau qui s'était entiché d'héroïsme avec un boisseau de cheveux bouclés sur la tête et un bâton doré à la main. Les Français se sont tellement étendus sur l'histoire de cette ville que je n'ai plus rien à en dire. Les maisons sont bâties de manière passable, et la Belle Cour bien plantée d'arbres; c'est de là que l'on voit le confluent célèbre de la Saône et du Rhône,

> Où le vaste Rhône coule d'un cours impétueux,
> Et la Saône ne sait où porter ses flots [2].

J'ai eu beaucoup de loisir pour tout voir, puisque j'ai été retenue plusieurs jours dans cette ville par une inflammation de la gorge, reste d'une fièvre due à un refroidissement que j'avais pris dans l'humidité des Alpes. Les docteurs d'ici, tout heureux d'avoir une nouvelle cliente, me menacent de toutes sortes de rechutes si j'ai l'audace de

1. Voir la note 1, p. 219. C'est le célèbre discours de Claude en faveur de l'entrée des Gaulois au Sénat.

2. Sénèque, *L'Apocoloquintose...*, VII, 2, v. 11-12.

les quitter avant que cette inflammation soit tout à fait évanouie. Mais moi, qui sais comme elle est tenace, je pense que je puis tout aussi bien continuer mon chemin vers Paris avec elle que me promener par les rues de Lyon, et je suis résolue à poursuivre mon voyage demain malgré les docteurs, les apothicaires et les maux de gorge.

Lorsque vous verrez Lady Rich, dites-lui que j'ai reçu sa lettre et que je lui répondrai de Paris, car je pense qu'elle a un très vif désir d'entendre parler de cette ville.

A Lady Rich

Paris, 10 octobre 1718

Je ne puis donner à ma chère Lady Rich meilleure preuve du plaisir que je prends à lui écrire qu'en choisissant pour le faire ce lieu de toutes les distractions, où je suis accablée de visites, et celles-ci tellement pleines de vivacité et de compliments que l'on est assez occupée à écouter, que l'on réponde ou non. L'ambassadrice de France à Constantinople a ici une famille nombreuse et importante; tous viennent me voir et ne se lassent pas de me poser des questions. L'air de Paris a déjà eu bon effet sur moi, car je ne me suis jamais mieux portée, bien que j'aie été extrêmement malade pendant tout le trajet depuis Lyon. Jugez-en de l'agrément que j'ai trouvé à un voyage qui ne m'aurait pas plu, même sans cet ennui supplémentaire. Rien n'est si terrible que de voir la misère quand on n'a pas la divine faculté de la soulager, et tous les villages de France ne montrent rien d'autre. Tandis que nous changeons de chevaux de poste, tous les villageois sortent mendier, tellement misérables avec leurs visages affamés et amaigris, leurs vêtements en loques, qu'ils n'ont pas besoin d'autres discours pour vous persuader de leur détresse.

Voilà toute la splendeur française jusqu'à ce que vous arriviez à Fontainebleau. Alors vous commencez à penser que le royaume est riche lorsqu'on vous montre quinze cents pièces dans le palais de chasse du roi. Les appartements de la famille royale sont très grands et richement dorés, mais je n'ai rien vu qui vaille une mention en architecture ou en peinture. Dans la grande galerie, bâtie par Henri IV, sont exposées des vues de toutes les résidences royales, dessinées au goût de ce temps-là, qui font maintenant un effet très mesquin. Le parc est très joliment boisé et arrosé, les arbres de belle venue et bien disposés, et on élève dans les viviers des carpes apprivoisées; il paraît que certaines auraient quatre-vingts ans. Le feu roi passait dans cet endroit quelques mois chaque année; les maximes pieuses gravées sur tous les rochers des environs étalent la dévotion en vogue à sa cour; mais cette dévotion est morte avec lui, je crois; en tout cas, je n'en vois nul signe extérieur à Paris, où tous les esprits semblent tournés vers les plaisirs du moment.

C'est maintenant la saison de la foire de Saint-Laurent. Bien sûr, je m'y suis fait conduire; je la trouve bien mieux aménagée que notre Saint-Barthélemy. Toutes les boutiques sont disposées en allées régulières, et si bien éclairées qu'elles font un spectacle très agréable. Mais la grossièreté de leur Arlequin ne m'a pas plu du tout, pas davantage leur musique à l'Opéra – un grincement abominable pour qui est habitué à la musique italienne. Le bâtiment n'est qu'une bicoque comparé à celui de Haymarket, et le théâtre n'est pas aussi propre que celui de Lincoln's Inn Fields, mais ce qu'il faut dire à leur louange c'est que leurs tragédiens sont de très loin supérieurs à tous les nôtres. J'accorderais tout juste à Mrs. Oldfield un rôle de confidente de La Desmarets. J'ai vu la tragédie de Bajazet si bien représentée que je pense que tout ce qu'on peut dire de nos meilleurs acteurs, c'est qu'ils parlent; mais ceux-là vivent; et sans aucun doute on est infiniment plus ému quand un homme paraît malheureux que lorsqu'il déclare qu'il l'est avec une face béate, et une sotte allégresse dans le maintien. A propos de maintien, il faut que je vous dise un mot des dames françaises. J'ai vu toutes les beautés, et – il faut lâcher le mot – elles sont si dégoûtantes, si capricieuses, si absurdes dans leur tenue! D'un manque de naturel tellement monstrueux dans leur maquillage! Leurs cheveux coupés court et bouclés autour du visage si poudrés qu'on dirait de la laine blanche! Enfin, étalé sur leurs joues, jusqu'au menton, un impitoyable vernis rouge porcelaine brille comme du feu. Elles n'en ont plus visage humain, et il me semble que leur tenue a dû être inspirée par un beau mouton tout frais marqué à l'ocre. Quel plaisir de me rappeler mes chères paysannes, si jolies! Et, si j'écrivais à quelqu'un d'autre que vous, je dirais que ces barbouilleuses ridicules me font encore plus apprécier le charme naturel des cheveux châtains de ma chère Lady Rich, et la pureté de son incarnat si vivant.

J'ai rencontré ici l'abbé Conti; il me demande de vous faire ses compliments.

A Anne Thistlethwayte

Paris, 16 octobre 1718

Vous voyez que je tiens ma promesse de vous écrire de Paris, où j'ai eu la très grande surprise de rencontrer ma sœur; inutile d'ajouter, la très grande joie. Nous nous attendions aussi peu l'une que l'autre à nous voir (elle n'avait pas reçu mes dernières lettres). La main de M. de Scudéry ferait de cette rencontre un brillant tableau, mais je ne pousserai pas l'imitation de son style au point de vous dire combien de fois nous nous sommes embrassées, comment elle me demandait par quelle bizarrerie je revenais de Constantinople. Et je lui répondais en lui demandant quelle aventure l'amenait à Paris. Pour abréger, une fois épuisés questions et réponses, exclamations et compliments, nous nous sommes mises d'accord pour parcourir ensemble les environs, et nous avons vu Versailles, le Trianon, Marly, Saint-Cloud. On avait ordonné de faire jouer les eaux pour notre plaisir, et toute la colonie anglaise de Paris m'avait suivie. Je dois dire que Versailles m'a semblé plutôt vaste que beau; après avoir vu les proportions exactes des bâtiments italiens, j'ai été choquée par l'irrégularité de celui-ci. Le cabinet des médailles et des antiques du Roi est vraiment très riche. Ce que j'ai préféré de toute la collection, c'est l'*Apothéose de Germanicus* sur une grande agate, une des œuvres de ce genre les plus fines que je me rappelle avoir vues. J'ai remarqué aussi des statues antiques de grande valeur, mais la galerie rebute autant par la flagornerie dégoûtante de Lebrun que par son pinceau prétentieux. Je ne prétends pas vous décrire les grands appartements, la variété des fontaines, le théâtre, le bosquet des fables d'Ésope, etc.; tout cela, vous pouvez le lire avec les plus amples détails dans les auteurs français que l'on a payés pour ces descriptions. Trianon, dans sa petitesse, m'a plu mieux que Versailles, Marly mieux que l'un et l'autre, et Saint-Cloud mieux que tout, car il a l'avantage que la Seine coule au fond des jardins, il a la grande cascade, etc. Vous trouverez dans les livres dont je viens de parler, si vous en êtes curieuse, le nombre exact des statues et la hauteur de leurs jets d'eau. Nous avons vu les tableaux du roi dans la magnifique demeure du duc d'Antin, qui a la charge de les conserver jusqu'à la majorité de Sa Majesté. Ils ne sont pas nombreux, mais des plus grands maîtres. J'ai vu avec un vif plaisir l'*Archange* de Raphaël, où le sens du surnaturel s'exprime aussi bien que chez Milton. Vous me pardonnerez de ne rien vous dire des Tuileries, bien plus belles que notre Mail, ni du Cours, plus agréable que notre Hyde Park, ombragé de grands arbres au plus chaud de l'été. Au Louvre, j'ai eu l'occasion de voir le roi, accompagné par le duc régent; il est grand et bien fait, mais ne paraît pas devoir occuper le trône autant d'années que son grand-père. Puisque j'en suis à la cour, il faut que je dise que rien ne m'a fait autant de plaisir, en France, que de voir un Anglais, ou du moins un Britannique, maître absolu à Paris. Je veux parler de M. Law, qui traite leurs ducs et pairs extrêmement *de haut en bas,* et qui est traité par eux avec toute la soumission et tout le respect possibles. Les pauvres! La réflexion sur cet esclavage abject me remémore la *place des Victoires,* mais je ne veux pas perdre votre temps et le mien à vous décrire ce qui l'a été si souvent. En général, je pense que Paris l'emporte sur Londres par la propreté du pavé des rues, leur éclairage régulier la nuit, et pour leur ordonnance, car toutes les maisons sont de pierre, et des jardins embellissent la plupart de celles qui appartiennent à des gens de qualité; mais nous pouvons assurément nous flatter que notre ville est près de deux fois aussi grande. Cela dit, je ne vois rien d'autre par quoi nous surpassions Paris. Je ne m'attarderai pas longtemps ici; si vous avez quelque chose à me commander durant mon bref séjour, écrivez rapidement, ce sera un plaisir de vous obéir.

A l'abbé Conti

Douvres, 31 octobre 1718

Je veux bien vous prendre au mot lorsque vous dites que je vous obligerais vraiment en vous faisant savoir aussi tôt que possible que je suis en sécurité de l'autre côté de la mer. Je suis arrivée ce matin à Douvres, après avoir été secouée toute la nuit dans le bateau de poste, si violemment que le patron, considérant la faiblesse de son embarcation, jugea prudent d'en faire sortir la malle, et nous informa du danger. Nous appelâmes un petit bateau de pêcheurs, qui eut bien du mal à s'approcher de nous, tandis que tout le monde à notre bord invoquait le Ciel; il est difficile d'imaginer pire scène d'horreur qu'en ces circonstances; et pourtant, vous l'avouerai-je? bien que je n'eusse aucune envie de me noyer, je ne pouvais m'empêcher de m'amuser de la double détresse d'une compagne de voyage. C'était une Anglaise que j'avais rencontrée à Calais, et qui m'avait demandé de partager ma cabine. Elle avait acheté une coiffe d'un beau point qu'elle cherchait à dissimuler aux douaniers. Lorsque le vent redoublait et que notre petite embarcation craquait, elle s'absorbait dans ses prières et ne pensait plus qu'à son âme. Lorsqu'il semblait faiblir, elle revenait au souci terrestre de sa coiffe, et s'adressait à moi : « Chère Madame, prendrez-vous soin de mon point? S'il venait à se perdre... Seigneur! Nous allons tous nous perdre! Seigneur, ayez pitié de mon âme... Madame, s'il vous plaît, prenez soin de cette coiffe... » Ce passage aisé de son âme à sa coiffe, et les tourments alternés que lui procuraient l'une et l'autre, rendaient difficile de déterminer à quoi elle attachait la plus grande valeur. Malgré cela, si divertissante qu'elle fût, j'ai été heureuse d'en réchapper et d'être jetée dans le petit bateau, même au risque de me rompre le cou.

Il m'a amenée ici à bon port, et je ne peux m'empêcher de regarder ma terre natale avec des yeux prévenus en sa faveur. Cette partialité nous a certainement été donnée par la nature pour nous détourner de la vie errante que provoquerait notre soif ambitieuse d'un savoir dont nous ne pouvons pas jouir. Tout ce que nous y gagnons, c'est un désir stérile d'associer des plaisirs et des agréments qui ont été donnés séparément aux différentes parties du monde, et qu'aucune d'elles ne peut réunir. Après avoir lu tout ce que l'on peut trouver dans les langues que je possède, après m'être abîmé la vue au long de nuits d'étude, j'envie la sérénité facile d'une laitière rose de santé, que le doute ne trouble pas, qui entend le sermon avec humilité chaque dimanche, sans brouiller dans sa tête le sentiment du devoir naturel par les vaines recherches des écoles, où l'on peut être plus instruit, mais où après tout on demeure aussi ignorant. Et, après avoir vu une partie de l'Asie et de l'Afrique, et presque fait le tour de l'Europe, je pense que le vrai bonheur est celui du brave châtelain anglais persuadé que le vin grec est moins délicieux que la bière de mars, que les fruits d'Afrique n'ont pas autant de parfum que les reinettes, que les becfigues d'Italie n'ont pas aussi bon goût que le filet de bœuf, et que, en bref, il n'y a pas de parfaite joie de vivre hors d'Angleterre. Je prie Dieu de me permettre de penser ainsi le restant de ma vie, et puisque je dois me contenter de la pâle lumière qu'il nous a accordée, d'oublier le soleil vivifiant de Constantinople.

Références

L'édition de référence des *Lettres* est celle de Robert Halsband (3 vol., Oxford, 1966-1967), auteur d'une *Vie* de Lady Mary Wortley Montagu (Oxford, 1956) solidement documentée.

I. Le voyage et l'ambassade

– Sur la route : P. MARTINO, *L'Orient dans la littérature française au XVIIe et au XVIIIe siècle,* Paris, 1906, et G. ATKINSON, *Les Relations de voyages du XVIIe siècle,* Paris, 1924, présentent quelques voyageurs. E. SAÏD étudie *L'Orientalisme. L'Orient créé par l'Occident,* Paris, 1980, à partir de la fin du XVIIIe siècle. Avant Lady Montagu : J. THÉVENOT, *Le Voyage du Levant,* Paris, 1654, rééd. dans la collection La Découverte; P. RYCAUT, *The Present State of the Turkish Empire,* Londres, 1668 (rééd. en fac-similé à Istanbul); *The History of the Turkish Empire,* Londres, 1686; J. DUMONT, baron DE CARLSCROON, *A New Voyage to the Levant,* Londres, 1696.

– La Compagnie du Levant : A. C. WOOD, *A History of the Levant Company,* Londres, 1935. Sur les capitulations (un *capitulum* est une « clause ») et les *berat :* H. INALCIK, IMTIYAZAT, *Enc. Islam* [2], Leyde, 1971. En 1793 à Alep, sur quinze cents « barataires », six seulement sont effectivement interprètes. On trouvera un bon exposé des difficultés financières des Ottomans dans un livre important, celui de R. MANTRAN, *Istanbul dans la seconde moitié du XVIIe siècle,* Paris, 1962, p. 233-280.

– Les événements politiques sont racontés par A. N. KURAT et J. S. BROMLEY, « The Retreat of the Turks, 1683-1730 », dans *A History of the Ottoman Empire to 1730 (chapters from the Cambridge History),* Cambridge, 1976, ou bien par S. J. SHAW, *A History of the Ottoman Empire and Modern Turkey,* vol. I (1280-1808), Cambridge, 1976, p. 217-240 (ce dernier avec des inexactitudes pour la période 1717-1718). Les Ottomans, sous la conduite de Silahdar Ali, avaient repris le Péloponnèse aux Vénitiens en 1715. Le récit d'un témoin oculaire, B. BRUE, *Journal de la campagne que le Grand Vesir a faite en 1715...,* Paris, 1870, est toujours disponible en librairie. La migration des Serbes : L. HADROVICS, *Le peuple serbe et son église sous la domination turque,* Paris, 1947. Vision romancée d'une petite ville de Bosnie, Visegrad, sous les Ottomans dans Ivo ANDRIC, *Il est un pont sur la Drina,* Paris, 1962.

– Diplomatie à l'ottomane : l'ouverture au début du XVIIIe siècle est analysée par B. LEWIS, *The Emergence of Modern Turkey,* Londres-New York, 1961, p. 40-72, et par N. BERKES dans un beau livre, *The Development of Secularism in Turkey,* Montréal, 1964, p. 23-50. Chronique du siège de Belgrade en 1546 citée par G. FÉHER, *Miniatures turques des chroniques sur les campagnes de Hongrie,* Budapest-Paris, 1975-1978, comm. à la pl. VI. Nointel et le tabouret : Ch. SCHEFFER, introd. au *Journal* de A. GALLAND, Paris, 1881, p. XV. L'épée de Ferriol : parmi de nombreux récits, J. PITTON DE TOURNEFORT, *Lettres,* Paris, 1717, I, p. 532-537. L'ambassade à Paris de Yirmi Sekiz Çelebi Mehmet Efendi : G. VEINSTEIN, *Le Paradis des infidèles,* coll. La Découverte, 1981.

– Les Montagu dans la société des ambassades; négociations préliminaires au traité de Passarowitz : nous nous sommes fondés sur des documents d'archives; à Paris, Min. Aff. Étr., *Corr. pol.,* Turquie, vol. nos 10, 56 à 60; *Supplément,* no 54; *Coll. Saint-Priest,* série pol., t. 8 et 9; série secondaire, t. 120-121; à Londres, Public Record Office, *State Papers,* 80/35 et 97/24. Autres témoignages : marquis DE BONNAC, *Mémoire historique sur l'ambassade de France à Constantinople,* Paris, 1894; V. Bianchi, segretario del Senato, *Istorica relazione della pace di Pasaroviz,* dedicata al serenissimo principe Gio. Cornaro, doge di Venezia, Padoue, 1719; Rachid Efendi, *Tarih,* t. V, Istanbul, 1288 hég. (1871), p. 18 sur le suicide de Timoni (1re éd. en 1741).

— La cour ottomane en 1717-1718 : A. Refik (Altinay), *Lâle Devri (L'Ère des Tulipes),* Istanbul, 1912, rééd. 1973, n'a pas été remplacé. Les œuvres de Levnî sont conservées au palais de Topkapi : *Surnâme-i Vehbi* (peint entre 1720 et 1730) et *Album.* Quelques reproductions dans I. Stchoukine, *La Peinture turque...,* II, *De Murad IV à Mustafa III,* 1623-1773, Paris, 1971, p. 122-131; étude importante de G. Renda, *Batililasma döneminde Türk resim sanati (La peinture turque à l'époque de l'occidentalisation),* 1700-1850, Ankara, 1977, p. 34-41. Ibrahim Pacha épouse la fille du sultan le 19 février 1717. Il devient grand vizir le 6 mai 1718.

— Lady Montagu observatrice : l'Antiquité conventionnelle. L'inscription de l'obélisque de Théodose (*Lettres,* p. 202) est recopiée de Gemelli, *Giro del mundo,* Naples, 1679 (p. 318 de l'éd. de Paris, 1719). Tournefort avait reconnu la colonne de Platées en 1700 (*Lettres,* I, p. 512). Les circonstances de la mutilation de celle-ci ont été élucidées par A. M. Mansel, « Istanbul'daki " burmali sütun " » (« La " colonne torsadée " à Istanbul »), *T.T.K. Belleten,* 34 (1970), p. 189-209. — Un dépaysement daté : les bruits de la rue ne surprennent pas Lady Montagu, mais bien les vendeurs de café et de sorbets, produits nouveaux. Maisons turques : de bonnes indications par U. Vogt-Göknil, *Turquie ottomane,* Fribourg 1965. Jardins anglais et ottomans : J. Barrell, *The Idea of Landscape and the Sense of Place, 1730-1840. An Approach to the Poetry of John Clare,* Cambridge, 1972; *Jardins et Paysages : le style anglais,* ouvrage coll. sous la dir. d'A. Parreaux et M. Plaisant, Lille, 1977. Belle évocation des jardins d'Anatolie dans R. Halid, *Sous les pêchers,* traduit par E. Saussey, *Prosateurs turcs contemporains,* Paris, 1935, p. 215-228. L'été 1978, la ville d'Astara dans l'Azerbaïdjan iranien offrait encore ses jardins aux habitants et à leurs hôtes. Le Rijksmuseum d'Amsterdam possède (en réserve) une étonnante série de tableaux du peintre J. B. Vanmour qui a vécu en Turquie de 1699 à 1734 : scènes officielles et vie privée, en ville ou aux champs.

– Les minoritaires. Leur « ottomanisation » : portrait de Panayoti par A. GALLAND, *Journal,* I, p. 110. Galland travesti, *Journal,* II, p. 14-15; cf. le costume décrit dans les *Lettres,* p. 144 ss. Le *Mariage grec* de VANMOUR ne se distingue guère d'une scène de réception chez des dames turques. Anglicans et musulmans face aux orthodoxes : *Extracts from the Diaries of John Covel, 1670-1679,* éd. par J. Th. BENT, Works... by the Hakluyt Society, Early Voy. and Trav. in the Levant, Londres, 1893, p. 268-271. Le Paléologue et le P. de Dreux : *Voyage en Turquie et en Grèce* (1665), Paris, 1925, chap. VI. Les plus anciennes familles de la ville, les *mostallenim,* « pardonnés », exemptés du tribut : E. ABESCI, *État actuel de l'Empire ottoman,* Paris, 1792, II, p. 168-169. A. Mavrocordato est dépeint par TOURNEFORT, *Lettres,* I, p. 519-522; voir aussi N. CAMARIANO, *A. Mavrocordato, le Grand Drogman. Son activité diplomatique (1673-1709),* Salonique, 1970. Les Juifs : M. FRANCO, *Essai sur l'histoire des Israélites de l'Empire ottoman depuis les origines jusqu'à nos jours,* Paris, 1897 (le proverbe que nous citons p. 30 figure à la p. 254); A. GALANTE, *Histoire des Juifs d'Istanbul,* 2 vol., Istanbul, 1941-1942.

– La société ottomane. La parade : les campements ottomans sont décrits par le P. DE DREUX, *op. cit.,* p. 114-117. La tente du grand vizir, prise devant Vienne en 1683, est toujours montée dans une aile du château de Cracovie. L'*alay :* comparer au texte de Lady Montagu A. GALLAND, *Journal,* I, p. 117-120, et les miniatures du *Surnâme* de Levnî. Les troubles de 1769 : Ch. WHITE, *Three Years in Constantinople or Domestic Manners of the Turks,* Londres, 1845, I, p. 194-195. Le texte de Kemal Pasazade est extrait du *Mohaçname.*

— Le kaléidoscope. Turcs et assimilés : — La « levée ». La dernière a été ordonnée par Ahmet III en 1703 et on ne sait pas si elle a été faite. Voir V. MÉNAGE, DEVSIRME, *Enc. Islam*[2]. — Les grands vizirs. Voir les articles de l'*Islâm Ansiklopedisi,* par M. TAYYIB GÖKBILGIN sur Mehmet Pasa Sokullu et sur les Köprülü, par M. MUNIR AKTEPE sur Ibrahim Pasa, Turc de Muskara en Anatolie dont il fit la Ville Neuve, Nevsehir. — Sur Ibrahim Müteferrika, N. BERKES, « Ilk Türk Matbaasi kurucusunun dînî ve fikrî kimligi » (« La Personnalité religieuse et intellectuelle du fondateur de l'imprimerie turque »), *T.T.K. Belleten.* 1962, p. 715-737 – Sur Mustafa Haznedar, J. GANIAGE, *Les Origines du protectorat français en Tunisie,* Paris, 1959.

Les janissaires et les guildes *(esnaf) :* R. MANTRAN, *Istanbul (op. cit.),* p. 349-389. – Roman sur Aimée du Buc : repris par N. TAZI dans *Harems,* Paris, 1980 et par M. DE GRÈCE, *La Nuit du Sérail,* Paris, 1982. Critiques de A. REFIK, *Ikdam,* février 1920; *Revue historique* (de l'Institut d'histoire ottomane à Constantinople), juillet 1925; et de J. MINASSIAN, *Une sultane française?,* Paris, 1928.

Le visage intérieur : — Tolérance et persécution religieuses en Orient et en Occident. Anecdotes d'après A. GALLAND, *Journal,* I, p. 21, 100-101, 200-201; situation des Juifs dans le comtat d'après A. LUNEL, *Juifs du Languedoc, de la Provence et des États du pape,* Paris 1975, p. 145-149. Sur les *dönme* aujourd'hui, *L'Arche,* 1977, n° 241, p. 40-44. — La casuistique de Vani efendi d'après l'historien Naima (1655-1716) : rapporté par F. RIFKI et traduit par E. SAUSSEY, *Prosateurs (op. cit.),* p. 314-315.

Une société muette : — Bruère et le pacha de Travnik, M. SAMIC, *Les Voyageurs français en Bosnie à la fin du XVIII*e *siècle,* Paris, 1958. — Réflexion des Ottomans sur leur propre société : B. LEWIS, « Ottoman Observers of Ottoman Decline », *Islam. Stud.,* 1962, 71-87. — L'imprimerie à Istanbul : N. BERKES, *Secularism (op. cit.),* p. 33-41. — Silence : « Le silence qui s'observe dans toutes les cérémonies turques ne peut trop se répéter; pendant toute celle-ci, on n'entendit pas le moindre bruit ni une seule parole inutile » (BONNAC, *Corr. pol.,* 57, 229, mai 1717). Applaudissements en 1867 : le sultan s'était rendu à l'Exposition universelle de Paris. Les janissaires et leurs chaudrons : voir N. WEISSMANN, *Les Janissaires,* Paris, 1938, p. 19-21. – Historiens turcs : parmi les plus importants, on a déjà cité N. Berkes, H. Inalcik... Il faudrait ajouter I. H. Uzunçarsili et Ö. L. Barkan. A. Refik dépendant de sources occidentales : *Lâle devri (op. cit.),* p. 14-15 (Ahmet III et Ibrahim Pasa); 23-24 (le palais de Silahdar Ali); 83 (la vie familiale du poète Nedim). Même le costume féminin est décrit, p. 79, d'après Lady Montagu. Opposer (mais dans une perspective toute différente) M. MÜNIR AKTEPE, *Patrona Isyani (1730) (La Révolte de Patrona),* Istanbul, 1958. – Mémoires et archives : pour Leyla Saz, voir ci-dessous. P. WITTEK, *Byzantion,* 13 (1936), p. 691-699; S. J. SHAW, « The Archives of Turkey : An Evaluation », *Wien. Z. K. Morgenl.,* 1977, p. 91-98.

II. Les initiateurs : l'efendi de Belgrade et la religion

– L'identité d'Ahmet bey : comme nous l'a fait remarquer Kl. KREISER, il n'y avait que deux ou trois personnes susceptibles de loger les ambassadeurs dans une ville comme Belgrade. L'étiquette interdisait vraisemblablement au cadi, homme de religion, de partager la table d'infidèles. Ahmet bey pouvait être *defterdar* (contrôleur financier) ou secrétaire du defterdar... – Les sectes : L. MASSIGNON, « Tarikat », *Enc. Islam,* Leyde, 1929. – La citation mevlevî (p. 52) est tirée de S. IRMAK, dans le recueil *Mevlânâ Güldestesi (Le Bouquet de roses de Mevlânâ),* Konya, 1966, p. 17. – Sur les âlevi en Turquie, on dispose maintenant de l'excellente étude de A. GÖKALP, *Têtes rouges et Bouches noires,* Paris, 1980, avec une description très précise des rituels religieux. – Syncrétisme islamo-chrétien en Anatolie : S. VRYONIS, *The Decline of Mediaeval Hellenism in Asia Minor and the Process of Islamization from the Eleventh through the Fifteenth Century,* Berkeley-Los Angeles, 1971, p. 368-381. I. MÉLIKOFF, « Notes sur les coutumes des Alevis : à propos de quelques fêtes d'Anatolie centrale », *Quand le crible était dans la paille... (Mélanges Boratav),* Paris, 1978, p. 273-280.

— Les bektachi : l'ouvrage classique reste celui de J. K. BIRGE, *The Bektashi Order of Dervishes,* Londres, 1937. Pour l'image « exotérique » du groupe, nous avons utilisé deux ouvrages de caractère fort différent : M. ELOGLU, O. TANSEL, *Bektasi Dedikleri (Propos bektachi),* Istanbul, 1977, avec une introduction par P. N. BORATAV; et M. TEVFIK OYTAN, *Bektasiligin iç yüzü (Le Visage intérieur du bektachisme),* Istanbul, 1945 et 1947, rééd. 1979. — Les bektachi et le secret : Kl. KREISER a attiré notre attention sur des poèmes cités par S. NÜZHET, *Bektasi Sairleri (Poètes bektachi),* Istanbul, 1930, notamment « J'ai su le secret des secrets et je suis devenu compagnon du secret » (p. 29) et « Nous sommes la commune des bektachi, nous sommes compagnons du secret des gens du secret » (p. 251). — Images des pratiques religieuses au XVIIIe siècle : P. RYCAUT, *Present State (op. cit.),* p. 129; un ouvrage anonyme de 1719, *A Compleat History of the Turks... to which are added... their Maximes of State and Religion* (Londres, Brit. Mus., 280 d 25), III, 2, p. 107, pour le sobriquet de « souffleurs de bougie » que nous avons entendu encore en 1967 à Bodrum; J. PORTER, *Turkey in the Last Century* (Porter a été ambassadeur de 1747 à 1762; le livre a été publié à Londres en 1858), p. 253 et 314; E. ABESCI, *État actuel,* p. 149-155. L. FEKETE, « Gül Baba et le Bektashi Derk'ah de Buda », *Acta Orient. Acad. Scient. Hung.,* IV (1954), 1-18. — Les bektachi, de l'extermination des janissaires à la suppression de l'ordre : G. JACOB, *Die Bektashiyye,* Munich, 1907, et *Beiträge zur Kenntnis des Derwish-Orders der Bektashis,* Berlin, 1908; M. CHOUBLIER, « Les Bektachis et la Roumélie », *Rev. ét. islam.,* 1927, p. 427-452. Les écrivains kémalistes montrent les femmes exactes aux rendez-vous du derviche et amoureuses de son ombre : voir Y. KADRI, *Nur Baba,* Istanbul, 1922 (un extrait dans SAUSSEY, *Prosateurs*). Polygamie mystique ou moins mystique... Les bektachi offrent un refuge contre l'intolérance et à l'horizon de la tolérance apparaît le problème de la liberté des femmes.

– La religion en Angleterre : A. PARREAUX, *La Vie quotidienne en Angleterre au temps de George III,* Paris, 1966.

III. La découverte de la santé

– La variolisation à partir de son introduction en Europe a été excellemment étudiée par G. MILLER, *The Adoption of Inoculation for small-pox in England and France,* Londres, 1957.

– Pour reconstituer son histoire ottomane, nous avons cité des textes contemporains de Lady Montagu : des manuscrits, Lister mss, 37 f° 15, Bodleian Library, Oxford; *Journal-Book* of the Royal Society, X(1714), p. 577, Royal Society Library, Londres; *Memorandum* de John COVEL, Brit. Mus., Additional mss, 22911 f° 196; Sloane Papers, 4061 f° 162 et Harleian mss, 6943 f°s 142-144, au Brit. Mus.; Sherard Letters, V (1716), n°s 625 à 647, à la Roy. Soc. Libr.; des imprimés, Emmanuel TIMONI, « An account of history of the procuring the small pox by incision or inoculation as it has for some time been being practised at Constantinople », *Philosophical Transactions,* XXIX (1714), p. 72 ss.; du même, « Historia variolarum quae per insitionem excitantur », *Acta eruditorum,* Leipzig, 1714; J. PYLARINO, *Nova et tuta variolas excitandi per transplantationem methodus,* Venise, 1715; A. LEDUC, *Dissertatio medica inauguralis de Byzantina variolarum insitione,* dans *Dissertationes in novam... methodum inoculationis... variolarum,* Leyde, 1722; Ch. MAITLAND, *An account of inoculating the small pox vindicated,* Londres, 1722; W. WAGSTAFFE, *A letter to Dr Friend, showing the danger and uncertainty of inoculating the small-pox,* Londres, 1722; Lady Mary MONTAGU, « A Plain Account of the Inoculating of the Small Pox by a Turkey Merchant », *Flying Post,* 11-13 sept.

1722 (texte retrouvé par R. Halsband); W. HARRIS, *De variolis deterioribus praeveniendis,* dissertation du 10 mai 1722, publiée à Londres en recueil en 1729; père D'ENTRECOLLE, lettre de Pékin, 12 mai 1726, dans *Lettres édifiantes et curieuses,* 1731, p. 305-354; A. AUBRY DE LA MOTTRAYE, *Voyages,* éd. de La Haye 1727, t. II, p. 98-99 et 115 (la pratique chez les Circassiens; rapport à son « grand ami » le docteur Timone dont il publie une dissertation latine sur le sujet en appendice au t. II).

– Formation et carrière de Timoni et de Pylarini : N. PAPADOPOLI, *Historia gymnasii Patavini,* Venise 1726; RACHID EFENDI, *Tarih, loc. cit.;* D. CANTEMIR, *Histoire de l'Empire ottoman,* t. II, Paris, 1743; G. FACCIOLATI, *Fasti gymnasii Patavini,* Padoue, 1757; J. A. ANDRICH et B. BRUGI, *De Natione Anglica et Scota juristarum universitatis Patavinae,* Padoue, 1892; P. ARGENTI, « Emmanuel Timoni » (en grec), *Periodikon tou en Chio syllogou,* Athènes, 1940, 11, nos 1-2, p. 140-170; G.S. PLOUMIDIS, *Actes d'inscription des étudiants grecs de l'Université de Padoue, II. Leggisti, 1591-1899* (en grec), Athènes, 1971; A. TERZIOGLU, « Emanuele Timonius und die Pockeninokulation », *Episteme,* 1973, p. 272-282; L. A. MISSIR REGGIO MAMACHI DE LUSIGNAN, *Une famille drogmanale de Scio, de Constantinople et de Smyrne, les Timoni,* communic. au XIIIe Congrès international de généalogie, Londres, 1976.

– La médecine ottomane : A. ADNAN ADIVAR, *Osmanli Türklerinde Ilim,* Istanbul, 1943 (version plus complète de *La Science chez les Turcs ottomans,* du même, Paris, 1939); S. ÜNVER, *Türkiye' de çiçek asisi ve tarihi (La Vaccination antivariolique en Turquie et son histoire),* Istanbul, 1948; *The Origins of the History of the Turkish Medicine,* Istanbul, 1958; excellent chapitre sur l'introduction de l'enseignement médical européen en Turquie dans N. BERKES, *Secularism (op. cit.).* – Sur les épidémies, D. PANZAC, « La Peste à Smyrne au XVIIIe siècle », *Annales E.S.C.,* 1973, p. 1071-1093.

– Les médecins minoritaires : aux livres de M. Franco et de N. Camariano cités p. 243, on ajoutera A. GALANTE,

Histoire des Juifs d'Anatolie, Istanbul, 1937, et L. A. MISSIR, *Introduction à l'histoire de la médecine chez les Latins d'Orient,* Bruxelles, 1979; le texte de Laguna a été publié sous le nom de C. DE VILLALON, *Viaje de Turquia,* Buenos Aires, 1946; sur l'attribution, voir M. BATAILLON, *Le Docteur Laguna, auteur du Voyage en Turquie,* Paris, 1958.

– L'inoculation turquifiée et les divergences sur les origines géographiques du procédé : O. RIFAT, « Sur l'inoculation antivariolique au XVIIIe siècle », *IXe Congrès international d'histoire de la médecine,* Bucarest, 1932; S. ISRAËL, « Communautés et Influences réciproques dans le domaine de la médecine des peuples balkaniques au cours de la période ottomane », *Ier Congrès d'études balkaniques, Sofia,* 1960 (*Actes* parus en 1969); E. M. ATABEK « Sur la valeur des traitements préconisés par le folklore médical turc », *Xe Congrès international d'histoire de la médecine,* Bucarest, 1970; N. DUKA-ZOLYOMI, « Aspects médicaux et idéologiques de l'histoire de la variolisation », *ibid.*

– L'inoculation préventive en Anatolie : ALI RIZA YALMAN (YALKIN), *Cenupta Türkmen Oymaklari (Tribus turkmènes dans le Sud),* Ankara-Adana, 1931-1939, I, p. 67; II, p. 435 et s.; S. AYGÜN, « Türk koÿlüsünden ögrendiklerim » (« Ce que j'ai appris du paysan turc »), *Ankara Üniversitesi Haftasi, Hatay (1943),* 1945, p. 96-97 (document communiqué par P. N. Boratav).

– La discussion médicale sur le choix des souches utilisées pour la variolisation reste ouverte : P. RAZZEL, *The Conquest of Small Pox,* Londres, 1977.

IV. La société des femmes

– Le point de référence de Lady Montagu, la femme anglaise : P. SÉJOURNÉ, *Aspects généraux du roman féminin en Angleterre de 1740 à 1800,* Aix-en-Provence, 1966; H. KERST, *La Femme dans la société anglaise,* Paris, 1971; M. BLONDEL, *Images de la femme dans le roman anglais de 1740 à 1771,* Paris, 1976.

– La femme orientale vue par les Occidentaux : parmi d'innombrables récits sans grand fondement (de Tavernier et d'autres...), on retiendra J.-Cl. GALLAND, *Relation de la marche de la sultane Esma, fille de sultan Ahmed, lorsqu'on la conduisit à son époux Iaakoub Pacha, le 27 février 1743;* Milady CRAVEN (Elizabeth BERKELEY), *Voyage en Crimée et à Constantinople,* Paris, 1789; L. M. J. GARNETT, *The Women of Turkey and their Folklore,* Londres, 1890; OSMAN BEY (voyageur russe), *Les Femmes en Turquie,* Paris, 1898; G. DORYS, *La Femme turque,* Paris, 1902. La vision occidentale du harem a été analysée par A. GROSRICHARD, *Structures du Sérail,* Paris, 1979, et mise à profit par A. D'HUART et N. TAZI, *Harems,* Paris, 1980.

– La femme orientale vue par elle-même : les écrits de Fatma Aliye (qui a publié des articles sur Lady Montagu) et de Halide Edib sont importants pour l'histoire du féminisme en Turquie. Leyla HANIM, fille d'un médecin-chef du sultan, née vers 1850, a publié ses mémoires d'abord en feuilleton en 1920; version française par son fils, Paris, 1925; nouvelle édition turque, *Haremin iç yüzü (Le Visage intérieur du harem),* Istanbul, 1974. Cette description à ras de la réalité tire de là sa valeur.

– Les apparences (costumes, demeures) se laissent saisir à travers les miniatures de Levnî et les recueils d'estampes (celles exécutées sur l'ordre de Ferriol par exemple); le harem impérial a été étudié par B. M. MILLER, *Beyond the Sublime Porte,* New Haven, 1931; N. PENZER, *The Harem,* Londres, 1936; Çiragan est un des palais d'Ahmet III les mieux connus; voir les articles de T. ÖZ, *Enc. Islam*[2], et de R. E. KOÇU, *Ist. Ansiklopedisi* (« Çiragan âlemleri », « Les Fêtes de Çiragan »); bâti à l'extrême fin du XVIIe siècle, le *yali* (résidence au bord de l'eau) de Hüseyin Pasa subsiste en partie; sur son harem (détruit), voir l'étude de S. ÜNVER et S. H. ELDEM, Istanbul, 1970. D'après le registre du *Bostancibasi* publié par S. RADO (Istanbul, 1972, p. 8), le palais de Fatima Sultan que visita Lady Montagu se trouvait sur le Bosphore, un peu avant l'échelle d'Arnavut Köy.

– Poésie : les Harrowby mss, vol. VII, *Miscellaneous Papers,* contiennent la grammaire turque (en italien) de Lady Montagu et le cahier d'expressions d'où elle a extrait les *mâna* qui figurent p. 194 s. – Les *mâni :* voir P. N. BORATAV, dans *Philol. Turc. Fundam.,* II, Wiesbaden, 1964, p. 93-99, *Mâni* au Pendjab : R. KIPLING, *Nouveaux Contes,* « Hors du cercle ».

– Les femmes dans la Turquie contemporaine : R. UGUREL-SEMIN, *L'Éducation de la femme en Turquie,* Genève, 1936; S. DIRKS, *La Famille musulmane turque,* Paris, 1969. Il convient de faire une place à part à l'ouvrage de A. BOUHDIBA, *Islam et Sexualité,* Paris, 1975 (de très bonnes pages sur le hammam).

V. Retour à l'Europe

– Parmi les nombreux voyageurs anglais et français ayant visité la Tunisie au XVIIIe siècle, nous avons utilisé PEYSSONNEL et DESFONTAINES, *Voyages dans les Régences de Tunis et d'Alger,* 2 vol., Paris, 1838; abbé POIRET, *Lettres de Barbarie* (1785 et 1786), Paris, 1789; abbé RAYNAL, publié par M. EMERIT dans *Revue tunisienne,* 1948, p. 131-184 (Raynal s'est renseigné auprès d'un « Jeune de langues » qui avait vécu à Tunis); Th. SHAW, *Travels,* Oxford, 1738; E. STANLEY, *Observations on the City of Tunis,* Londres, 1786.

– C. TURBET-DELOF a passé en revue l'ensemble des récits antérieurs à 1715 dans sa thèse, *L'Afrique barbaresque dans la littérature française aux XVIe et XVIIe siècles,* Genève, 1973; D. BRAHIMI, *Voyageurs français au XVIIIe siècle en Barbarie,* se limite aux plus célèbres d'entre eux (Paris, 1976). – Sur les voyageurs anglais en Tunisie, il n'existe pas d'étude d'ensemble comparable à celle de R. LEBEL, « Le Maroc et les Voyageurs anglais au XVIe et au XVIIe siècle », *Hesperis,* 1969, p. 269 et s.

– La Tunisie en 1717 : indications dans J. PIGNON, « La Tunisie turque et husseïnite », *Initiation à la Tunisie,*

Paris, 1950; R. MANTRAN, « L'Évolution des relations entre la Tunisie et l'Empire ottoman du XVIe au XIXe siècle », *Cahiers de Tunisie,* 1959, p. 319-334; R. PLAYFAIR, « Épisodes de l'histoire des relations de la Grande-Bretagne avec les États barbaresques avant la conquête française », *Revue africaine,* 1878, p. 305-320, 401-433. – Au XIXe siècle, voir L. VALENSI, *Le Maghreb avant la prise d'Alger (1790-1830),* Paris, 1969; *Fellahs tunisiens, l'économie rurale et la vie des campagnes au XVIIIe et au XIXe siècle,* Paris-La Haye, 1977.

– Sur les modifications du paysage tunisien (introduction du figuier de Barbarie), R. BRUNSCHVICG, *La Tunisie orientale sous les Hafsides, des origines à la fin du XVe siècle,* t. II, Paris, 1947, p. 224. – Sur les efforts de la Tunisie pour renouer avec l'Empire ottoman avant la colonisation, J. GANIAGE, *Les Origines du protectorat français en Tunisie,* Paris, 1959.

– Les Montagu voyageurs humanistes : l'inscription qu'ils ont rapportée a été étudiée en dernier lieu par L. ROBERT, « Un décret d'Ilion », *Essays Welles,* 1966, p. 175-218. Les sites de Troade ont été visités un peu plus tard (1764) par R. Chandler dont on comparera la description à celle de Lady Montagu : *Travels in Asia Minor,* nlle éd., Londres 1971, p. 20-45.

Addendum : sur les médecins au temps d'Ahmet III, voir notre article, « Des Occidentaux à la cour du Sultan ». *L'Histoire,* décembre 1981 (no 40), p. 36-44; sur le harem, « Voyage à l'intérieur du harem », *ibid.,* mai 1982 (no 45), p. 60-70; sur le bazar, « Les splendeurs du bazar d'Istanbul », *ibid.,* avril 1984, p. 52-53. Les musulmans et l'Europe : B. LEWIS, *Comment l'Islam a découvert l'Europe,* Paris, La Découverte, 1984.

On lira avec intérêt le compte rendu du premier tirage de ce livre, par Mme I. Mélikoff, *Turcica,* XV (1983), p. 386-388.

Table

CET OUVRAGE A ÉTÉ COMPOSÉ ET ACHEVÉ D'IMPRIMER
PAR L'IMPRIMERIE FLOCH À MAYENNE N° 24926
DÉPÔT LÉGAL : JANVIER 1987
TROISIÈME TIRAGE : 10 000 À 13 000 EXEMPLAIRES
ISBN 2-7071-1256-9